黃金海盜時代

得海洋者得天下！

解構世人對海上游牧人生的幻想與迷思
揭開真實世界的海盜犯罪與各國角力戰

The Pirate World:
A History of the Most Notorious Sea Robbers

安格斯‧康斯丹
Angus Konstam 著

黃妤萱‧王婉茜‧鄭依如 譯

目　錄

前　言

　　1724年，倫敦某出版社推出了《搶劫與謀殺—聲名狼藉的海盜通史》（A General History of the Robberies and Murders of the Most Notorious Pyrates）一書，內容對海盜的描寫相當生動鮮活，而犯罪自古皆有，人們對犯罪的著迷亦同，因此這本書旋即成為暢銷書也不足為奇。書中揭開了大海上險惡的犯罪生活，訴說男性（也有部分女性）反叛社會、依海盜習性度日的故事，當然也為大多數海盜的暴力結局增添了色彩。三個世紀過去，人們對海盜的著迷程度依然不減。

　　對大多數人而言，「海盜」一詞總讓人聯想到帶有些許漫畫風格的惡棍形象：肩上帶著一隻鸚鵡、裝有假腿、頭戴色彩鮮艷的頭巾。這都源自於百年來《彼得潘》、《金銀島》和《神鬼奇航》等故事對海盜的卡通式描繪。如今，這些海盜經過美化後，更常用來販售蘭姆酒或房屋保險。同樣地，就和海盜本人一樣，骷髏和交錯的骸骨標誌雖已成為一眼就能識別的象徵，但其中意義早已和當初黑暗又險惡的起源相去甚遠。

　　其實，這樣的現象起源更早於《金銀島》，可以追溯到查爾斯‧強森船長（Captain Charles Johnson），也就是上述1724暢銷書的作者。他對黑鬍子（Blackbeard）和黑色準男爵羅伯茲（'Black Bart' Roberts）、棉布傑克‧瑞克姆（'Calico Jack' Rackam）及查爾斯‧范恩（Charles Vane）的描繪成功牽動了大眾的想像，也因此直到幾乎三個世紀後，這本書仍在持續印刷。

　　他筆下的海盜卻是真有其人。虛構海盜現在反而常被描繪為浪漫角色或有趣的人物。即使是歷史學家使用的詞彙，都常會引起浪漫聯想，而非連結到海上搶劫的殘酷現實，也因此更深化了這樣的問題。

　　「海盜的黃金時代」一詞起初是源自於海盜小說的創作者，而非有過真實海盜經歷的人們，真實狀況一點也不「黃金」也不浪漫。然而，這個詞仍具有很方便的歷史意義，體現出這個時代裡，部分史上最知名的海盜在汪洋中蒐羅獵物的盛況。

　　即使是「海盜」（Pirate）一詞在多年來也有所更迭。劇作家不斷將這個詞彙與其他詞彙混用，像是：'Privateer'、'Buccaneer'、'Filibuster'、'Corsair'、 'Freebooter'和'Swashbuckler'，所有詞彙都具有其獨特意義。'Privateer'（私掠者），是指獲得政府特許的海盜，不得攻擊自家人民。法國人將這些人稱為'Corsair'，即便這個詞多讓人聯想到地中海的「海盜」，而非'Privateer'。'Buccaneer'是指17世紀在加勒比海活動的強盜，專挑西班牙人下手。'Filibuster'（又稱'Freebooter'）則是法文版本的加勒比海海盜（Buccaneer）。至於'Swashbuckler'則是指16世紀的強盜，或是17世紀的劍客，但在20世紀時這個詞彙卻被海盜小說家採用，再來則出現在好萊塢電影裡。在海盜的全盛時期，這類詞彙的使用方式往往和當今的習慣大相逕庭。最後則是「海盜」（Pirate）一詞，字典將其定義為在海上劫掠的非法強盜，無論遇上的船隻國籍為何，他們通常都照攻擊不誤，所以至少這個詞彙的定義相當清楚。

　　然而這些「海盜」有時也會跨領域行事。舉例來說，基德船長（Captain Kidd）就曾經是受政府特許的私掠者（Privateer），後來才轉為非法海盜。法蘭西斯‧德瑞克（Francis Drake）屬於私掠者（Privateer），但西班牙人都直接稱他為海盜（Pirate）。還有更複雜的，亨利‧摩根（Henry Morgan）算作加勒比海海盜（Buccaneer），卻是隸屬英國的私

掠者（Privateer），但大多時候他就是不折不扣的海盜（Pirate）。雖然這一切目前聽起來很混亂，但其實對於過去大部分的航海人而言，一切完全都說得通。我在這本書裡的其中一個任務，就是要拆解謎題，釐清海盜生活的真正意義。

本書為各位開啟一扇通往海盜過往的窗。在書頁中，我們蒐羅了從埃及法老時代至今的完整海盜史，然而我們會著重於海盜真正的活躍年代，內容將簡要分為兩部分：前半部是十七世紀專屬於加勒比海海盜（Buccaneer）的多彩年代，他們活躍於西班牙大陸蒐羅獵物，代表人物有亨利・摩根或嗜血的法蘭索瓦・羅羅內（François L'Olonnais）；第二部分則是我們勉強稱為「海盜的黃金時代」的十八世紀初期，這段時期短暫卻相當精彩，有黑鬍子、黑色準男爵及查爾斯・范恩等人物在海上橫行。因此，除了讓讀者了解各年代海盜的整體景況，我們也會更深入探討這兩個關鍵時期，細說為何海盜在當時如此猖獗。

本書主旨在於剝去這些歷史人物的神話色彩和虛構內容，展露出險惡卻令人著迷的真實海盜世界。本書訴說的是真實的海盜史：船難、捱餓、疾病和慘死，對他們而言都是司空見慣的威脅，他們的職業生涯多只能以月計，通常撐不過幾年，也許對這些海盜而言，常人對這種討海生活的絲毫浪漫想像，都會相當引人發笑吧。

安古斯・堪斯坦（Angus Konstam）
2018，愛丁堡

第一章

上古海盜

海上民族

　　自人類開始於海上活動起，也許就已有海盜出現。然而第一筆與海盜相關的紀載，卻是出現在埃及金字塔興建以前。就如任何時代，在缺乏中央控管時，古代的海盜活動在主勢力無法觸及的地區尤其興盛。第一個已知的海盜集團為路坎斯（Lukkans），路坎斯為一群在小亞細亞（現代的土耳其）東南沿岸活動的海上強盜。西元前14世紀，埃及就有書卷記錄他們會劫掠賽普勒斯（Cyprus），並與埃及的敵人西臺人（Hittites）結盟。一個世紀後，路坎斯的紀錄就已不見蹤影，他們的消失和新興的海洋勢力有關。[1]據信這些海盜融入了被稱為「海上民族」的海洋遊牧民族聯盟。

1 引用自參考文獻，詳細請查照 322 頁〈內文引用〉章節

這幅色彩豐富的現代壁畫，是為了慶祝西里西亞（Cilician）海盜於西元前75年俘虜了年輕的凱撒大帝（Julius Caesar）。他們僅將他扣為人質一個多月，談妥贖金後便將其釋放。凱撒重獲自由後，立刻集結了一支羅馬討伐部隊，在海盜的島上巢穴中將其一網打盡，並將其釘死在十字架上。（圖片來源：DEA PICTURE LIBRARY / Getty Images）

地中海與海上民族

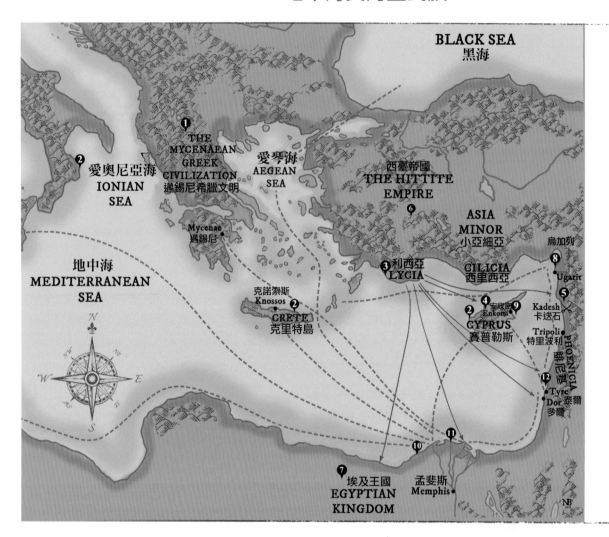

歷史學家一直認為是這些海上強盜終結了地中海東部的青銅文化，也將海盜貶為摧毀邁錫尼希臘文明及西臺帝國的罪魁禍首，看來只有埃及人躲過了這種罪名。「海上民族」一詞是由埃及編年史家首創，他們認為入侵者是來自愛琴海和亞德里亞海的移民部落。這些遊牧民族不僅四處征伐，也進行貿易，開拓出橫跨地中海東部的海上航線。這些編年史中也提到，海上民族可分為以下幾個部落：夏達納（Shardana）、丹燕（Denyen）、佩雷斯特（Peleset）、謝克萊什（Shekelesh）、維什什（Weshesh）、遮喀（Tjeker）。

後來，史學家又增加入兩個部落：圖爾沙（Tursha）人和利西亞人（

航線圖說明

---- 貿易路線　◀── 海盜劫掠方向　✂ 戰役地點

1. 約西元前1250年：北方「蠻族」開始入侵青銅時代晚期希臘，進而導致邁錫尼希臘文明的崩解。

2. 「蠻族」多利安（Dorian）希臘人征服希臘，邁錫尼希臘難民逃至克里特島、賽普勒斯和義大利南部。

3. 利西亞人（Lycian，又稱路坎斯）是首批海上民族，漸漸獲得了海盜的稱號。

4. 西元前1340年：利西亞人入侵賽普勒斯。

5. 西元前1285年：埃及人於卡迭石（Kodesh）一役小勝西臺帝國。

6. 西元前12世紀早期：西臺帝國遭到來自西部的蠻族入侵，就此瓦解。

7. 西元前13世紀晚期：來自西部的沙漠民族侵略埃及，但遭到驅逐。

8. 約西元前1200年：烏加列（Ugarit）和其他鄰近城市遭到海上民族的襲擊，就此消亡。

9. 西元前1200年：賽普勒斯人在安寇密（Enkomi）的城市遭海上民族摧毀，島嶼其他地區也遭到嚴重破壞。

10. 西元前12世紀早期：海上民族開始劫掠埃及海岸。

11. 西元前1175年：海上民族在關鍵的尼羅河三角洲一役中遭到擊敗。倖存者逃離埃及海域，未曾返回。

12. 剩餘海上民族征服了現今以色列沿岸，並於此處定居。直至西元前6世紀演變為腓尼基，持續擴張為當時的海上商業霸權。

又稱路坎斯）。夏達納、謝克萊什和佩雷斯特部落可能起源於亞得里亞海北部，但夏達納也與薩丁尼亞島有些關聯，剩下的部族可能來自於安納托利亞（Anatolia，土耳其的亞細亞區域），無論其起源如何，這些海上強盜都是史上第一個已知的海盜聯盟。

這些海盜存在的最佳證據，來自於卡納克神廟（Karnak）及梅帝涅哈布神殿（Medinet Habu）法老拉美西斯三世（Rameses III）大帝墳中的銘刻。哈布神殿內的銘文記錄了發生於西元前1175年的尼羅河三角洲海上戰役，拉美西斯三世率領的埃及部隊擊敗了海盜聯盟，大獲全勝。這場戰役的浮雕為我們提供海盜活動的首次紀錄，也是最古老的海上戰役插圖。不僅如此，這些銘文還提到這些海上強盜與埃及的其他敵人結盟，但在聯盟還未能威脅到埃及帝國前，拉美西斯就將其扼殺於襁褓之中。[2]儘管這些海上強盜組織嚴謹，就如乘著船隻遷徙的敵族，但他們的行動仍被視作大規模的非法活動，而這正是當時埃及人對他們的看法。

梅帝涅哈布神殿的其中一處浮雕描繪海盜的戰鬥方式。「海上民族」乘坐的船隻比埃及船隻還要小而破敗，似乎缺乏武器和弓箭。雕

---

2 引用自參考文獻，詳細請查照 322 頁〈內文引用〉章節

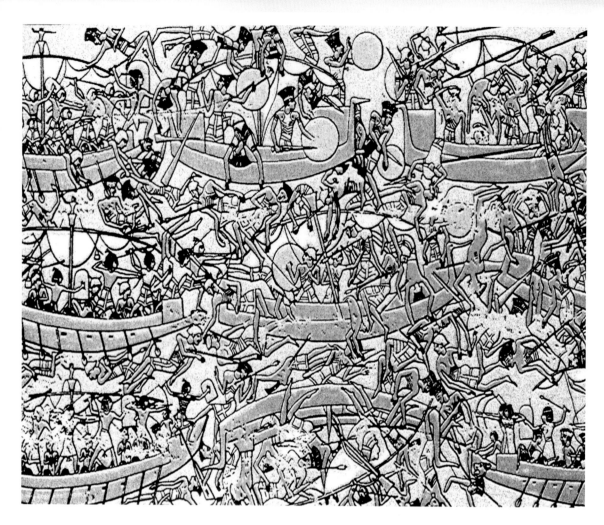

約西元前1175年，埃及法老拉美西斯三世在尼羅河三角洲外的海戰中，擊退了海上民族的侵擾。這件來自梅帝涅哈布神殿的浮雕是用於慶祝此次勝利，因此也可能是全世界首幅對海盜行為的描繪。

刻證實「海上民族」使用的是輕型襲擊船艦，戰鬥風格也仰賴速度和偷襲，而非依靠蠻力。邁錫尼的記錄也顯示「海上民族」是配備長劍和頭盔的精良戰士與水手。這些人似乎屢戰屢勝，直到遇上埃及人為止。

與埃及人的戰役也許代表著「海上民族」的終結。證據顯示，從約西元前1220年至戰役發生的1175年間，他們幾乎掌控著地中海東部。戰役之後，他們很快便從歷史上消失，代表拉美西斯成功終結了海盜的威脅。「海上民族」吃下敗仗後落腳於巴勒斯坦。遮喀部族在西元前9世紀以前仍持續在地區內進行貿易，一邊也繼續悄悄地從事海盜勾當。在多爾附近發現的其餘遮喀人聚居地，也很可能是全世界最古老的海盜避風港，為存活的海盜提供了庇護。貿易終究取代了海盜活動，成為這些人的主要收入來源，不到一個世紀，遮喀人就和腓尼基人融合，成為古代世界的另一股海上強權。

古希臘海盜

「海上民族」瓦解後，海盜活動在地中海東部仍相當猖獗，直到羅馬人掌控整個地中海地區，將之稱為「Mare Internum」（意指「內海」）為止。雖然古希臘人最為人所知的是對西洋文明的貢獻，但他們也出產了古代世界中部分最兇惡的海盜。有些希臘城邦甚至還積極鼓勵海盜行為，作為發財的手段，也有些希臘城邦（如雅典）組成船隊抵禦海盜，為自家的貿易船隻打通安全的海上通道。

第一個已知的海盜避風港為克里特島。克里特島位於希臘與地中海東部其餘地區之間的海上通道。西元前10世紀，島上殘餘的邁諾安（Minoan）文明被多利安希臘人摧毀。入侵者隨後將這座島嶼作為整個愛琴海的海盜劫掠基地。塞東尼亞（Cydonia）和艾雷勒那（Eleutherna）等克里特島上的城市，因此成為了奴隸和贓物的貿易集散地。荷馬在《奧德賽》中，將克里特島上的居民描述為聲名狼藉的海盜。在雅典於西元前5世紀成為海上霸權前，這些人一直存在。儘管他們在西元前2世紀末以前令水手們相當頭痛，雅典人仍算是成功遏制克里特島海盜的肆虐。

在更北邊的地區，歷史學家普魯塔克（Plutarch）曾書寫過薩摩斯島人（Samian）的故事，這些人被入侵者從島上驅逐，接著搬遷至麥卡勒（Mycale）成為海盜。雅典人最終擊敗了這些薩摩斯海盜，而在雅典遭到利姆諾斯（Lemnos）海盜的襲擊後，雅典海軍便發動戰役，掃蕩愛琴海的所有海盜。除麥卡勒和利姆諾斯外，基斯諾斯島（Cithnos）、米科諾斯島（Mykonos）和斯波拉澤斯群島（Sporades）上的其他海盜據點也都於西元前5世紀被雅典的海盜征討軍隊殲滅，[3]西羅多德對於海盜的侵襲和雅典的海盜征討行動也有很詳盡的描繪。

3 引用自參考文獻，詳細請查照 322 頁〈內文引用〉章節

此為西元前4世紀希臘花瓶上的裝飾細部，圖中可見被俘擄的海盜受到「龍骨拖曳」（Keelhauling）的方式處決：將受害者綑綁起來、丟入水中，再把對方拖過船體下方。

在另一件西元前4世紀希臘花瓶的紋飾中，兩隊敵對的希臘重裝步兵於海上對決，同時有槳手負責操縱有槳帆船方便作戰。此時期的海上戰役或海盜襲擊皆以這種形式進行。

西元前3世紀期間，埃托利亞同盟（Aetolian League）成為中央希臘的主要勢力。聯盟成功的部份原因，在於他們將海盜行為作為對敵人發動經濟戰爭的手段，埃托利亞海盜很快就主宰了愛琴海水域。直到西元前192年羅馬人擊敗聯盟之後，這段時期的海盜之亂才得以終結，然而在那之前，聯盟中有許多海盜已遷移至小亞細亞南岸的西里西亞，這些西里西亞海盜不久後將成為古代世界中規模最大、最惡名昭彰的海盜集團。

在希臘另一端，亞得里亞海東部沿岸，海盜也相當活躍。伊利里亞人（Illyrian）和達爾馬提亞人（Dalmatian）均曾劫掠希臘和義大利沿岸，甚至長驅直入地中海中部，他們的掠奪行為在西元前3世紀達到頂峰。羅馬人征服該地區時，伊利里亞海盜的惡行才受到一定程度的遏制，即使羅馬人於西元前168年吞併了伊利里亞（Illyria），海盜仍盤據著達爾馬提亞沿岸相對安全的基地，還有科孚島（Corfu）和凱法隆尼亞島（Cephalonia），這些地方成為了他們發動攻擊的據點。

西元前2世紀，羅馬征討軍隊終於成功掃蕩達爾馬提亞本土的大部分海盜，但各島嶼上仍可見到海盜的蹤跡，直到西元前一世紀中期，龐培大帝（Pompey the Great）才將海盜的問題徹底解決。這段期間，羅馬漸漸壯大成為當時的霸權，而海盜在義大利另一端的第勒尼安海（Tyrrhenian Sea）也相當活躍，其實「第勒尼安」一詞指的正是「海盜」。另外，西元前5世紀時，修昔底德（Tucydides）便已記錄過此水域中的幾次海盜劫掠事件，稱其為厄爾巴島、科西嘉島和薩丁尼亞島上的「野蠻人」，這些襲擊事件又持續了兩個世紀。其他知名海盜據點包含位於西西里東北角的利帕里（Lipari）群島、巴利亞利（Balearic）群島，以及現為法國蔚藍海岸（French Riviera）的利古里亞（Ligurian）沿岸。

　　這些海盜活動顯然其來有自，早期希臘神話就曾講述第勒尼安海盜將酒神戴奧尼修斯（Dionysus）誤認為富商之子，因而將其俘虜，戴奧尼修斯雖然將此視為一齣有趣的鬧劇，仍將這些海盜變成海豚，作為冒犯神祇的懲罰。西元前3世紀，羅馬人也指控西西里人為海盜，但這些人是受島上希臘統治者特許的私掠船隻，不算作海盜，西地中海興起的羅馬霸權，最後終結了該地區任何形式的海盜組織。

惱人的西里西亞海盜

　　若問古代世界哪個地區最有資格被稱作「海盜搖籃」，那麼西里西亞當之無愧。西里西亞是小亞細亞的一處狹長陸地（現今土耳其東南部），位於高聳的托魯斯山脈（Taurus Mountain）和地中海之間，除少數沿海小鎮外，當時這片荒涼的區域大部分仍杳無人煙。海岸充滿崎嶇的岬角、隱蔽的海灣和具有良好屏障的停泊處，因此也是襲擊來往於敘利亞、希臘或義大利之間船隻的理想地點，因為海盜發動攻擊時可以出其不意，敵人還來不及發現其蹤跡就能回到藏身巢穴。崎嶇的海岸為海盜提供了完美屏障，因此也曾吸引在西元前2世紀早期被逐出愛琴海的埃托利亞海盜。

　　埃托利亞海盜抵達此處的時間點，正是敘利亞塞琉古國（Seleucid）的國王停止定期於海上巡邏之時。羅馬於馬格尼西亞（Magnesia）贏得與塞琉古國的決定性戰役後（西元前190年），正式將小亞細亞西部納為羅馬的保護國。塞琉古國的海軍撤出，但羅馬人也無意在該地區培養自己的海軍，海盜也因為缺乏軍事干預而得以壯大自己的勢力，他們的規模日益擴大，很快就足以抵抗任何迎面而來的海戰部隊。

蓋烏斯・尤利烏斯・凱撒（Gaius Julius Caesar，西元前100-44年）年輕時曾遭愛琴海的海盜俘虜，海盜並要求交出贖金。凱撒重獲自由後，便領著征討軍隊回到海盜巢穴，處死俘虜他的這群海盜。

此浮雕來自於黎巴嫩西頓（Sidon）的羅馬石棺，圖為一艘羅馬商船，這種船型在整個羅馬時代中於地中海非常常見。帝國的頻繁內戰和叛亂使海盜有機可乘，這類船隻便是他們的獵物。

起初西里西亞海盜的劫掠範圍僅限於地中海東部，漸漸才擴展他們在海上航道的勢力範圍，而後觸及克里特島、巴勒斯坦和埃及沿岸。他們也劫掠沿岸城鎮，蒐羅隨後要於克里特市集販售的奴隸，這些人將身家富有的囚犯用來換取贖金，搶來的財貨則運送到米利都（Miletus）、艾菲索斯（Ephesus）和士麥那（Smyrna）的鄰近城市販賣，這些地方都處於羅馬在小亞細亞的保護國境內。此現象持續數十年，後來羅馬的貿易和勢力範圍拓展至地中海東部，使得羅馬人自己也成為海盜劫掠的主要受害者，而最知名的俘虜，就是於西元前75年被捕獲的年輕凱撒。

依據希臘史家普魯塔克的記載，海盜當時要求20塔冷的贖金，凱撒卻主動提議將贖金提高到50塔冷。他被海盜囚禁了38天，期間總是向海盜揚言，等自己自由後要將他們全部釘上十字架。海盜收到自米利都送來的贖金後，便將凱撒釋放返回米利都，他隨即集結了討伐部隊返回海盜巢穴，將海盜一網打盡，掠奪他們的贓物作為戰利品，將他們囚禁起來，接著全數處死，凱撒實踐了自己在作為階下囚時對他們的要脅。

　　西元前1世紀早期，西里西亞海盜開始在愛琴海和亞得里亞海周圍活動，這兩處海域都被羅馬視為自己的領域，他們甚至開始劫掠義大利沿岸蒐羅奴隸。羅馬元老院（Roman Senate）因此通過了首條反海盜法律，規定海盜不得在羅馬的領地內進行貿易，而海盜理所當然地就轉向他處搜刮。西元前86年，一支海盜中隊在義大利東南部的布魯迪辛（Brundisium）擊敗羅馬海軍，阻斷了羅馬和希臘之間的交流。羅馬人派出戰艦抵禦海盜威脅，各行省首長也相繼率領征討部隊，態度卻舉棋不定。接著於西元前74年，馬庫斯・安東尼・克里提克斯（Marcus Antonius Creticus，馬克・安東尼〔Mark Antony〕的父親）在攻擊克里特島的海盜時吃了敗仗，不久後便與世長辭。[4]結果羅馬人的態度轉趨強硬，在西里西亞海盜支持斯巴達克斯（Spartacus）所領導的奴隸起義（西元前73-71年）時，更是令羅馬怒火中燒。羅馬的征討部隊能夠暫時制服西里西亞海盜，卻無法根除他們造成的威脅，為了妥善保護羅馬貿易，必須採取更激烈的因應措施。

4 引用自參考文獻，詳細請查照 322 頁〈內文引用〉章節

這種雙層槳座戰船成為地中海的標準海盜狩獵船。雙層槳座戰船不僅快速又靈敏，還承載一支訓練有素的羅馬海軍戰隊。這幅淺浮雕出自義大利帕勒斯替那（Praeneste）的幸運女神廟（Fortuna Primigenia）。

龐培與海盜

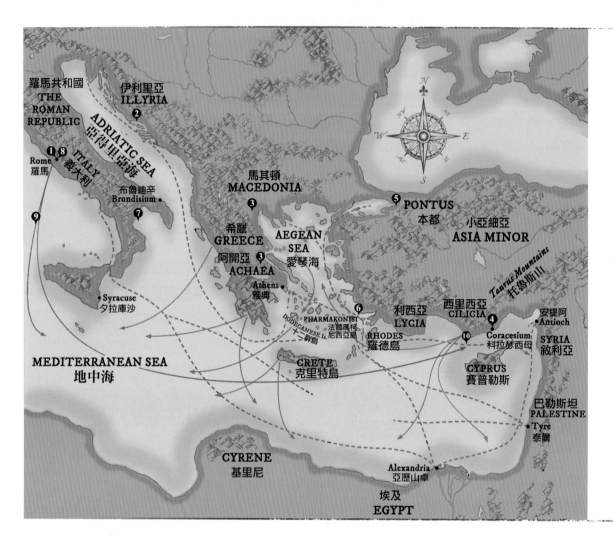

龐培鎮壓海盜

　　龐培大帝當今最為人所知的身分，就是在羅馬內戰期間作為凱撒的
強勁對手，然而在那之前，龐培也被譽為「羅馬第一人」，被視作羅馬
共和國的救世主。這樣的名聲多歸因於他在戰役中成功與海盜抗衡，有
效地遏止地中海的海盜活動。因發生了斯巴達克斯起義，加上西里西亞
海盜為這次起義提供支持，使得元老院決定要一舉殲滅地中海的海盜。
這項任務會需要羅馬耗損極大資源，因此在西元前67年，龐培取得了「
軍事獨裁權」，並授命將海盜從「我們的海」（也就是地中海）驅逐。

關鍵事件

---- 貿易路線　◄── 海盜劫掠方向　◄── 龐培往西里西亞的路線

1. 第二次布匿克戰爭（西元前218-210年）後，羅馬共和國鞏固其對義大利的掌控。

2. 羅馬於西元前2世紀掌控伊利里亞並將之納為羅馬行省後，也殲滅了沿岸令人頭痛的海盜巢穴。

3. 西元前146年，羅馬掌控了希臘和馬其頓，兩地均成為羅馬行省。阿開亞(希臘南部)海盜也因此被驅逐本土，只得於愛琴海諸島重振旗鼓。

4. 隨著羅馬的勢力延伸至愛琴海，海盜也漸往東移，於西里西亞沿岸建立起勢力。西元前133年，此地區成為羅馬行省，但海盜仍持續肆虐。

5. 本都的米特里達梯國王（Mithridates of Pontus，西元前134-63年）鼓勵東地中海的海盜活動，作為遏止羅馬勢力不斷壯大的手段。

6. 西元前75年：凱撒遭法爾瑪柯尼西亞島上的海盜俘虜，付清贖金後即獲釋放，但隨後凱撒便率領海軍返回，將海盜一網打盡後處死。

7. 西元前72年：西里西亞海盜援助斯巴達克斯帶領義大利奴隸起義。雖然斯巴達克斯於隔年便遭擊敗，但本次海盜結盟行動卻讓羅馬決心處理西里西亞海盜的威脅。

8. 西元前67年：羅馬元老院授予龐培大帝「軍事獨裁權」及無限金援，授命掃蕩地中海的海盜。

9. 西元前67年：龐培將地中海劃分為13個區域，接著往東行進，摧毀海盜基地並驅逐其餘黨。同年底，所有剩餘的海盜都已集中至西里西亞，龐培對此暫且視而不見。

10. 龐培最終封鎖了西里西亞，手下部隊有條不紊地掃蕩該地區，最終佔領了科拉瑟西母（Coracesium，今厄蘭雅〔Alanya〕）的最後海盜據點。地中海現已徹底擺脫海盜肆虐，之後幾世紀均相安無事。

龐培的軍事獨裁權為他賦予無上權利和取之不竭的預算，加上一支約有500艘船艦（含200艘戰爭用槳帆船）的軍隊，及共12萬人的羅馬軍團。這支部隊陣仗浩大，相當於美國當今一半以上的預算和武裝部隊。由此可見，羅馬元老院

格涅烏斯・龐培・馬格努斯（Gnaeus Pompeius Magnus，西元前106-48年），也稱龐培大帝。他以作為凱撒的對手而聞名，但龐培最大的成就可說是讓地中海免於海盜的侵擾。

相當嚴肅看待海盜的威脅。龐培過去曾經與海盜作戰過，明白該如何策劃這次行動，他的大多數海盜緝捕船艦速度都夠快，足以於公海追捕海盜並將之圍困。

　　這些輕型的艦隊會由一隊重型戰艦支援，上面承載了眾多經驗豐富的羅馬軍團士兵。龐培將地中海劃分為13個地區，並將各地區交由負責的「使節」（意指副指揮官）管轄。在一次統一的襲擊行動中，各使節都率領自己的部隊攻打海盜基地並將其封鎖，再派遣其他船隻偵查是否有尚未發現的海盜巢穴。羅馬部隊隨後夷平了海盜基地，眾多海盜投降；海盜頭目遭到處決，剩餘人等則接受審訊、繳納贖金後被釋放。這波攻擊行動是在整個地中海地區同時進行，但龐培刻意留下了西里西亞，並未攻擊該地。

　　接著，龐培率領部隊橫越地中海，從直布羅陀（Gibraltar）向東行進，驅趕所有倖存的海盜餘黨。許多海盜闖入了由各使節建立的封鎖地區並遭擊敗。其餘的人則逃往西里西亞。不到40天，除目前正遭到封鎖的西里西亞之外，龐培成功將地中海內的海盜清除，海盜即使試圖突圍，卻都只是徒勞。接著龐培緊縮警戒，從沿岸向內陸推進，將海盜團團包圍。隨著海盜逃往他們在科拉瑟西母（位於偏僻的西里西亞半島）的主要據點，軍團也被派遣至岸上搜索各個入口和谷地，確保沒有漏網之魚。龐培接著下令軍團進攻，精良的羅馬戰士並非西里西亞人可以匹敵，幾週內這些人便被迫投降。

　　這次龐培再次展現令人訝異的度量，僅海盜頭目遭到處決，剩餘人等則被流放到偏遠地區。龐培回到羅馬，凱旋歸家。三個月內他就摧毀了120個海盜基地、殺死10,000名海盜，捕獲500艘船艦，取得豐厚的海盜戰利品，並由龐培、他手下的將領和元老院均分，地中海史上頭一遭終於免於海盜的威脅。

　　接下來四個世紀，羅馬船隻都得以在「我們的海」中安全航行，不受攻擊。這次「羅馬和平」一直持續到西羅馬帝國瓦解之後，此時抵禦海盜的重擔便落在東羅馬帝國肩上。在拜占庭帝國的皮囊之下，東羅馬與海盜的戰爭一直持續到中世紀，一直到拜占庭最終屈服於土耳其為止。然而，那時海盜再次成為了地中海內的一大勢力，但海盜活動的中心已從小亞細亞轉為北非沿岸。

對頁
西元4世紀羅馬晚期貨船。在這幅馬賽克鑲嵌畫中，可見人們正將外來動物運往船上。隨著羅馬軍事力量的衰敗，這種商船在亞得里亞海和愛琴海也成為新興海盜垂涎的獵物。

第二章

中世紀海盜

海上劫掠者

　　多數人並不將維京人（Vikings）視為海盜（Pirate），即便有部分維京人的確將海盜作為賴以為生的職業，他們卻很少於海上劫掠。其實這些人算作是專挑沿海獵物下手的「海上掠奪者」（Sea raider），雖然維京人並非歐洲黑暗時代唯一的海上掠奪者，卻可說是最成功的一群人。超過2世紀他們都讓北歐人心惶惶，之後又回歸征服北歐，統御這個地區。他們並不算是真正的海盜，但的確是仰賴船隻快速移動、出敵人不意地發動攻擊，這都是海上掠奪者的特徵。

　　大多維京人起初都是僅有一、兩艘船的小規模掠奪者。但至此時代後期，他們已開始駕馭更大型的船隻，有能力承載更強大的武器。根據盎格魯薩克遜神學家阿爾坤（Alcuin）的紀錄，維京人的首次露面可以追溯到西元793年6月8日的早晨。當天，一群維京人來到英格蘭東北岸的林迪斯法恩（Lindisfarne）修道聖島。

《盎格魯薩克遜編年史》(Anglo-Saxon Chronicle)在西元793年6月8日的條目記錄如下：「異教徒入侵，無情地摧毀了林迪斯法恩屬於上帝的教堂，大肆掠奪與殺戮」。維京人這次對林迪斯法恩的襲擊，也開啟了其對不列顛諸島後續劫掠行動的序章。(圖片來源：Werner Forman/Universal Images Group/Getty Images)

這些人洗劫島上修道院，並放火燒毀。即便在那個年代殺戮是常有的事，這次事件仍是空前的暴行。[5]有位編年史家將此次劫掠形容為「對基督教英格蘭肉體和靈魂上的摧殘」。阿爾坤則進一步寫道：「這是發生在不列顛前所未有的恐怖事件，我們現在正承受異端帶來的苦難」。

林迪斯法恩的攻擊事件只是開端。僅一年後，西元794年，不列顛東部沿海便都成為維京人下手的對象，一位愛爾蘭僧侶留下此紀錄：「不列顛諸島遭到外來者的破壞」。接下來幾年，蘇格蘭西部海岸的愛奧那修道院（Iona）也遭到洗劫，其他數間修道院都免不了相同的命運。

西元798年以前，維京人將將奧克尼群島（Orkney Islands）上的冬季營地作為據點，方便劫掠愛爾蘭北岸。他們的掠奪範圍越來越廣，直至9世紀，已沒有任何沿海地帶能夠倖免於難。身受其害的僧人們將這些北歐民族的怒火比喻為末日審判，《耶利米書》的紀載相當貼切：「必有災禍從北方發出，臨到這地的一切居民」。對僧人而言，維京人的到來預示著世界的終結。雖然審判日未曾到來，維京人的掠奪卻是依舊。

至西元820年代，北歐已出現新興霸主，他們願意保護英國沿海社區，並收取費用作為報酬。維京掠奪者的時代漸漸式微，迎來了新一波征服世代，英國此時反而不再是劫掠的目標，卻成為了各方霸主的戰場。然而，劫掠活動在愛爾蘭又持續了10年。[6]西元820年，一位神學家在《阿爾斯特年鑑》中寫道：「外來者隨著波濤從海上湧入愛爾蘭（Erin），不見避風港、不見登陸之處、不見要塞、不見城池、亦不見堡壘，卻是被維京人和海盜的浪潮吞沒」。就連距離海岸較遠、人們認為足以免受攻擊的地點，都已經淪為北方民族的獵物。

[7]830年代末期，維京領袖索吉爾斯（Turgeis）掌控了阿爾斯特，作為後續攻擊的據點。接著維京人佔領都柏林，建立了新的勢力基地。劫掠凱爾特蘇格蘭和愛爾蘭的大多數維京人，都屬來自挪威的「北方人」（Norsemen）。自8世紀晚期至9世紀早期起，盎格魯薩克遜英格蘭大部分地區都曾遭受這些掠奪者的踐踏。《盎格魯薩克遜編年史》835年的條目便宣稱：「這一年，異教徒摧毀了謝佩（Sheppey）」，謝佩是位於泰晤士河口的一座島嶼。

根據編年史記載，從此以後劫掠活動的規模和數量都在年年攀升。西元850年代，維京人在肯特（Kent）地區的塔奈特島（Thanet）和謝佩

5,6,7 引用自參考文獻，詳細請查照 322 頁〈內文引用〉章節

於盎格魯薩克遜英格蘭登陸的維京部隊。雖然這幅插圖伴隨著一份12世紀的手稿，記載烈士聖艾德蒙（St Edmund the Martyr）的事蹟，其中場景仍描繪出九世紀維京劫掠者概略的兇殘樣貌。

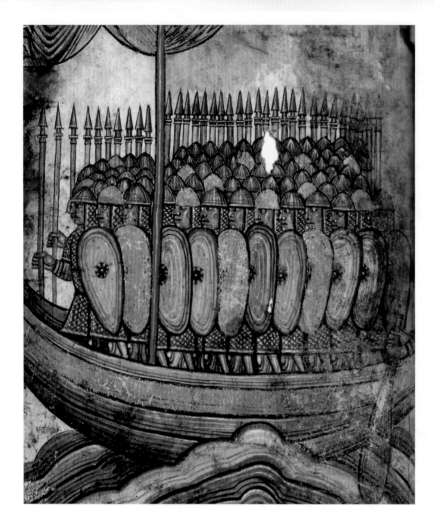

載滿重裝戰士的維京長船，來自12世紀法蘭克手稿〈聖歐班的人生〉（Life of St Aubin）的插圖。維京劫掠戰隊的實際穿著和裝備可能較不統一，紀律也許並不如畫面中呈現得嚴明。

島都建立了基地，作為擴張勢力的安全據點。這也預示了維京人活動從「劫掠」過渡到「征服」的歷程。

盎格魯薩克遜和凱爾特人並非唯一受維京人所苦的民族。「天主降臨後的845年，大批北方民族衝破了基督徒的邊境」，此段落出自於巴黎附近的聖日耳曼德普雷修道院（St Germaindes-Prés），是院中修士為大批維京部隊直搗巴黎留下的紀錄。實際上，首批維京掠奪者早在25年前就抵達法蘭克王國，洗劫菲士蘭（Frisian，荷蘭）沿岸，也衝破了塞納河的防線。841年，維京人劫掠了盧昂（Rouen），隨後向當地居民索取danegeld（一種稱為「丹麥金」的保護費）。之後就發生了845年的大規模襲擊，當時只有交出大量銀幣才讓城市倖免於難。維京人在六年內就於塞納河下游地區建立了永久據點，也就是日後的諾曼第（Normandy），意指北方人的土地。

維京人在歐洲的劫掠活動持續了約逾半世紀，此時期終結的原因卻是因為可掠奪的資源所剩無幾，同時也因為維京人開始培養出征服土地的欲望。儘管時人認為維京人基本上等同於海盜，這些劫掠者是否真的符合此稱號，仍是個值得商榷的問題。實際上，個別維京群體的活動可歸納於規模更大的運動，這又是受到斯堪地那維亞民族身份認同沿革的影響。儘管維京時代一直持續到11世紀中期，海上劫掠者的時代於9世紀中葉就已經結束。

獵捕漢薩同盟

　　維京海上掠奪者也許已經退場，但斯堪地那維亞的海上商人仍在持續活動，形成了之後將改造歐洲經濟的更大型商貿帝國。波羅的海（Baltic）和北海沿岸在12世紀前就已發展出多個新的主要港口，其中又以漢堡（Hamburg）、呂貝克（Lübeck）、不萊梅（Bremen）、斯泰丁（Stettin）、但澤（Danzig）、羅斯托克（Rostock）最為繁華。

　　1241年，呂貝克和漢堡共同創立漢薩同盟（Hanseatic League），漢薩同盟為一商會，負責監督地區內的海上貿易及抵禦海盜，保護商船安全。其他港口很快也加入了同盟，直到1300年，漢薩同盟成為波羅的海及北海的主要勢力，並主宰北歐貿易，因此削弱了地區內諸國勢力。丹麥人對同盟尤其持反對態度，因此暗自針對此商人霸權發起抵制，衝突持續到14世紀，也吸引到部分想在漢薩同盟財富中分一杯羹的人。

　　其中一例就是英格蘭東南岸名為「五港」（Cinque Ports）的聯盟。該組織於14世紀早期組成，以保護當地英國船隻不受海盜威脅，同時鼓勵貿易。不過，不同於一直是合法貿易組織的漢薩同盟，這個英國組織卻也從事敲詐勒索的勾當，算是半合法的海盜組織，在保護自家船隻和「客戶」的同時，也攻擊那些未繳交保護費的船隻。

　　在波羅的海中，有一群德國傭兵和海盜自行結成了盟友。他們被稱作 'Vitalienbrüder'，也就是「飲食兄弟會」之意。1392年，成員們為陷入困境的斯德哥爾摩運送物資，因而獲得此稱號。他們在接下來十年都默默與丹麥人和屬於漢薩同盟港埠的呂貝克抗衡。1393年，兄弟會劫掠了挪威的卑爾根（Bergen）和瑞典馬爾默（Malmö），兩個港口均屬漢薩同盟。次年，他們於波羅的海佔領了哥德蘭島（Gotland Island）的維斯比（Visby），這座島便成為他們的主要基地。然而，此舉卻與丹麥王權下瑞典、丹麥和挪威組成的政治聯盟互相衝突，此政治聯盟也因此成為了兄弟會的勁敵。

即便這些商船出自於14世紀的威尼斯手稿，其描繪的船型卻更加古老，是12世紀起義大利商人用來在愛琴海、亞德里亞海和東地中海上航行的工具。

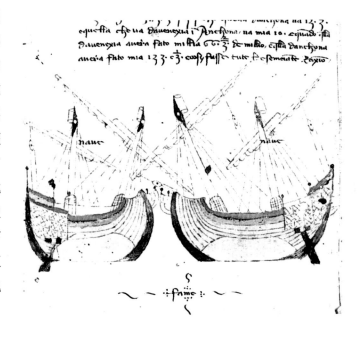

克勞斯‧施多特貝克與飲食兄弟會

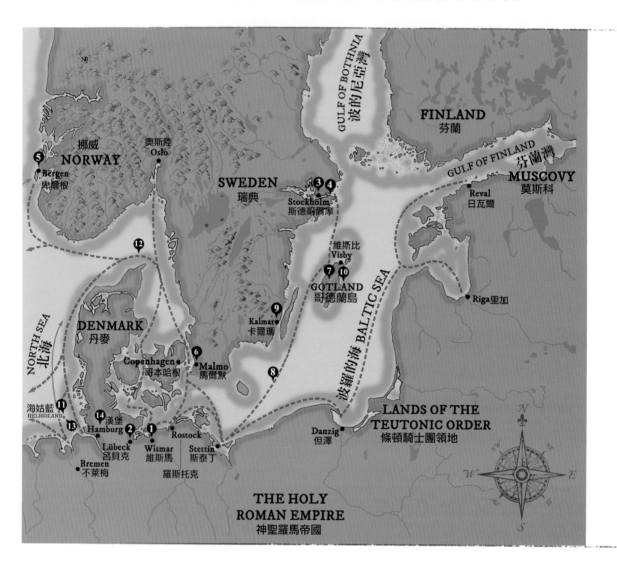

　　然而兄弟會仍持續攻擊丹麥和漢薩同盟的船隻,直到1398年丹麥將哥德蘭島租借給條頓騎士團為止。這支強大的軍事組織入侵哥德蘭,將島上海盜驅逐。兄弟會剩餘成員則在現代德國、荷蘭邊境的埃母(Ems)河口,以及北海的海姑藍島上建立了新據點。這支新的兄弟組織自稱為「均分會」,取「均分財富」之意。

　　其中,最知名的海盜領袖就屬克勞斯‧施多特貝克(Klaus 'Störtebeker')。他的原名很可能是尼古勞斯‧施多森貝克(Nikolaus Storzenbecher),約在1360年出生於維斯馬。

航線圖說明

- - - - 貿易路線　◀── 海盜劫掠方向

1. 約1360年：克勞斯・施多特貝克於維斯馬出生。

2. 1367年：漢薩同盟向波羅的海的主要勢力丹麥發動戰爭。丹麥人吃了數次敗仗，並於1370年求和。漢薩同盟就此成為該地區的主要勢力。

3. 1389年：丹麥女王瑪格麗特（Margaret）入侵瑞典並圍困斯德哥爾摩。

4. 1392年：海盜組織飲食兄弟會，與瑞典人聯合抗衡丹麥並解放斯德哥爾摩。海盜們也獲得同盟的協助。

5. 1393年：飲食兄弟會劫掠漢薩同盟的卑爾根港，聯盟因此向海盜宣戰。

6. 1394年初：飲食兄弟會劫掠馬爾默，也進一步攻入瑞典較小型的港埠。

7. 1394年末：飲食兄弟會佔領哥德蘭島，維斯比成為他們的主要海盜據點。

8. 1394/95年冬天，巴爾的海的海上貿易因海盜在航道上的活動而陷入停滯，漢薩同盟和丹麥人均深受其害。

9. 1397年：丹麥、瑞典及挪威在瑪格麗特女王的統治下共組卡爾瑪聯盟（Kalmar Union）。

10. 1398年：卡爾瑪聯盟僱用條頓騎士團處理海盜威脅。騎士團入侵哥德蘭，佔領維斯比，剩餘的飲食兄弟會則從島上逃離。

11. 1399年：海盜兄弟會的餘黨在海姑藍島上重振旗鼓。

12. 1400年：施多特貝克成為海盜兄弟會的頭目，兄弟會現名為「均分會」。漢薩同盟和丹麥船隻都是他們下手的對象。

13. 1401年：漢薩同盟的艦隊攻擊均分會，在一次海姑藍島的海戰中擊敗海盜，俘虜施多特貝克及其他餘黨。

14. 1401年：施多特貝克和其弟兄在漢薩同盟港埠的漢堡遭到處決。

　　施多特貝克是從哥德蘭島上逃出的兄弟會成員之一，後來漸漸出頭，成為了均分會的領袖。他的海盜旗艦據說被稱作「海上猛虎」，是海盜艦隊中最大型的船隻。漢堡是當時很繁榮的漢薩港口，而海姑藍島占地利之便，更是襲擊來往於漢堡船隻的理想據點，因此均分會是當時的一大威脅。

　　施多特貝克最終在1401年棋逢敵手，漢薩同盟當時派出了一隊由烏特勒支西蒙（Simon of Utrecht）帶領的船艦，拿下了該島嶼。雙方部隊在海姑藍沿海開戰，在長時間的戰役後，載著施多特貝克和一眾手下的海上猛虎遭到俘虜，他們被帶到漢堡接受審判。同年10月，施多特貝克便被判處死刑。即便如此他仍和對方達成了協議：在他的頭顱被砍下後，身體還能繼續走過多少位弟兄，就要釋放同等數量的人。

　　傳說中他仍蹣跚走過了11個同伴，才被劊子手給絆倒而這些海盜的

頭顱被插在易北河（Elbe River）河畔的尖刺上。[8]如今克勞斯‧施多特貝克已被賦予德國英雄的形象，更是羅賓漢和法蘭西斯‧德瑞克爵士（Sir Francis Drake）精神的結合。

地中海的海盜騎士

西元5世紀早期，西羅馬帝國在蠻族入侵後瓦解，東羅馬帝國卻設法穩住了局勢。實際上，東羅馬以拜占庭帝國為名號，作為政治實體又存在了整整一千年。西元330年，君士坦丁大帝於拜占庭建立了新的首都，將其重新命名為君士坦丁堡，拜占庭帝國就此誕生。這座城市旋即成為了主要的商業中心，海上貿易相當興盛，拜占庭船艦會於航道上巡邏，保護帝國不受海上敵人的威脅，遏止海盜活動。

這一切自11世紀後期起便開始變調。首先是1071年的曼齊克特戰役（Manzikert），拜占庭慘敗給土耳其人，因此丟了小亞細亞的大部分領土。接著便出現了十字軍，這些人將信奉希臘東正教的拜占庭視為幾乎與穆斯林同等的宗教敵人。曼齊克特戰役之後，拜占庭的海軍就已經疏於訓練，因此拜占庭皇帝以撒二世（Isaac II）於1189年與威尼斯人簽署了一份海軍協議。這項政策卻適得其反，因為1204年這些義大利人便大肆打劫君士坦丁堡，拜占庭剩餘的海軍潰不成軍，即使帝國仍苟延殘喘，卻已經失去了對海上的掌控權。自1204年起，地中海的東部海域便再次成為了海盜巢穴。

海盜構成的新興威脅根源於散落各處的小國，新興的拉丁霸主將海盜活動視為不錯的收益來源。義大利冒險家們抓住了這次良機，大規模地從事海盜活動，他們在偏遠的地區建立據點，遠離威尼斯或拜占庭當局的把關。克里特島是他們最中意的巢穴，希臘南部的莫念瓦西亞（Monemvasia）亦同。這處港口（也稱為「岩石」），是一座建在裸露岩壁上的中世紀堡壘，由一處棧道與本島接壤。這處要塞幾乎堅不可摧，在13世紀期間成為了海盜的主要避風港，附近的馬尼（Mani）半島西部也是一樣。

其他活躍的海盜巢穴還包含亞得里亞海中部的達爾馬提亞群島，是現今克羅埃西亞達爾馬提亞海岸的一部分，風景如畫。

該地區當時被稱作馬瑞亞（Maria），在受到拜占庭的統治之前就一

8 引用自參考文獻，詳細請查照 322 頁〈內文引用〉章節

直受到海盜侵擾。如今，一如伯羅奔尼撒（Peloponnese）地區，馬瑞亞也為海盜提供了安全的基地，與富饒的威尼斯航道相望。

其最有來頭的海盜領袖正是布林迪西的馬格加里塔（Margaritone of Brindisi，1149-97），他是一位將海盜作為其海上生涯開端的義大利騎士，後來成為西西里島上諾曼統治者手下的私掠者，身居要職。1185年，他從拜占庭帝國手中拿下了達爾馬提亞諸島，在這些島上建立主要的私掠據點。馬格加里塔卻在協助西西里人抵禦那不勒斯時吞了敗仗。1194年，該城被神聖羅馬帝國拿下，馬格加里塔也遭到俘虜，死在日耳曼的監獄中。然而達爾馬提亞諸島在往後10年仍是海盜的基地，這些島嶼直到1204年才被威尼斯艦隊攻下。在此世紀期間，當地的海盜隨後更在科孚島、桑特島（Zante）和凱法隆尼亞島建立新的巢穴，這些島嶼在14世紀晚期之前一直都是活躍的海盜基地。

海盜活動在希臘海域真正蓬勃發展的時期始於13世紀末，皇帝米迦勒八世（Michael VIII）成功從義大利人手中收復君士坦丁堡，卻沒有足夠資源重組海軍戰力。因此改為僱用海盜作為私掠者，而在拜占庭帝國的庇佑下，這些海盜鎖定在地中海東部活動的義大利船隻作為獵物。但諷刺的是，這些海盜大多都是來自威尼斯或熱那亞的義大利人。棣屬拜占庭的其中一位私掠者喬瓦尼·德洛卡沃（Giovanni de lo Cavo）在1278年從熱那亞人手中奪下羅德島，成為了島上霸主，並以拜占庭皇帝的名義統治該島。羅德島上的海盜活動一直都很活躍，直到醫院騎士團於1306年征服該島為止。

那時希臘其餘地區都是由土耳其人、拜占庭人或義大利人所掌控。鄂圖曼帝國（Ottoman Empire）日益增長的海軍勢力，加上威尼斯人和醫院騎士團在地區中的主導地位，在在顯示著非法活動受到遏制，從而鼓舞了海洋貿易。羅德島被占領後，愛琴海希臘沿岸只剩雅典能庇護海盜。1311年起，海盜在雅典公爵曼弗雷德（Duke Manfred of Athens）的庇護下日益猖獗，他是一位加泰隆尼亞傭兵，同時為拉丁和拜占庭統治者效力，在土耳其於1458年征服雅典以前，他手下的「加泰隆尼亞海盜」一直很令人頭痛。

這枚14世紀的戳章描繪出柯克船的樣貌，柯克船是一種具有圓形船身的寬敞小船，在此時期這種船型同時可作為商用船和戰船。在本圖例中可見後甲板和前水手艙的基本樣貌。

西元14世紀晚期，地中海地區海盜活動的中心，已經從西部轉移到地中海北非沿岸。歐洲北部的商人正在重建失落已久的海洋貿易路線，地中海地區卻在此時被分立為一處宗教戰場，海盜活動結合海軍勢力，於後續造就的影響甚鉅。

不列顛群島周圍的海盜活動

封建制度的其中一個特色，便在於中央王權會受到限制，所以要讓國家的海軍強大到足以拔除海盜巢穴，是相當困難的事。因此，海盜在不列顛海域各處都很猖狂，尤其是在英吉利海峽和愛爾蘭海一帶。在英吉利海峽的島嶼中，海盜得益於英格蘭和法國之間的王朝之爭，甚至得以自立門戶，成為半封建的領主。在13世紀早期，海盜就已經成為英吉利海峽中的嚴重禍患，只有守備最周全的船隻才得以安全通行，其中一位最知名的海盜正是修道士尤斯塔斯（Eustace the Monk），尤斯塔斯也有「黑僧」的稱號。

這枚英國戳章描繪出14世紀晚期的柯克船，可見前水手艙和後水手艙的結構已與船體更加貼合，提供了更好的作戰平台。

他是一位私掠者，同時受雇於英格蘭約翰王（King John）和法王菲利普二世（Philip II）。他以澤西（Jersey）作為據點主宰英吉利海峽的水域，向過路船隻索取保護費，並對不願合作的人發動攻擊。

　　尤斯塔斯自1205年至1212年為約翰王效力，領頭劫掠加萊（Calais）到布雷斯特（Brest）的法國沿海地區。接著在1217年，他派遣自己的艦隊運送一支英國叛軍橫越海峽。這支海盜艦隊停泊在英格蘭東南岸的桑威赤（Sandwich）附近，隨即便遭到規模更大的英國軍隊突襲。[9]尤斯塔斯戰敗後即遭到俘虜，並與海盜同黨一同被判處了死刑。

　　至13世紀中期，英國和法國政府一同找到了對付海盜的方式，也就是發放正式的私掠特許證。這是頭一遭「私掠委任狀」被用來控管可能會成為海盜的船隻，並利用他們的力量打擊國家的敵人。只要海盜願意為他們選擇的君王效勞，就能享有王權的庇佑，但要是他們攻擊統治者國家的船隻，就會被當作賊寇追捕。

　　蘇格蘭和愛爾蘭西部的不列顛凱爾特地區（Celtic fringe）仍有些較不起眼的海盜仍持續活動至16世紀。而不列顛群島的領主，正是曾掌控蘇格蘭西部海岸的維京人後裔，他們和尤斯塔斯的作風相似，攻擊那些拒絕支付「封建」費用的過路船隻。直到17世紀，蘇格蘭的王權才設法終結這種敲詐勒贖的行為。

13世紀晚期的手繪插圖，描繪修道士尤斯塔斯於12世紀晚期至13世紀初期，在英吉利海峽攻擊船隻的情形。他最終於1217年在桑威赤離岸的戰役中吃了敗仗，遭到處死。

9 引用自參考文獻，詳細請查照 322 頁〈內文引用〉章節

　　愛爾蘭因為缺乏中央權力，讓海盜能夠逍遙法外，[10]而最惡名昭彰（也最不尋常）的愛爾蘭海盜大概就屬格蘭雅‧尼瓦萊（Gráinne Ní Mháille）了，英國人稱其為格蕾絲‧奧馬利（Grace O'Malley，1530-1603）。在愛爾蘭傳奇中，她享有「康尼馬拉海上女王」的響亮名號。她的父親，也就是尼瓦萊（奧馬利）氏族的大家長，掌控著當今梅奧郡（County Mayo）大部分沿岸區域，在他勢力範圍內沿岸水域活動的漁民，都需要向她繳納稅金。1546年，她嫁給德納爾‧奧弗拉赫提（Donal O'Flaherty），繼承了奧弗拉赫提的稱謂，並在丈夫於1564年被殺害前為他生下了三個孩子。她接管了丈夫不怎麼成功的海盜事業，於父親在梅奧郡西邊克萊兒島（Clare Island）上的防禦據點自立門戶。1577年，當局派出軍隊圍攻格蘭雅的要塞，並將她逮捕入獄。雖然格蘭雅最終獲得釋放，她的孩子仍被監禁在獄中，好確保她能夠合法行事，後來她來到倫敦，受女王伊莉莎白一世召見。她的孩子最終獲得當局釋放，而年邁的「海盜女王」則繼續她的劫掠生涯，直到死去為止。雖然這則故事蒙上了一層愛爾蘭傳奇的面紗，但她這趟王室之旅卻足以激起當代英語人士的興趣，將她的一生記錄在歷史當中。即便她在海上的活動規模相對較小，可在其他不起眼的愛爾蘭海盜和氏族領袖已受世人遺忘時，其女性身分卻讓她仍能夠名留青史。然而，若與同時期的英國海上劫掠者相比，格蘭雅充其量只能算是地方的小混混。

10 引用自參考文獻，詳細請查照 322 頁〈內文引用〉章節

這幅16世紀的德國木刻作品描繪出海盜被處決的情形。在這個例子中，一位在北海活動、名為亨斯利恩（Henszlien）的海盜船長，和他的手下一同被漢薩同盟的戰艦捕獲，並於漢堡遭到處決。

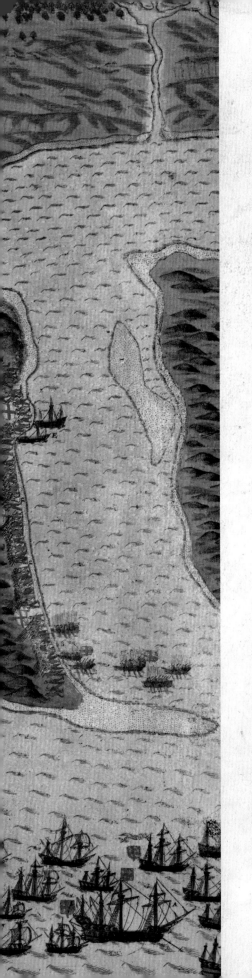

第三章

文藝復興時期的老水手

老水手：私掠者抑或海盜？

某個國家的私掠者，等於是他國的海盜，這句話其實不假。在伊莉莎白「老水手」時期知名的海鬥年代，國家和個人利益是可以同時追求的，表面上為國家服務的同時，也可以爭取自己的財富。

在此時期，篤信天主教的西班牙和屬於新教的英國長期處於「冷戰」狀態。1585年，經過30年的低調對立後，戰爭終於徹底爆發。這場蓄勢已久的衝突大多歸咎於各船長的行徑，例如法蘭西斯・德瑞克（Francis Drake）洗劫西班牙大陸，就是造成戰爭的一大主因。

法蘭西斯・德瑞克於1572年占領卡塔赫納（Cartagena）後，便於古巴周圍和佛羅里達東岸一帶航行。5月下旬，他在聖奧古斯丁（St. Augustine）發現幾乎隱藏在海灣內的西班牙據點。他佔領這處據點和要塞，卻發現這地方沒什麼價值。（圖片來源：VCG Wilson/Corbis via Getty Images）

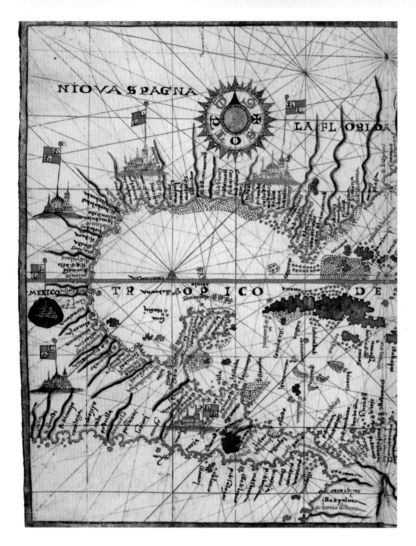

16世紀早期西班牙繪製的「新世界」地圖，由北回歸線一分為二。當時西班牙人將整個地區視為專屬的疆域，若有其他歐洲「擅闖者」企圖入侵他們的加勒比海內灣領地，都會遭到西班牙人的追捕。

不過，女王伊莉莎白一世既然已經不受外交規範約束，終於可以放任手下的老水手恣意妄為。有整整20年，他們都讓西班牙在「新世界」中不得安寧，百般阻擾西班牙人進攻英國的意圖。

然而，英國並非唯一會對西班牙海外帝國發動攻擊的國家，還有其他人也對運往西班牙源源不絕的銀錠、金條、錢幣等虎視眈眈。法國人在1520年代便開始攻擊西班牙滿載金銀財寶的船隻，比英國人對西班牙大陸的襲擊還要早40年，後來荷蘭艦隊也在美洲海域對西班牙船艦下手。

在此時期，西班牙將其他來到加勒比海的歐洲人都視為危險的「擅闖者」。有句話「線外無和平」指的就是新世界被西班牙和葡萄牙瓜分的狀態，依據《托爾德西利亞斯條約》，穿過巴西的36°47西經線為西班牙新世界的疆界，在此經線以西的疆域都屬西班牙，顯然其他漸漸興起的海上強權都感覺自己受到排擠，後續數世紀的衝突便隨之而來。

對西班牙而言，情勢非常簡單，他們將巴西之外的整個美洲都視為西班牙的領土，若有外來國家想要「越線」建立自己的殖民地，都會遭到西班牙的阻撓。即便這些人的來意是進行貿易，而非挑起爭端，他們仍將任何「擅闖者」都視為海盜。這種粗暴的反應無可避免地，為原本穩定的局勢點燃了公開衝突的火苗，舉例來說，伊莉莎白女王就曾核發「報復特許」，允許私掠者攻擊西班牙人，以彌補英國在西班牙手下蒙

受的損失。在法律上，「報復」被視作完全合法的行動。

　　私掠者是指持有證照或「私掠許可證」的個人或船隊，證照由政府核發，讓他們能合法攻擊敵國的船隻。私掠行為須遵守國際公約，也就是說私掠者若是落入敵人手中，理論上應被視為敵國的戰士，而非海盜。而核發私掠特許的國家通常會收取一定比例的利益，作為提供這種法律保障的報酬。只要私掠者遵守規定，依法就不能被當作海盜吊死。

　　然而，西班牙卻拒絕遵守這些規則，尤其是私掠者「越線」活動時，他們都絕不寬貸。[11]雖然英國人將法蘭西斯·德瑞克爵士視為民族英雄，西班牙人卻將他比喻成惡魔，貼上海盜的標籤，欲將之趕盡殺絕。

西班牙大陸

　　私掠者從英國西南部港口前往新世界時，首先會遇上加那利群島（Canary Islands）或是維德角（Cape Verde），他們正好可以在這裡順著東北信風橫跨大西洋，第一站先來到小安地列斯群島（Lesser Antilles）補充水和物資。這些島嶼並非由西班牙人佔領，因此目前他們還算安全，然而從此之後船隻就會進入西班牙大陸的範圍。

11 引用自參考文獻，詳細請查照 322 頁〈內文引用〉章節

祕魯的波托西（Potosi）可說是一座銀山，很快就成了西班牙船隊從新世界將珍寶運往歐洲的寶庫來源。大量的財富自然吸引海盜和私掠者的目光，令他們無不想方設法分一杯羹。

西班牙大陸沿岸的珍珠群島，現為瑪格麗塔島（Isla de Margarita），還有其位於委內瑞拉沿岸的鄰近島嶼，如這幅16世紀的西班牙版畫所示。「擅闖者」將島嶼視為防守鬆散的珍貴掠奪來源。

　　理論上「西班牙大陸」指的是南美洲北部沿岸陸地，是西班牙殖民者稱為'Tierra Firme'的地區，意指「大陸」。然而，「陸」一詞（還有海域）的定義很快延伸超越這些沿岸水域。16世紀時，西班牙大陸已經成為加勒比海盆地的代名詞，為避免混淆，加勒比海不久後就被貼上「北海」的標籤，也就是說一旦經過小安地列斯群島，私掠者都會被當作是「擅闖者」。

　　加勒比海盆地包含多個島嶼，最大島古巴為墨西哥灣和北海的分界，東邊則有坐落於波多黎各上方的伊斯班尼奧拉島（Hispaniola），接著這群形成小安地列斯群島的島嶼向南彎曲，與'Tierra Firme'接壤，古巴北邊則是又稱巴拿馬的盧卡雅（Lucayos）。

西班牙殖民者正落腳在這片溫暖海域和熱帶島嶼之中，範圍遍及哈瓦那和卡塔赫納，也有其他規模較小的港口和據點。雖然哈瓦那、卡塔赫納、韋拉克魯斯（Vera Cruz）和農布雷德迪奧斯（Nombre de Dios）等港口都受到良好保護，許多小型港埠卻容易成為攻擊的目標。

從1524年起，這處如散沙般的海外帝國便是由「印度議會」負責管理，議會也掌控著來往新世界的船隻和財貨運送。1535年，印度議會於墨西哥市成立了「新西班牙」總督轄區。而1544年，另一處總督轄區也於祕魯誕生。

最後西班牙更建立了較小型的地區性審問院（Audencia），令兩處總督轄區其中之一負責管理。審問院是西班牙在新世界的行政區，各審問院均由一位首長治理。雖然說起來好像很了不起，這套制度卻容易遭到濫用，也出現貪腐和怠職的狀況。

一面來自當今哥倫比亞的儀式用面具，為當地金匠用黃金精心雕琢。西班牙當時稱該地區為「西班牙大陸」的一部分。也正是因為這類財貨抵達歐洲，才首先引起非西班牙「擅闖者」的覬覦，渴望能夠在這場爭奪中分一杯羹。

寶物船隊

西班牙征服新世界背後的動機，正在於蒐羅黃金，雖然西班牙征服者和隨行的行政官員有權取得更多份額，卻有五分之一都屬西班牙皇室。1520年代以前，蒐羅到的財貨都是由西班牙船隻獨立運回西班牙，但自1526年開始，在西班牙於法國海盜手下丟失數艘寶物貨船後，這些貨運都改為以船隊的形式運送。從那時起，護衛船隊每年都負責將新大陸的財寶運回西班牙，讓西班牙王室大發橫財，也讓「擅闖者」有了難以抗拒的掠奪機會。

例行的護衛船隊制度持續了近兩世紀，寶物船隊一共有兩支，第一支船隊稱為「新西班牙」，會於4月自塞維亞（Seville）出發，並在橫越大西洋之後停泊在小安地列斯群島南部。9月則輪到依照相同路線航行的大陸船隊，但此船隊在抵達西班牙大陸後便會改變方向。新西班牙船隊蒐集完墨西哥礦坑出產的銀礦後，便會到韋拉克魯斯過冬，接著在夏初航行至哈瓦那。大陸船隊則在卡塔赫納過冬，同時收集哥倫比亞出產的祖母綠和委內瑞拉的金礦，並在春季航行至農布雷德迪奧斯，接手從利馬（Lima）運過來的銀礦。

西班牙大陸防守圖

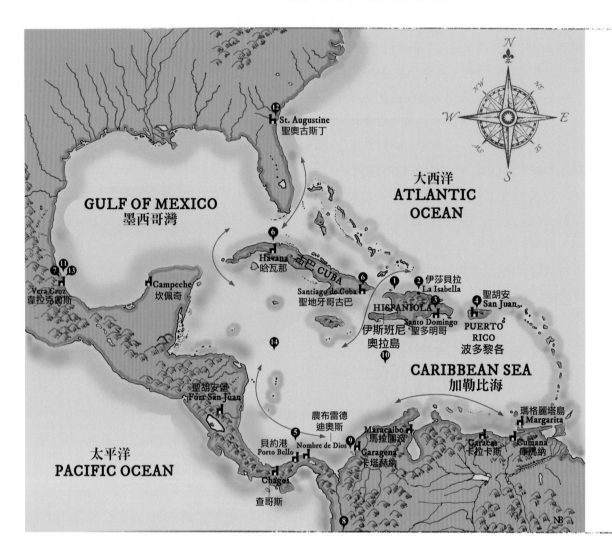

　　德瑞克船長於1572年襲擊農布雷德迪奧斯後，西班牙人便將藏寶終點站轉移至北方的貝約港海岸。接著船隊便會航行至哈瓦那加入新西班牙船隊。一般而言，兩支船隊會分別歸國，新西班牙船隊通常會先於初秋抵達賽維亞，大陸船隊則會在一個月後抵達。然而在戰爭期間，兩支護衛船隊會一同行動，互相掩護，這其中也有風險，因離港時間可能會因此延遲至6月到11月的颶風季節。1544、1622和1715年的船隊都因為大型颶風全軍覆沒，[12]因此寶物船隊若能安全抵達，就值得賽維亞普天同慶，若船隊沒能安全歸來，西班牙的經濟就會受到重創。

12 引用自參考文獻，詳細請查照 322 頁〈內文引用〉章節

航線圖説明

← 西班牙海巡固定路線　🏰 防禦堡壘

1. 1492年：哥倫布發現美洲，於伊斯班尼奧拉島上的納維達德（La Navidad）建立據點。

2. 1494年：於伊莎貝拉建立更大型的據點，但在四年內就將之遺棄。

3. 1498年：於伊斯班尼奧拉島南岸建立聖多明哥。聖多明哥成為西班牙在美洲第一處設有防禦工事的據點。

4. 1508年：西班牙征服者胡安・龐塞・德萊昂（Juan Ponce de León）於波多黎各聖胡安建立據點。

5. 1510年：於巴拿馬地峽（Isthmus of Panama）建立農布雷德迪奧斯據點，並於此地設下防禦堡壘。

6. 1511年：於古巴設立據點，哈瓦那和聖地牙哥古巴相繼建城。

7. 1519年：埃爾南・柯爾特斯（Hernán Cortés）入侵墨西哥，於韋拉克魯斯建立港埠。墨西哥阿茲特克帝國很快就落入他的掌控之中。

8. 1526年：法蘭西斯克・皮薩羅（Francisco Pizarro）從巴拿馬往南行進，入侵印加帝國。十年內祕魯即落入西班牙的掌控之中。

9. 1533年：卡塔赫納出現戒備健全的據點。

10. 1535年：第一批法國「擅闖者」進入加勒比海，攻擊西班牙的船隻和據點。

11. 1558年：西班牙於韋拉克魯斯建立大範圍防禦戒備。

12. 1565年：西班牙於佛羅里達聖奧古斯丁建立殖民地。

13. 1568年：英國「擅闖者」於烏魯阿聖胡安島（San Juan de Ulúa，韋拉克魯斯的防禦堡壘）遭到擊退。

14. 1560年代，西班牙於新世界發起堡壘興建計畫，藉此提升其在美洲殖民地的防禦能力。

伊斯班尼奧拉島是西班牙在新世界的第一處殖民據點，也是西班牙首次與原住民發生衝突的地區。然而至16世紀中葉，該島已成為穩定又相當繁榮的島嶼，聖多明哥為其主要港口。

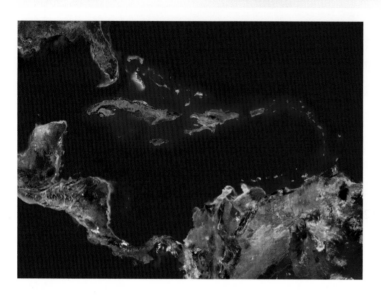

在大航海時代，加勒比海內的船隻航行時多仰賴往西吹的盛行風。然而在古巴北部，風卻是向東吹過佛羅里達海峽和巴哈馬海峽，因此西班牙的寶物船隊會利用風向，順時針航行穿越加勒比海。（圖片來源：Planet Observer/Getty Images）

想當然耳，寶物船隊都是「擅闖者」覬覦的目標，就連法蘭西斯・德瑞克爵士都覺得戒備森嚴的寶物船隊太難下手。西班牙船隊僅有一次全隊遭到俘虜，便是在1628年被荷蘭海軍中隊驅趕到古巴岸邊。然而德瑞克在這套機制中找出弱點，如許多藏寶港埠的守備仍相當鬆散，銀礦在巴拿馬地峽中的運送道路也無嚴密守備，因此若能制定完善的攻擊計畫，就能賺得一筆財富。另外，要逮到形單影隻的寶物貨船總有其他機會，因為西班牙從菲律賓領地往墨西哥航行的船隻也仍是單獨行動，這些船隻被稱作「馬尼拉大帆船」。在此時期，西班牙人大多時候都將全部心力投注於保護從新世界運往舊世界的寶藏。對德瑞克這類人而言，西班牙大陸便是他們的獵場，寶物船隊則是其中的獵物。

法國私掠海盜

　　征服者埃爾南・柯爾特斯攻下阿茲特克首都特諾奇蒂特蘭（Tenochtitlán）僅僅兩年，西班牙的海外帝國就迎來首次痛擊。柯爾特斯於阿茲特克收集到的部分金礦當時正運往西班牙，三艘寶物貨船於1523年5月抵達葡萄牙西南海岸的薩格里什角（Cape Sagres）。這趟旅程原本只要再航行三天就能抵達賽維亞，就在此時，瞭望塔卻發現北方出現五艘陌生船隻，船隊立刻掉頭，但幾小時內這五艘船隻攔截了西班牙貨船，西班牙人寡不敵眾，不得不投降。這些謎樣的船隻便是來自法國的私掠者，為首的是來自翁夫勒（Honfleur）的「法國私掠海盜」（Corsair）尚・傅勒希（Jean Fleury）。對法國人而言，'Corsair' 即是「私掠者」的同義詞，源於法文字 'la course'，在航海中意指「巡航」。

　　法國和西班牙在1494年起便偶有爭戰，直到1523年兩國仍衝突不斷。法國王室為傅勒希核發了私掠許可，傅勒希也盡責地蒐羅西班牙寶物，並於薩格里什角大獲成功。

　　據說奪來的寶物包含滿載阿茲特克金製雕像和精緻首飾的寶箱，其中有拳頭大的祖母綠、嵌有寶石的頭飾，甚至還有一隻活生生的花豹，總價值估計為80萬杜卡。傅勒希回到狄艾普（Dieppe）時，他的成功引起了轟動，[13]歐洲此時才頭一次意識到西班牙在征服新世界時蒐羅了多麼巨大的財富。傅勒希這趟際遇掀起了一陣法國海盜浪潮，許多人都不冒險犯難「越線」美洲大陸，但傅勒希卻來不及加入。他於1527年落入西班牙人手中，被當作海盜凌遲處死，此舉並未達到殺雞儆猴的效果。舉例來說，在1534到1547年間，就有24艘未受保護的西班牙商船在西班牙大陸落入法國私掠海盜的手中，還有其他在歐洲水域丟失的船隻。

13 引用自參考文獻，詳細請查照 322 頁〈內文引用〉章節

西班牙征服者埃爾南‧柯爾特斯帶領手下攻打阿茲特克首都特諾奇蒂特蘭。此舉為西班牙日後征服中美洲鋪設了道路，也奠下建立新西班牙省的基礎。

西班牙商船護衛艦隊於古巴北岸遭到一隊法國海盜的攻擊，在前景中，可見西班牙殖民者試圖救援自己的同胞。在1540至1550年代間，法國海盜都固定於古巴水域活動。

　　1537年，未受保護的船隻損失極為慘重，讓西班牙皇室來自新世界的稅收和貿易稅收入直接減半。法國首次發動攻擊後，使得西班牙於1526年為寶物貨船建立了船隊制度，此制度至少讓大半的寶物不受干擾、安穩抵達西班牙，但船隻若無護衛，就只能認命遭殃，而受害的並非只有船隻。1536年，一群法國「擅闖者」攻擊了哈瓦那港口，隔年宏都拉斯和巴拿馬較小型的西班牙據點也遭到洗劫。1540年，法國海盜攻下波多黎各的聖胡安，1541年哈瓦那更再次遭殃，1544年則輪到規模最大的西班牙據點之一「卡塔赫納」。

　　在這些法國私掠者中，戰功最顯赫的便是綽號「假腿」的法蘭索瓦・勒克萊爾（François le Clerc）。他於1553年攻入波多黎各和伊斯班尼奧拉，並在隔年初佔領聖地牙哥古巴，脅持該鎮索取贖金。雖然勒克萊爾已滿載寶物歸國，但他的中尉雅克・德索爾（Jacques de Sores）卻是意猶未盡，領著三艘船留了下來，並於1555年7月突然攻入哈瓦那，圍城兩天後，當地總督不得已只能向法國海盜投降，[14]在大肆洗劫後，他便將這座飽受摧殘的城市焚為平地。

14 引用自參考文獻，詳細請查照 322 頁〈內文引用〉章節

西班牙貨幣制度

16世紀時，西班牙貨幣的基本單位為馬拉維迪，等同於英國的便士。而整個歐洲的標準國際貨幣單位，為一種叫做「杜卡」的八盎司（227公克）金幣，德國和義大利銀行均採用這種貨幣，因此保障其通用地位。西班牙王室則引介具有同等價值的西班牙專用金幣「馬克」，但馬克在1537年就由埃斯庫盾取而代之，其價值等同於374馬拉維迪。1566年，西班牙鑄造一種半埃斯庫盾幣，以及一種稱為杜布隆的雙埃斯庫盾幣。之後也出現其他面額更大、價值分別為四和八埃斯庫盾的錢幣。在16和17世紀期間，英鎊等同於一磅的銀子，也同等於一枚埃斯庫盾幣。

西班牙採用的銀幣稱為「里爾」，含有一盎司的銀。在銀價因祕魯的大量寶物湧入而貶值之前，20枚里爾銀幣等同於一枚埃斯庫盾金幣，然而自1560年代起，一枚埃斯庫盾的價值就只剩下16枚里爾銀幣。

這些硬幣是以半、一、二、四和八里爾的面額所鑄造，其中以八里爾面額的硬幣最為常見，又稱銀元或披索。這種硬幣廣為人知，也有 'piece-of-eight' 之稱，也就是說一枚杜布隆金幣的價值相當於四枚八里爾銀幣。

1544年，法國海盜襲擊卡塔赫納港，將其洗劫一空後放火燒毀。該據點資源豐富，防守卻很鬆散，法國海盜於此處奪走了價值約15萬杜卡的財貨。

雨格諾教法國海盜在西班牙大陸的活動路線

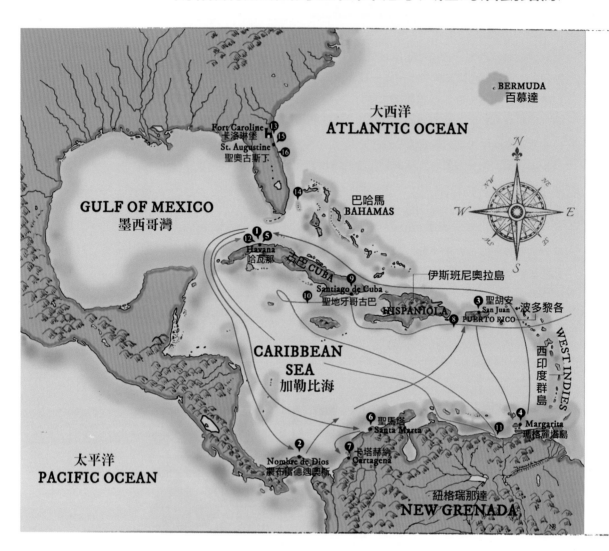

　　德索爾讓海上鬥爭加入宗教色彩。他是一位新教徒，也是約翰・喀爾文（John Calvin）的支持者，喀爾文出生於法國的宗教改革家，其教派將西班牙視為宗教敵人，因此私掠者的遠征行為也帶有宗教意味。

　　雖然1559年雙方宣布停戰，但條約中仍有一條寫道：「在本初子午線以西……任一方對另一方的暴力之舉都不應被視為違反條約的行為。」換句話說，「線外」並無和平。在法國，西班牙戰爭結束後緊接著爆發了法國宗教戰爭。國家資助的私掠行為中止後，也讓西班牙得以稍微喘息。

　　但法國新教徒（雨格諾教派）在這場內戰遭受一連串挫敗被逐出自

航線圖說明

◀—— 法國首次攻擊　　◀— 勒克萊爾和德索爾的劫掠路線　　🏰 防禦堡壘

第一波攻擊行動

1. 1536年：法國「擅闖者」對哈瓦那發動攻擊，劫掠該地區。

2. 1537年：農布雷德迪奧斯遭到洗劫。

3. 1540年：波多黎各聖胡安遭到法國劫掠者的佔領和洗劫。

4. 1541年：法國海盜洗劫瑪格麗塔島富饒的珍珠田。

5. 1541年：哈瓦那在六年內遭到第二次洗劫。

6. 1544年：聖馬塔被洗劫一空後遭放火燒毀。

7. 1544年：卡塔赫納被法國人佔領。

法蘭索瓦‧勒克萊爾與雅克‧德索爾

8. 1553年：法蘭索瓦‧勒克萊爾攻入伊斯班尼奧拉島和波多黎各的西班牙據點。

9. 1554年春季：勒克萊爾洗劫聖地牙哥古巴。

10. 夏季：勒克萊爾返回法國，但其副手雅克‧德索爾卻留下指揮信奉雨格諾新教的其餘法國海盜。

11. 1555年春季：德索爾對西班牙大陸沿岸發起攻擊。

12. 夏季：法國人在短暫圍城後佔領哈瓦那，並將這座城市焚毀。

尚‧希博

13. 1564年：於佛羅里達海岸建立法國據點卡洛琳堡。

14. 1565年：佩德羅‧梅南德斯‧德阿維萊斯被派往佛羅里達與法國「擅闖者」交涉。

15. 1565年9月：西班牙人抵達聖奧古斯丁向北行進，並摧毀卡洛琳堡，當地法國人被屠殺殆盡。

16. 1565年10月：尚‧希博的船隊遭逢颶風，倖存者也遭西班牙人殲滅。

己的家園，部分流亡人士便決定在新世界建立自己的據點。

　　1564年，法國雨格諾教徒在聖約翰河（St. John's River）河畔建立殖民地，鄰近現今佛羅里達的傑克森維爾市（Jacksonville），這處據點名為卡洛琳（La Caroline），或稱卡洛琳堡（Fort Caroline）。兩年前法國探險家尚‧希博（Jean Ribault）曾於附近立下石碑，宣稱此處為法國領地，但西班牙人另有打算，他們擔心會有歐洲敵對勢力設法於西班牙在加勒比海的殖民範圍內建立基地，而後成為海盜和「擅闖者」的避風港。因此便由佩德羅‧梅南德斯‧德阿維萊斯（Pedro Menéndez de Avilés）帶領西班牙軍隊，前往「提醒」雨格諾教徒：佛羅里達是屬於西班牙的。

　　首先，西班牙遠征隊於卡洛琳南方約30哩（48公里）處的聖奧古斯

哈瓦那是西班牙在古巴
的主要港埠,十年內遭
到兩次法國海盜的攻擊
和縱火。

此圖為雅克·德索爾於
1555年對古巴發動攻
擊的描繪。

法國位於佛羅里達的
要塞卡洛琳堡建立於
1564年,座落於聖約
翰河畔。這條河保護著
要塞其中一側的土木圍
欄,另外兩側則是透過
護城河增強防禦。入口
只有一處,須經由吊
橋進入,並由大砲提供
掩護。

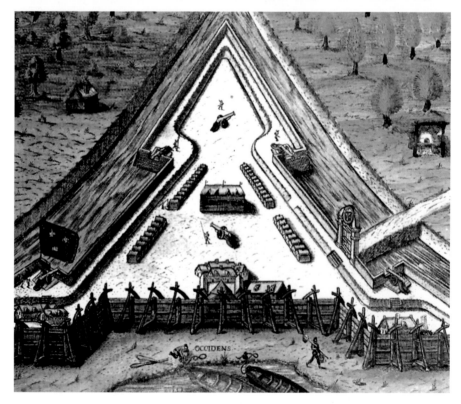

丁建立了前進基地，希博和其追隨者乘船出海，試圖攔截西班牙船隻，不料遇上颶風，在佛羅里達海岸失事。同時間佩德羅‧梅南德斯‧德阿維萊斯也從基地向北行進，並於1565年9月襲擊駐守於卡洛琳堡的剩餘部隊，法國人寡不敵眾，很快吞下敗仗。西班牙人將男性囚犯處決後便再次往南行進，包圍希博手下剩餘的殘兵，這次有大約350名法國人遭到俘虜，並全數遭到屠殺。西班牙人為自家海外帝國解決了一大禍患，感到相當得意，然而前方卻潛伏著更重大的危機。

霍金斯和英國人登場

西班牙在新世界搜括財富的消息傳遍歐洲時，能夠把握這次機會的國家卻不多見。英國的亨利八世曾是西班牙的盟友，直到1527年才暫時改為與法國結盟，英國核發了幾張私掠委任狀，同年下半，西班牙紀錄首次出現了來自英國的越線「擅闖者」。

1565年9月，佩德羅‧梅南德斯‧德阿維萊斯帶領的西班牙部隊，攻下了位於佛羅里達聖約翰河畔的法國要塞卡洛琳堡。堡壘中駐守的殘兵大多都遭到屠殺。

約翰‧霍金斯在西班牙大陸的活動路線

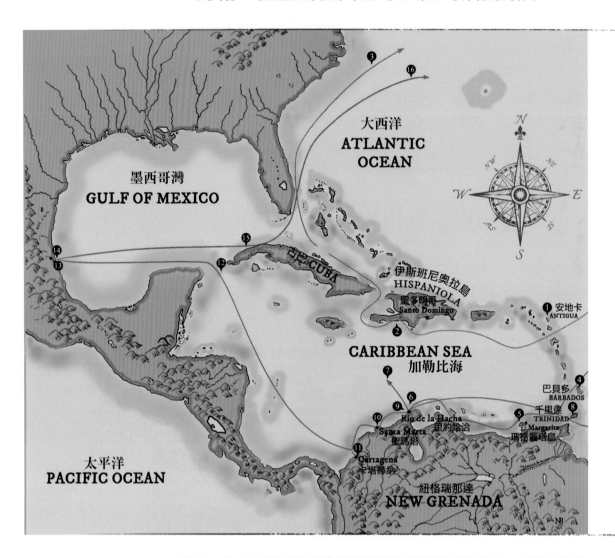

　　這位不具名的英國船長帶著軍隊登陸伊斯班尼奧拉島,大肆劫掠後便行撤離。雖然在後續40年中,這類事件不斷發生,但其實政治現狀並不允許英國干預西班牙大陸,法國仍是英國的頭號敵人,因此英國與西班牙結盟在政治上合情合理。貿易隊伍不得前往西班牙大陸,法國卻可以把握機會盡情掠奪,而英國人只能於近海從事私掠活動。

　　然而,伊莉莎白一世於1558年登基後,英國和西班牙的關係便明顯降溫。伊莉莎白身為虔誠的清教徒,將西班牙視為宗教敵人,雖然沒有公然開戰,兩國間的「冷戰」卻讓英國船長們帶來了滿滿的機運。約翰‧霍金斯(John Hawkins)便是打前鋒的其中一人。他於1562年首次

航線圖說明

◄──── 首次出航　◄──── 第二次出航　◄──── 第三次出航

首次出航

1. 1563年：霍金斯抵達安地卡，接著向西航行進入加勒比海。

2. 霍金斯於伊斯班尼奧拉島聖多明哥西部的海岸登陸，於此處販售奴隸。

3. 霍金斯經由向風海峽和巴哈馬海峽返回普利茅斯。

第二次出航

4. 1565年：霍金斯抵達巴貝多，接著向南航行前往「大陸」海岸。

5. 霍金斯於瑪格麗塔販售奴隸時並不順利。

6. 霍金斯威脅要攻打里約哈洽，終於在此處售出奴隸。

7. 再次經由向風海峽返國。

第三次出航

8. 1568年：霍金斯抵達千里達，順著大陸沿岸航行。

9. 6月：里約哈洽居民拒絕與之貿易。

10. 7月：霍金斯要脅轟炸聖馬塔據點，於此處售出部分奴隸。

11. 8月：霍金斯試圖進入卡塔赫納，卻遭到砲火攻擊，只得撤退。

12. 9月：船隊於猶加敦海峽遭逢颶風。

13. 霍金斯必須於韋拉克魯斯停泊休憩，為保衛自身船隊，他佔據烏魯阿聖胡安島上堡壘。兩日後西班牙寶物船隊抵達，雙方達成休戰協議。

14. 9月23日：西班牙出其不意發動攻擊，再次攻佔烏魯阿聖胡安島。西班牙人將堡壘砲火轉向英國人，霍金斯不得已只能乘坐寵臣號（Minion）逃離，另一艘船隻則為德瑞克搭乘的朱迪斯號（Judith），剩餘的船員均遭到俘虜。

15. 10月：霍金斯手下有一百多人因不願在海上挨餓而要求靠岸，這些人均被西班牙人俘虜。

16. 寵臣號和朱迪斯號經由巴哈馬海峽返國，船員深受飢餓和疾病所苦。

出航，目的卻是交易奴隸，而非試圖打破西班牙在新世界的獨占地位。在西非海岸收集奴隸後，霍金斯便橫越大西洋，於1563年春季抵達安地卡附近。

　　他的三艘小船承載了300名非洲人，希望能夠在伊斯班尼奧拉島售出這些黑奴。霍金斯避開聖多明哥，將船上運載的人口停靠在海岸

約翰‧霍金斯爵士（1532–95）為伊莉莎白時代最偉大的人物之一。他起初為商人和奴隸貿易商，但很快就發展成老練的水手，最後成為海上統帥監督英國皇家船隊的改革，將船隻改良為遠勝西班牙船隊的利器。

圖為1540年代重700噸
的呂貝克耶穌號，此船
曾是亨利八世艦隊的一
員，霍金斯將這種舊型
的都鐸式戰艦加以改
良，使之成為日後英
國「競速型」帆船的
先驅。呂貝克耶穌號在
1568年烏魯阿聖胡安
的戰役中落入西班牙人
手裡。

北方幾哩處，並與當地的地主交涉，甚至有支騎兵部隊的隊長提議在英
國回程時提供保護，以換取部分利潤。霍金斯滿載而歸，成為普利茅斯
最有錢的富豪。

　　霍金斯當然會想要再試一次，這次他獲得皇室支援和一艘皇家戰
艦，也就是重700噸的「呂貝克耶穌號」（Jesus of Lubeck），雖然這艘船氣
度不凡，卻也過時又老舊，因此霍金斯自掏腰包將之整修一翻。霍金斯
再次於西非蒐羅人口，但這次西班牙人卻不願意配合，他在委內瑞拉海
岸北方的瑪格麗塔島碰了釘子後，就改至他處，最後成功於里約哈治將
奴隸售出。1565年下半，霍金斯帶著比先前更豐厚的收益歸國，然而這
次的行為也招致西班牙大使提出正式抗議，霍金斯也證明了只要他有意
為之，就有能力動搖西班牙的貿易獨佔地位。

　　[15]霍金斯接著踏上了第三次旅程。這次呂貝克耶穌號的身側再多了艘
皇家戰艦：120噸重的寵臣號，還他的「燕子號」（Swallow）、「索羅門
號」（Solomon）和「朱迪斯號」，這幾艘船是由霍金斯年輕的表親法蘭
西斯・德瑞克負責指揮。

　　他們於1567年10月離開普利茅斯踏上遠征之旅，前往西非海岸。在

15 引用自參考文獻，詳細請查照 322 頁〈內文引用〉章節

維德角附近爭奪奴隸時，霍金斯被逼得必須撤回船上，當時有八位水手身中毒箭送了命。接著在當今的獅子山共和國（Sierra Leone），霍金斯發現有兩位頭目正在交戰，他加入其中一方的陣營，協助新盟友拿下敵軍領地的首府康加（Conga），這位英國船長也獲得500位康加奴隸作為報酬。霍金斯接著便往西班牙大陸航行，滿載著即將販運的人口。

1568年6月，他再次來到里約哈洽，這次卻遭到當地守衛驅逐，他仍設法於海岸北方的聖馬塔賣出半數奴隸。這次交易不如表面單純，當地人抱持欲拒還迎的態度，霍金斯以轟炸城鎮作為威脅，逼迫他們進行交易，他原本想在卡塔赫納售出剩餘的奴隸，卻再次遭到砲火驅逐。

霍金斯往北航行，但1568年9月他的艦隊在古巴附近遇上颶風，不得已只好停靠在墨西哥的韋拉克魯斯修繕船隻。韋拉克魯斯是墨西哥銀礦的寶物港埠，因有港外小島上的堡壘提供掩護而為人所知。霍金斯決定施點伎倆，讓船隊在進入港口時掛上西班牙旗幟，當地守備部隊還來不及識破他們的詭計，霍金斯的手下就快速地佔領這座防禦堡壘。

1580年代的英國「競速型」大帆船，由霍金斯監督。比起有著高大船艛的西班牙大帆船，這種船型的外觀更加俐落，更能善加利用船上承載的槍砲，因此在與西班牙的海戰中得以佔有明顯優勢。

17世紀晚期對烏魯阿聖胡安島上西班牙堡壘的描繪，這處要塞保護著新西班牙在加勒比地區的主要港口韋拉克魯斯（現為墨西哥）。1568年9月，霍金斯和德瑞克正是在此處設法從西班牙人設下的陷阱中逃出生天。

　　霍金斯原以為可以高枕無憂地修理船艦，但兩天後西班牙的年度寶藏船隊即抵達，這是一支由海軍上將弗朗西斯科・盧漢（Francisco Luján）指揮的精良部隊，英國人的數量可不足以與之抗衡。

　　雙方達成暫時的休戰協議，但新西班牙總督馬丁・恩里格（Martin Enriquez）卻不願任由霍金斯擺布，於是西班牙部隊在夜色的掩護下，躲藏在兩支艦隊之間的貨船中。9月23日破曉之時，西班牙人躍上岸，掃蕩韋拉克魯斯港外烏魯阿聖胡安島上的英國駐守部隊，該港口也是船隻停泊的地點。西班牙人奪得島上槍砲，便將砲火轉向英國船隊，戰鬥持續一整天，霍金斯顯然全無勝算，最後他只能下令棄錨撤退。

　　[16]呂貝克耶穌號最後落入敵軍手裡，霍金斯大部分的船隻也未能倖免，最終霍金斯和德瑞克分別乘坐寵臣號和朱迪斯號躲過西班牙人的夾擊逃往海上。兩艘英國船隻都未備有任何物資，因此有一百名船員要

16 引用自參考文獻，詳細請查照 322 頁〈內文引用〉章節

求靠岸，剩餘的船員也深受疾病和飢餓所苦。船隻狼狽地回到普利茅斯時，船上存活的只有寥寥數人，霍金斯和德瑞克包含在內。

這次的遠征結果相當慘烈，也點燃了霍金斯和德瑞克對西班牙的熊熊恨意，兩人都認為是西班牙人毀約在先。霍金斯後來即專注於重組伊莉莎白的皇家海軍，德瑞克則誓言要回到西班牙大陸再次挑戰敵人。這場私下爭端，最終將演變為兩國間的衝突。

德瑞克首次出征

法蘭西斯・德瑞克從青少年時期就開始於海上活動，到1570年已是一位經驗豐富的船長，加入表親約翰・霍金斯的遠征後，他比大多數英國人更加熟知西班牙大陸。1570年，女王為他核發「報復特許」——等同於和平時期的私掠委任狀，這份特許狀讓他能夠對西班牙人發動攻擊，彌補在烏魯阿聖胡安島一役蒙受的損失。德瑞克帶領過三次小型的年度「越線」遠征，第一次正是在1570年，他的首支部隊只包含兩艘船，雖然他可能是將這次出航當作偵查任務，而非真的是私掠行動，但當年他在西班牙大陸確切採取哪些動作，已經不得而知。無論如何，歷史並沒有紀載他帶回了哪些戰利品。

至於下一年德瑞克搭乘「天鵝號」（Swan）返國時發生了什麼事，我們掌握的資訊就稍微更多了。他航行至農布雷德迪奧斯，隨後和一位法國雨格諾教派私掠者結伴同行，他們一起蒐羅寶貝，在德瑞克回到普利茅斯時，天鵝號船艙已經滿載豐厚戰利品，德瑞克的名聲就此穩固。他的贊助人相當高興，立刻出資讓他從事下一次遠征行動。因此，德瑞克於1572年帶領兩艘船再次離開普利茅斯，船隻為70噸重的帕斯科號（Pasco，又稱帕夏號〔Pasha〕）及較小型的天鵝號。

7月時，德瑞克便已來到農布雷德迪奧

英國老水手法蘭西斯・德瑞克爵士（1540-96）以在新世界侵擾西班牙人作為職志，但他獲利最豐厚的一次，是在1579年於太平洋逮到一艘寶物船。英格蘭的伊莉莎白女王曾經將他稱為「我的海盜」。

船隻與槍砲

關於該時期有個很常見的迷思，據說西班牙人喜乘大型、笨重的船隻，
英國人則偏好小巧快速的船型。
這類迷思都有個共通點，故事中總有一絲真實意味，
但也有些許誤導人的概括論調。

大帆船是西班牙人的發明，
比之更為笨重的前身「卡瑞克帆船」，速度更快，也更方便操作。
1520年代以前，多數大型戰艦都屬卡瑞克帆船，
是種具高大前水手艙和舵樓的三桅方形帆船。
這種船隻龐大穩固，能夠承載砲火，是相當優良的戰艦。
大帆船於1530年代登場時，是卡瑞克帆船精簡過後的版本，
船艛較低，航行的品質更好。
其原先設計目的是要作為寶物船隊的運輸艦，
但很快就被用作戰艦。
在霍金斯的引導下，英國造船人發想出一種設計，
製造他們專屬的「競速型」帆船。
相同的特色也出現在較小型的私掠船中，
例如用於承載18部大砲、100噸重的「金欣德號」（Golden Hind）。

這樣的武裝配備非常重要，因為英國人將重砲射擊技術視為獲勝的關鍵。
西班牙人的戰略是先開火，再登上敵船作戰，
但英國人喜歡保持距離。
大多數西班牙戰車都是兩輪，
但英國人偏好裝填時速度更快、更精密的四輪車。
西班牙人的優勢在於海軍素質。
那個時代的兩大主角遵循不同的戰術策略，
一個強調火力，另一個則強調近戰。

船上的條件相當原始。
金欣德號長度不超過70英尺（21.4公尺），船寬20英尺（6.1公尺）。
甲板下方的空間則用於存放物資、槍砲和彈藥，並容納80名水手。
雖然德瑞克擁有專屬的小船艙，
但他的高階軍官只能使用甲板下的壁凹處。
船員會把吊床掛在兩台大砲之間。
儘管環境如此簡陋，
德瑞克仍在這個狹小的漂流空間裡環遊了地球一周。

斯，並在他稱作「野雞港」的海岸建立秘密基地，此時有第三艘船加入了德瑞克的行列，由詹姆斯・朗斯（James Raunce）船長負責指揮。德瑞克決定攻擊該港口，便讓朗斯負責管理船隊，於7月28日派遣70名船員登上距離城鎮幾哩處的海灘。這趟原先很單純的夜間突襲，很快就出了大差錯。

在英國人接近城鎮時，有位機警的哨兵立刻拉響警報，因此當地軍隊早已準備好要迎戰。德瑞克在作戰時傷到了腿，西班牙人最終被驅逐，但又重振旗鼓，城鎮堡壘的駐守部隊也加入助陣。一場暴風雨拆散了雙方人馬，但英國人意識到他們現在戰力遠遠不及對方，德瑞克因為失血過多而昏厥時，一眾人馬就撤回船上。德瑞克首次正式襲擊西班牙大陸，就以失敗告終。

朗斯決定要退出遠征，只為德瑞克留下兩艘船及60名船員。德瑞克現在的船員數量過少，連船隻都無法好好操作，更別提要繼續從事劫掠活動。他鑿沉了帕斯科號，將船員移到天鵝號，接著開始在西班牙大陸蒐羅寶物再行返家，畢竟他這趟遠征的收穫目前還無法端上檯面。1573年1月，他決定回到農布雷德迪奧斯，攔截每年都會穿越巴拿馬地峽的秘魯白銀運輸隊，而時機正是關鍵，德瑞克必須在騾馬運輸隊抵達農布雷德迪奧斯之前攔截對方，還得避開原定於一月抵達的大陸船隊。

德瑞克返回巴拿馬海岸時，雇用西馬榮人（Cimaroon，居住在叢林中的逃跑奴隸）作為嚮導。德瑞克將船隻蹤跡藏匿好後，帶著一小批部隊登陸，接著於「皇家之路」上設下埋伏。德瑞克只需要隱匿行蹤，等待時機發動突襲，可惜德瑞克並沒有料到羅伯特・派克（Robert Pike）的出格行為。這位水手是個酒鬼，在聽見車隊接近時竟跳起來歡呼，同伴們雖然立刻把他拖回掩護，但他早已暴露行蹤，讓對方敲響了警鐘，騾馬車隊因此轉向，德瑞克只能下令部下返回叢林。

他們返回船上不久，英國人就遇上法國雨格諾教派的海盜吉雍・勒特斯提（Guillaume le Testu），他們決定再次襲擊現在已回到巴拿馬的寶物車隊。德瑞克又一次雇用西馬榮人，他的40名部下有半數法國人和半數英國人，也再次設下埋伏。這一次計畫進行得很順利，在短暫、激烈的戰鬥後，他們俘虜了騾馬車隊。德瑞克發現車隊運送了15噸白銀和較小的金條，多到無法運送，因此決定暫且將白銀埋藏起來，先運回可以負擔的份量。

德瑞克的加勒比海劫掠之旅

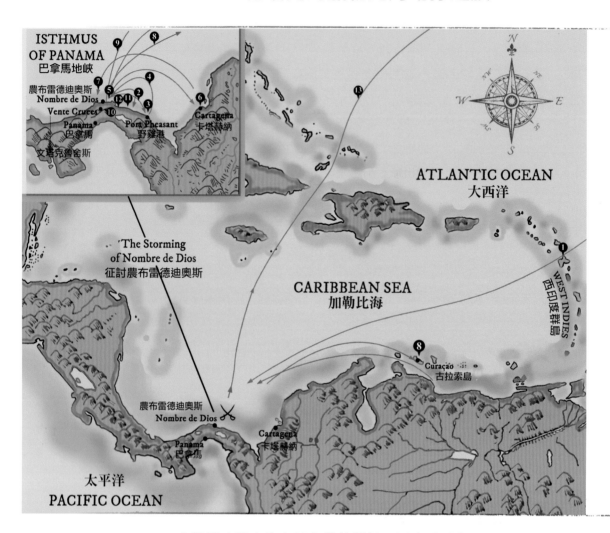

在戰鬥中送命的人只有勒特斯提，因身受重傷再也無法移動，因此被留了下來，遭到西班牙人俘虜處決。西班牙人繼續追捕「擅闖者」，並逮到一名法國人，對其凌遲逼供，直到對方道出白銀埋藏的地點為止。德瑞克和這些法國盟友平分剩餘的黃金後，於1573年8月返回普利茅斯，這趟旅途的收穫已足以討投資人的歡心，還有清償他自己的債務。

這位幹練的水手之後會再次回到西班牙大陸，但同時間他也發現自己聲名大噪，更成為女王的寵兒。因此也名正言順地提出新計畫，打算航向太平洋，藉由進入西班牙的私有海域捕富饒的馬尼拉大帆船。伊莉莎白女王和他抱持相同的熱忱，但因為外交原因，她無法給予正式許可，不過卻暗地成為這趟秘而不宣的海盜遠征資助人。

航線圖說明

⬅ **1572年遠征**　⬅ **1573年遠征**　✂ **戰役地點**

1572

1. 5月：德瑞克抵達向風群島，並往農布雷德迪奧斯航行。

2. 7月：德瑞克抵達農布雷德迪奧斯，揚帆向東航行，尋找安全的基地。

3. 8月：他在野雞港建立了秘密基地，此時加入了另一艘英船。

4. 7月26日：德瑞克讓手下在農布雷德迪奧斯不遠處登陸，往城鎮方向行進。

5. 7月28日：德瑞克成功於清晨出擊，但也受了傷。當地民兵團結抗敵，在隨後的戰役中英國劫掠者被逼得只能退回船上。

6. 秋天：德瑞克向東前往卡塔赫納。

7. 冬天：德瑞克奪得少量寶物之後，便將帕斯科號遺棄，搭乘所剩的船隻天鵝號返回西邊。

1573

8. 1月：德瑞克往東來到古拉索島，於附近搜尋寶物。

9. 3月：他回到巴拿馬地峽，決定攔截從巴拿馬跨境運往農布雷德迪奧斯的白銀。

10. 德瑞克嘗試攻擊運送白銀的驛馬車隊，埋伏時卻被發現行蹤。英國劫掠者於是返回船上，隨後與一群法國海盜結成盟友。

11. 4月：德瑞克於農布雷德迪奧斯東邊順利登陸，再次試圖攔截驛馬車隊，這次成功達成目的。

12. 西班牙人開始追捕德瑞克，使他不得已放棄大部分戰利品，西班牙人最終將寶物奪回。

13. 6月：德瑞克經由向風海峽返航歸國。

如今哥倫比亞的卡塔赫納已是熱鬧的拉丁美洲都會區，但當這座城市還只是一處堡壘據點時，曾是西班牙敵人攻擊的目標。1573年德瑞克佔領這座城市時，英西雙方便是於此廣場酣戰，西班牙衛兵試圖將來襲的英軍擊退，卻未能如願。（圖片來源：VW Pics by Universal Images Group at Getty Images）

德瑞克的秘密航行

[17]1577年12月，德瑞克率領五艘船從普利茅斯港啟航：「鵜鶘號」（Pelican）和「伊莉莎白號」（Elizabeth）、較小型的「天鵝號（二）」和「金盞花號」（Marigold），以及倉儲船「克里斯多福號」（Christopher）。他們首先來到維德角群島，德瑞克劫掠葡萄牙船隻，接著橫越大西洋，並於四月初抵達巴西。德瑞克繼續向南行，但這段航程卻因為兩次事件讓船隊有所損傷，第一次是因天鵝號和克里斯多福號狀況不佳而必須棄船，第二次則是有位船長遭到處決，因德瑞克認為他想密謀造反，他也把鵜鶘號重新命名為「金鹿號」（Golden Hind）。

將抵達大陸南端時，德瑞克的船隻穿過麥哲倫海峽，然而船隊一進入太平洋就遇上暴風雨，金盞花號沉了船，船員全數遇難，伊莉莎白號和金鹿號則在風暴中失散了。伊莉莎白號的船長溫特在祕魯海岸等待德瑞克，但溫特見這位上司沒有出現，就掉頭沿原路返家了。

另一邊的德瑞克卻是漂流到南方，差點被南極冰山撞沉了船。暴風減輕後，他便沿著海岸往北航行，在瓦巴萊索（Valparaiso）掠奪了一艘西班牙船，進入城鎮大肆搜刮。他沒見著溫特的蹤影，就繼續往北移動，途中攻擊阿里卡（Arica）和卡要（Callao）兩處，卻沒找到什麼有價值的寶貝。但德瑞克得到了西班牙人繪製的太平洋沿岸航海圖，便拿來為自己規劃下一次行動。

17 引用自參考文獻，詳細請查照 322 頁〈內文引用〉章節

1577年末，法蘭西斯・德瑞克帶著由五艘小型船組成的船隊離開了普利茅斯，船隊中規模最大的是鵜鶘號，後來他將其更名為金鹿號。他曾用這艘船捕獲西班牙寶物大帆船聖母無染原罪號，而後續著地球航行一周。（圖片來源：DeAgostini/Getty Images）

他也發現寶物船「聖母無染原罪號」（Nuestra Señora de la Concepción）幾天前離開卡要前往巴拿馬的途中，德瑞克立刻出海追捕這艘船。

幾天之後，德瑞克在前方發現獵物，他使出老把戲，將船帆張開，但在船後拖行物體，讓船看起來比實際的移動速度還要緩慢。3月1日晚上，金鹿號很接近聖母無染原罪號，聖母號的船長聖胡安·德安東（San Juan de Anton）仍以為另一艘船是西班牙商船，所以在德瑞克開啟砲門時，他徹底被嚇了一跳。一陣近距離猛烈砲擊摧毀了大帆船的後桅帆，德瑞克的手下接著在煙霧中登上了船，幾分鐘之內聖母無染原罪號就落入德瑞克手中。

這次劫掠的收益令人屏息，聖母無染原罪號載有26噸銀錠、80磅黃金，還有14個裝滿八里爾銀幣的寶箱，收穫總價值估計為40萬披索，等同於伊麗莎白女王時代英國的20萬英鎊，略超過英國皇室年收入的一半。這次成就相當了不起，德瑞克和他的下屬們都發了大財，現在只要帶著奪得的金銀財寶回家就好。

德瑞克避開了阿卡普科（Acapulco），繼續沿著太平洋海岸往北航行，希望可以找到位於美洲北端的西北航道，但德瑞克不敵冰山與酷寒，只好再次向南航行，進入現今的加利福尼亞海岸。然而他的首要之務，是要斜翻船體進行維護，還有補充物資。他下錨的位置一直眾說紛紜，但現代舊金山附近的德瑞克灣卻是其中一個可能的地點。他將此地區命名為「新英格蘭」，並在這裡待了五個星期，最終金鹿號於7月23日向著西下的夕陽啟航了。

就海盜而言，德瑞克之後的航行表現並不特別突出，卻是航海史上的不朽成就：他是首位完成環球航行的英國船長。1580年9月下旬，德瑞克以英雄之姿，帶著巨大的財富返回普利茅斯。女王相當高興，在船上用過晚餐後，便在德瑞克船上的甲板將他冊封為爵士。法蘭西斯·德瑞克此時正處於名利雙收的人生巔峰，畢竟連女王都私下稱他為「我的海盜」了。

1579年3月，法蘭西斯·德瑞克從南美洲太平洋沿岸向北航行，乘著金鹿號追逐攔截了從卡要前往巴拿馬的西班牙寶物大帆船。這艘船正是「聖母無染原罪號」，當時滿載著白銀和珠寶，而德瑞克在經過一場短暫、實力懸殊的戰鬥後將之捕獲。

偉大奇襲

1585年，英格蘭和西班牙之間的「冷戰」日益升溫，除非出現奇蹟，否則兩大強權之間爆發戰爭是在所難免。前一年，西班牙人才將所有英國船隻扣留在西班牙港口，因此伊莉莎白女王給這些船主賦予「懲戒權。」同時間，伊莉莎白的間諜首長法蘭西斯‧沃辛漢（Francis Walsingham）爵士正計畫要對西班牙大陸進行全面的報復突襲。德瑞克受指派負責監督國家贊助的遠征行動，並於1585年夏天開始忙於蒐羅船隻和手下。這次遠征同樣是以商業投資為目的來籌組隊伍，女王只是眾多投資人之一，她的股份是兩艘皇家戰艦的租賃權，其一是「伊莉莎白幸運號」（Elizabeth Bonaventure），這艘船成為德瑞克的旗艦，另一艘則是較小型的「協助號」（Aid）。德瑞克的副手是馬丁‧弗羅比舍（Martin Frobisher）負責揚帆行駛武裝商船「櫻草號」（Primrose）。

這支襲擊艦隊可說是充滿抱負，德瑞克的艦隊除了兩艘皇家戰艦外，還有21艘配備精良的軍艦、1,000名船員和800名士兵，士兵由克里斯多福‧卡萊爾（Christopher Carleille）船長負責指揮。這是一支近乎所向披靡的部隊，不過女王卻改變主意，以致德瑞克於9月14日匆匆出海後又被召回。他的第一站是西班牙西北部的維戈（Vigo），德瑞克躲過一場暴風雨之後佔領該處，隨後他前往加那利群島，卻沒能攔截正在返程途中的西班牙船隊，德瑞克並不灰心，繼續航向維德角群島。11月16日，德瑞克的部下襲擊了聖地牙哥（現今的普拉伊亞〔Praia〕），卻沒找到什麼值得掠奪的寶貝。船員們在劫掠期間染上疫病，讓艦隊在這趟橫跨大西洋的航程中付出慘痛代價。德瑞克在抵達聖基次島（St. Kitts）前，已經喪失300名部下，[18]即便如此他仍計劃著攻擊伊斯班尼奧拉島上的聖多明哥，試試手下這支強大船隊的能耐。

英國人於12月下旬抵達聖多明哥，卡萊爾停靠在海岸較北處，德瑞克回到港口，在1586年1月1日早上8點開始轟炸，同一時間卡萊爾的士兵脫去掩護、衝進城門，將守軍趕到叢林之中。德瑞克成為城市的主宰，在手下士兵洗劫城鎮的同時，也與西班牙人開始談判，要求對方交出贖金換取聖多明哥，談判陷入僵局時，德瑞克的軍隊已將城市的主建築夷為平地。月底，德瑞克得到了要求的贖金，他重新集結船員乘船離去，只留下西班牙人重新整頓飽受摧殘的城市。

18 引用自參考文獻，詳細請查照 322 頁〈內文引用〉章節

德瑞克選擇卡塔赫納作為下一次攻擊目標。卡塔赫納是大陸船隊的主要目的地，也被視為美洲最富饒的城市，城中防守嚴密，要奪得勝利並不容易，這點英國人也心知肚明。

西班牙總督知道英國人正在接近，因此在德瑞克2月19日抵達以前早有準備。德瑞克首先進攻城市堡壘，但很快意識到傳統的攻擊方式注定會失敗，因此他改讓士兵在位於城市西邊的海岸尖坡登陸，堵住通往海上的道路。西班牙人在城鎮臨海和面向陸地的兩側均設下重重屏障，但這處沙嘴上的防禦工程僅完成一半。一如在聖多明哥時的行動，德瑞克僅負責監督，卡萊爾則主導攻擊，他讓士兵在夜色的掩護下登陸，但西班牙騎兵巡邏隊發出警報，讓他們失了出其不意的先機。英國人於破曉時出現在臨時設置的屏障前，卡萊爾也下令立刻發動攻擊，即便傷亡慘重，他仍衝破防守，將西班牙部隊逼至前方的城市。

法蘭西斯‧德瑞克於1586年襲擊伊斯班尼奧拉島上的聖多明哥，顯示出西班牙新世界的城市多麼輕易攻破。德瑞克從海上轟炸城市，接著登陸發動攻擊，輕鬆衝破該據點的防守，他隨後便挾持該城要求贖金。（圖片來源：VCG Wilson / Corbis via Getty Images）

1586年，法蘭西斯·德瑞克攻擊西班牙大陸規模最大的城市卡塔赫納。此圖顯示他的部隊於黎明時分席捲這座城市，沿著海岸接近守軍突破對方防線，同時英國艦隊也強行進入作為該處外港的潟湖地形。

卡萊爾的士兵攻入卡塔赫納市集，擊潰總督斐南德斯（Fernandez）試圖重振的一切防線。他的西班牙士兵集結起來，在城中大教堂前背水一戰，但英國部隊的火力很快就使他們的意志潰堤，總督見手下的士兵四散逃逸，也只能聽天由命，加入他們的行列，德瑞克突破險阻打贏此仗，僅有30名人員傷亡。

德瑞克再次索取贖金同時讓部下劫掠城鎮，他掌控這座城市近兩個月，西班牙人終究繳了贖金，德瑞克離去時更帶走50萬的八里爾銀幣。他的部隊一直深受疫病所苦，但他仍計劃於返國前再發動一次奇襲。德瑞克考慮對哈瓦那下手，但經探查發現這座城市的防守過於嚴密。

因此他前往北方來到卡羅萊納，計劃於沃特・雷利（Walter Raleigh）
爵士的羅安諾克（Roanoke）新據點停留，不過他卻不經意經過了佛羅里
達東岸的西班牙據點聖奧古斯丁，此時英國人還不知道這處小型殖民地
的存在。直到5月27日，德瑞克的哨站發現了馬坦薩斯河（Matanzas）河
口的海岸瞭望塔，而卡萊爾俘虜的一名囚犯表示，西班牙據點就位在內
陸幾哩處。卡萊爾的部隊登再度陸沙灘，橫越沙丘往馬坦薩斯河岸深處
的城鎮逼近，英國部隊擊退效忠西班牙而於夜晚發動攻擊的印地安人，
接著於破曉時乘船渡河，朝這座城鎮長驅直入，但他們發現西班牙人早
已棄城而去，逃往更深處的內陸，唯一有價值的收獲，就是堡壘內裝有
駐守部隊工資的保險櫃。德瑞克下令將這處據點夷為平地，接著繼續往
北航行。[19]當時還沒有人能料得到，這會是德瑞克在西班牙大陸最後一次
成功的劫掠行動。

　　遠征隊抵達羅安諾克，駐守當地的英國人日子並不順遂，接受了德
瑞克返航的提議。艦隊在7月中回到普利茅斯，發現等待已久的戰爭終於
爆發，就劫掠遠征行動而言，德瑞克1585年的出擊並不成功，他的部隊
規模過於龐大，無法讓所有人都獲得實質利益，然而就騷擾西班牙人而
言，這次行動卻是完美達成目標，證明了現在只要握有船隻、人力和決
心，攻下西班牙大陸並非難事。

劫掠更有價值的寶物

　　戰爭爆發後，老水手們都接受徵召加入皇家海軍，遠征活動也因
此暫時停擺，這應當會減少從事海盜行為的機會，實際上卻沒有多大改
變。在伊莉莎白統治時期，英國將愛國主義和個人利益的平衡拿捏得很
有分寸，德瑞克這類人也懂得如何在效忠女王同時找出發財的方法。

　　最著名的例子，就是落入英軍手中的「羅莎莉歐聖母號」（Nuestra
Señora del Rosario）。1588年7月31日，在西班牙無敵艦隊（Spanish Ar-
mada）於普利茅斯的第一場戰役期間，羅莎莉歐號就因為碰撞而有所損
傷。西班牙人試著將船隻拖回安置，卻因為海況不佳而受到阻礙，夜晚
來臨時，這艘大帆船更落後了艦隊中的其他船隻，德瑞克命令手下繼續
尾隨西班牙艦隊，自己則出發追捕受損的羅莎莉歐號。

19 引用自參考文獻，詳細請查照 322 頁〈內文引用〉章節

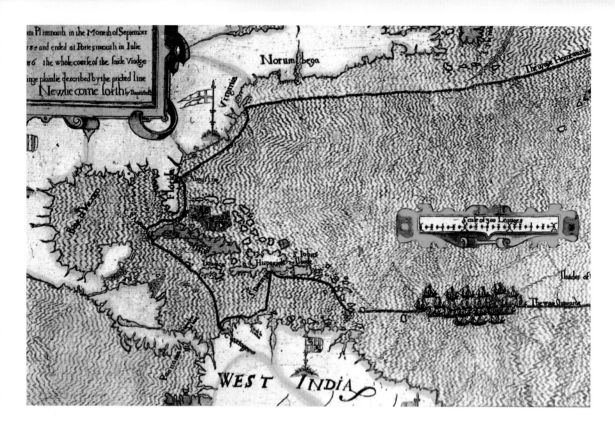

1585-86年的遠征活動期間，德瑞克帶領一支強大的英國艦隊穿越大西洋，一心要攻擊和劫掠新世界的西班牙城市。此圖顯示出德瑞克遠征隊採用的路線，他們在聖多明哥、卡塔赫納和聖奧古斯丁搜刮後滿載戰利品而歸。

[20]太陽升起時，西班牙船長佩德羅・德瓦德斯（Pedro de Valdés）發現德瑞克正伏在船尾，準備以砲火猛攻這艘船。經過一翻掙扎後，德瓦德斯投降了，羅莎莉歐號也被拖移至達特茅斯（Dartmouth），船上有個裝著10萬枚八里爾銀幣的寶箱，但德瑞克事後也遭到一些嚴厲批評，尤其是女王發現半數的戰利品都神秘消失時。這次事件之後，圍繞著德瑞克的疑雲從未真正消失。

無敵艦隊一役本身並非此故事的一部分，伊莉莎白艦隊於1588年前後對西班牙海岸發動的攻擊亦同。然而，英格蘭君王利用德瑞克、弗羅比舍、雷利、格倫維爾（Grenville）和霍金斯等私掠者作為海軍指揮官，此舉模糊了私人事業與公領域服務之間的界限，儘管這些遠征活動表面上是官方的海軍行動，女王更傾向以營利事業的角度來推動這些行為，因此助長了這種風氣。所以大部分英國水手都將這些冒險活動當作是大規模劫掠的商機，也就不足為奇。

舉例而言，1592年，兩艘由羅伯特・克羅斯（Robert Crosse）指揮的英船於亞述群島附近航行時，遇上了由費南多・德門多薩負責指揮的寶物

20 引用自參考文獻，詳細請查照 322 頁〈內文引用〉章節

大帆船「聖母號」（Madre de Dios），[21]經過一場經典戰役後，這艘西班牙船就被英國拿下。德門多薩表示，他的大帆船裝載著價值100萬的八里爾銀幣，然而繳交給女王手下估價員的僅有30萬披索，克羅斯很快地成為眾矢之的，也免不了被指控侵吞剩餘的戰利品。最終伊莉莎白指派德瑞克負責處理此事，畢竟德瑞克大概也是藏匿寶物的專家，然而除了不值一提的18,000枚八里爾銀幣外，他們仍未能成功追回其餘的戰利品。

　　當時不僅有這些「官方」的遠征行動，還有不計其數的小型私掠行為。估計在1589到1591年間，總共就有236艘英國私掠船隻在海上活動，[22]但並非所有私掠者都能有所成就，約翰·米德爾頓（John Myddelton）船長即是一例。1592年，他指揮50噸的「月光號」（Moonshine），試圖襲擊委內瑞拉海岸附近瑪格麗塔島上的「珍珠採集點」，卻遭到驅逐。接著他和另一私掠部隊結盟，仍再次無功而返。不過，在1597上半年，有位帕克船長（Parker）成功劫掠了這處珍珠採集點，他接著攻入墨西哥坎佩奇（Campeche）的港口，隨後才返回英格蘭。帕克船長的贊助人相當高興，於1600年再次投資，讓他完成了另一次同樣成功的劫掠行動。這些成功例子很是難得，例如坎伯蘭伯爵就出資贊助了超過12次這類劫掠行動，但僅有一次成功獲利。儘管有許多遠征行動都以失敗告終，當時仍瀰漫著對金錢的渴望和機會主義的氛圍。這些小規模襲擊都沒有強大到足以攻佔西班牙寶物船隊，因此也只有德瑞克和霍金斯這樣的老水手，才有資格為眾人示範該如何成就大業。

老水手的終章

[23]1595年，伊莉莎白的顧問威廉·塞西爾（William Cecil）制定一項計畫，準備再次對西班牙發動攻勢。這次西班牙大陸遠征行動由法蘭西斯·德瑞克爵士和約翰·霍金斯爵士共同指揮，他們會竭盡所能攻下這片土地，第二個目標則是在加勒比海建立永久的英國據點。為達成目標，他們籌組了一支包含27艘船的艦隊，其中有六艘皇家戰艦，船員共2,500人。可惜的是，兩位指揮官之間的嫌隙使得遠征行動成效不彰。當霍金斯針對1588年的羅莎莉歐號事件公開譴責德瑞克時，這對表親便因此撕破臉了，從此之後兩位經驗豐富的年邁水手已難達成共識。

21,22,23 引用自參考文獻，詳細請查照 322 頁〈內文引用〉章節

16世紀期間，西班牙在古巴最大型的據點哈瓦那曾遭受三次法國海盜攻擊。因此於1589年開始興建石造的防禦堡壘「莫羅城堡」（Castillo del Morro），這座城堡矗立於港口入口處，集結著準備歸國的寶物船隊。（圖片來源：Michael Marquand/Getty Images）

遠征隊於1595年8月從普利茅斯啟航，在進攻加那利群島時因大海的洶湧波濤而窒礙難行，英國人甚至需捨棄一大群船員。這些人淪為階下囚，在嚴刑拷打之下供出了船隊的目的地，於是西班牙派出快船，警告聖胡安的總督英國人即將來襲。艦隊經過多明尼加，於11月12日抵達波多黎各，那時霍金斯因高燒不退即將死去。幾天後他終究不敵疫病，留下德瑞克獨自指揮這次遠征。

[24]德瑞克發現聖胡安的防守過於嚴密難以攻破，因此在探查守備狀況後，撤退改為尋找較為容易攻入的地點。他認為卡塔赫納目前也太過強大，便決定對西班牙大陸的里約哈洽和聖馬塔下手，接著艦隊往西方行進，德瑞克於1596年1月6日抵達農布雷德迪奧斯。這處港口已不再是祕魯銀礦在加勒比海最重要的終點站，其地位早已由沿岸不遠處的貝約港取而代之。這座城鎮並無守備，德瑞克便在此建立基地，令部下準備襲擊距離30哩（約48公里）外、位於地峽面太平洋一側的巴拿馬。

他派遣湯瑪斯・貝斯克維爾（Thomas Baskerville）爵士帶著士兵進入內陸，但在抵達地狹中央的山區屏障時，他們發現西班牙部隊正於唯一的通道挖掘壕溝。

24 引用自參考文獻，詳細請查照 323 頁〈內文引用〉章節

　　貝斯克維爾發動三次攻擊無果，便撤回農布雷德迪奧斯。德瑞克在燒毀港口後便重回海上，計畫要劫掠宏都拉斯海岸，但他的許多部下都染上黃熱病，幾天後德瑞克自己也開始發燒。1月27日晚上，這位老水手便與世長辭。德瑞克的遺體被放置在襯鉛的棺材裡，埋葬在貝約港附近的大海之中，不只是德瑞克死了，西班牙更集結強大的艦隊要擊垮英國遠征隊伍。艦隊於古巴的松島（Island of Pines）趕上了英國人，但英軍奮力抵抗西班牙的攻勢成功逃離，[25]這支船隊於1596年4月返回普利茅斯，霍金斯和德瑞克的死訊終於獲得證實。

　　兩位人物的死去象徵著一個時代的終結。伊莉莎白本人也於幾年後死去，她的離去更代表都鐸王朝和「黃金時代」的終結。伊莉莎白的繼任者，英格蘭的詹姆士一世（亦為蘇格蘭的詹姆士六世）統一了兩個王國的君主制度，並與西班牙議和，從此商人取代海盜或私掠者成為歐美海域主宰的紀元。

　　老水手的時代已經終結，然而短短幾年後，海上將出現將西班牙大陸作為獵場的新霸主，伊莉莎白時代的老水手至少會遵守既定的戰爭禮數，但這些後起的加勒比海盜可不會乖乖接受這種束縛。

25 引用自參考文獻，詳細請查照 323 頁〈內文引用〉章節

第四章

地中海海盜

希臘海盜和穆斯林海盜

羅馬帝國瓦解之後，地中海西部便成了死氣沉沉之處。在該處建立的「蠻族」領地並無發展貿易，反而是仰賴捕魚、劫掠和海盜活動維生。東邊的拜占庭帝國在之後數世紀則仍是地中海秩序的堡壘，然而至12世紀晚期，帝國的權力範圍就僅限於希臘和小亞細亞西部。1204年君士坦丁堡淪陷之後，拜占庭海軍就已經無力在自家的海域巡邏，使得愛琴海開始出現海盜活動，再往西走，亞得里亞海的愛奧尼亞群島（Ionian Islands）也成為海盜巢穴。希臘水域的海盜至13世紀已非常活躍，然而許多海盜實際上都是義大利人。在希臘海域活動的還有其他希臘和巴爾幹海盜，其中有許多人都是當地漁民，除了本業也仰賴海盜勾當爭取額外財富。

西班牙戰艦轟炸突尼斯（Tunis）附近的拉古里提（La Goletta），此圖詳細描繪出皇帝查理五世（Charles V）在1535年佔領突尼斯的景象。由圖可見，這些有槳帆船會架起桅杆行進，降低損壞的風險。

取自於休昂·布勞（Joan Blaeu）繪製的《大地圖冊》（Atlas Maior，阿姆斯特丹，1662-65）。此圖顯示出巴巴里海岸（圖中標記為Barbaria）的詳細地貌，也標示出阿爾及爾（Algier）、突尼斯（Tunis）、的黎波里（Tripoli）和吉爾巴（Djerba）。除了港埠城市，內陸除去沙漠幾乎是一片荒蕪。

自13世紀晚期起，三支新興海軍的出現稍微填補海防的空缺，羅德島成為聖約翰騎士團的要塞，騎士團的艦隊規模雖小，卻頗為強大。威尼斯人除了在亞得里亞海和愛琴海南邊追捕海盜，也一邊協助羅德島打擊海盜，至1360年代，鄂圖曼土耳其掌控小亞細亞西部海岸，因此得以派遣艦隊在愛琴海巡邏，然而土耳其人卻相當仰賴私掠者來輔助他們的常備海軍。

非洲的地中海沿岸也上演著類似的轉變，隨著阿拉伯人於七、八世紀四處征討，北非海岸現已完全落入穆斯林的掌控之中，西西里和大部分的西班牙地區也一樣。從摩洛哥到利比亞，非洲沿海散落著一連串不起眼的小國家，雖然這片廣大的領地是因宗教結合，卻沒有太多的政治共識。諾曼人於11世紀晚期再次征服西西里，西班牙也發起「收復失地運動」，意味著在14世紀末期前，這些北非小國現在已成為宗教宿敵之間的疆界。當時基督徒和穆斯林之間宗教戰爭不斷，西至西班牙、東至希臘，戰事打得如火如荼，北非也難以從這樣遍及地中海地區的爭鬥中抽身。

雖然海盜在西羅馬帝國瓦解後一直在北非沿岸活動，但直到15世紀晚期歐洲開始擴張時，海盜才成為嚴重的威脅。阿爾及爾、突尼斯和的黎波里的港埠佔地利之便，成為了私掠者騷擾過路船隻的基地。

這些「巴巴里港口」都位於撒哈拉沙漠的邊緣，所以想要發財就得到海上謀求，也因為這樣，15世紀末至16世紀初期間被稱作「貝伊」

（Bey）的地方統治者鼓勵海盜使用這些港口，並取得一定百分比的利潤作為報酬。私掠行為的收益極為可觀，北非港口也成為了販售奴隸和戰利品的熱鬧市集。

巴巴里私掠海盜

理論上巴巴里各國統治者都應對鄂圖曼帝國的蘇丹盡封建義務，然而在土耳其人於1453年征服君士坦丁堡（現為伊斯坦堡）後，蘇丹便在這處拜占庭前首都建立了自己的皇室，卻因距離北非海岸太遠，難以控管巴巴里沿岸的貝伊，只有在蘇丹需要他們協助作戰時，雙方才會有所互動。雖然巴巴里海岸的私掠艦隊在16世紀期間參與了多次重大海軍戰役，但他們大多時候都各自獨立行事，也不依附土耳其，活動範圍則僅限於地中海中部和西部。

雖然巴巴里船隻是在貝伊的許可下從事劫掠行為，準確而言算作是「私掠者」，但其實用「海盜」一詞（Corsair和Pirate）來形容他們也說得通。嚴格說來，'Corsair'這個法國字意思就等同「私掠者」，然而在16世紀時也被用來指稱在地中海內活動的海盜。

對佐奇奧戰役（battle of Zonchio，1499）的描繪，圖中的威尼斯人乘著卡瑞克帆船，遭受以凱末爾．雷斯（Kemal Reis）為首的巴巴里海盜攻擊。雷斯為巴巴里海盜早期的領袖之一。

右圖
被巴巴里海盜抓住後來到阿爾及爾的基督俘虜，雖然此為虛構的城市港口外觀，圖中主題卻是真有其事。奴隸貿易為巴巴里各國奠定了其經濟基礎。

下圖
17世紀的阿爾及爾，正為「柏柏」（Berber）❶主人服務的家庭基督奴隸。這些奴隸還算是幸運，儘管他們身上繫著鏈條，但還有更多人在城市的採石場或是田裡工作，要不就是在船上作為奴隸。

當時「海盜」（Pirate）一詞還不常見，直到後來歐洲的海洋霸權拒絕認可巴巴里統治者的正統地位，人們才真正將兩者作出區別。美國人在19世紀初進攻巴巴里港埠，便是一次以打擊海盜作為名義的軍事行動，因此才暫且將這些巴巴里水手稱作「海盜」而非「私掠者」。為了清楚起見，在此時期至17世紀中期，我們都會使用「私掠海盜」（Corsair）一詞，在那之後才改為「海盜」（Pirate），彰顯出他們缺乏國際認可的處境。

16世紀早期，許多貝伊都是由各階級的私掠海盜選舉而來，這表示私掠行為已成為巴巴里海岸政治架構的一環。這些私掠海盜組織相當完善，還有名為 'Taife Raisi' ❷的船長議會負責監督港口和私掠艦隊的運作，同時對貝伊呈報。船長議會負責解決任何爭議、監督戰利品和奴隸的買賣，也確保貝伊取得應得的利潤。

雖然私掠船長在名義上臣服於鄂圖曼帝國和貝伊，但每位船長都擁有專屬船隻，也享有

❶譯註：西北非多個民族的統稱，來自拉丁語中的 barbari（野蠻人）。
❷譯註：意指「船長會」。

完全的行動自由。他們有負責指揮登船小組的
阿迦（agha）從旁協助，還有一位由船長議會
指派的抄寫員確保所有戰利品均確實紀錄。一
般而言，當地貝伊會收取百分之十的利潤和一
筆港口手續費，因巴巴里港口是販賣贓物和被
俘奴隸的絕佳市場，這樣的安排所有人都很滿
意，除了這些奴隸之外。

　　然而，巴巴里私掠者既為私掠者，他們
就必須遵守私掠委任狀列出的條款，也就是說
他們只能襲擊非穆斯林的船隻，只能捕捉非穆
斯林奴隸。另外，因為蘇丹是他們的領主，私
掠者也必須遵守蘇丹和基督統治者雙方簽訂的
條約，比如說威尼斯常與土耳其人相敬如賓，
所以他們也不得襲擊威尼斯船隻。

　　巴巴里諸國和鄂圖曼蘇丹間的封建義務
是雙向的，巴巴里海岸各城邦被視為鄂圖曼
帝國的一部分，因此土耳其軍隊會協助當地貝
伊捍衛他們的領地，私掠者也經常在為鄂圖曼

歐洲宣導基督教的人士
經常誇大巴巴里統治者
和海盜的「野蠻」特
質。此圖為巴巴里統治
者將滾燙的焦油淋在基
督徒囚犯或奴隸的腳
底，以折磨對方為樂。

海軍效力的同時從事海盜勾當，他們的指揮官更參與了16世紀的各大海
戰，然而這些私掠海盜卻有個更鄰近的敵人，[26]就是當時正進行收復失地
運動的西班牙。西班牙人持續攻打巴巴里沿海港口，就此開啟了對北歐
海岸主控權的長期抗爭。

　　雙方的敵對關係，始於1492年摩爾人被逐出西班牙之時。這些流亡
人士在北非港部定居下來，藉由襲擊西班牙船隻以示報復，他們有巴巴
里統治者從旁相助，還有來自地中海東部的穆斯林冒險家。西班牙的反
擊則是攻打奧蘭（Oran）、阿爾及爾、突尼斯等巴巴里的主要港口，使
當地貝伊不得不向蘇丹求助。1529年，土耳其開始反擊，終於將西班牙
人驅逐出大部分沿岸飛地，最終這場與西班牙的衝突於16世紀末，以雙
方僵持不下的局面畫下終點，大多是因為在簽訂一連串和平條約後，西
班牙人只得承認該地區確實屬於鄂圖曼帝國。

　　和土耳其人講和等於是和私掠海盜講和，只要他們不再攻擊西班牙

26 引用自參考文獻，詳細請查照 323 頁〈內文引用〉章節

此為17世紀早期荷蘭海
洋藝術家安德里斯 范
埃特維爾特（Andries
van Eertvelt）畫作的
摹本。畫中為巴巴里海
盜駕駛著有槳帆船，試
圖登上一艘西班牙大帆
船。可見有槳帆船的甲
板相當擁擠，船首站著
配有火槍的耶尼切里新
軍（Janissary）。

這幅當代圖畫呈現出
16世紀晚期巴巴里有
槳帆船的樣貌，船後方
跟著小型槳帆船。根據
此時期基督教人士的記
載，海盜的有槳帆船經
常以絲綢和塔夫塔軟緞
橫幅作為裝飾。

船隻就好。土耳其政權於1659年瓦解之後局勢就改變了，貝伊開始統治自己的城邦，除了為他們鞏固政權的私掠海盜之外，他們再也不須臣服於任何人。

至此時期，巴巴里私掠海盜還有其他眾多受害者，英國和荷蘭日益成長的商業活動，讓他們的船隻成為地中海私掠海盜攻擊的目標。不過這些國家也擁有強大的艦隊，17世紀期間英國和荷蘭海軍接連挫敗巴巴里私掠海盜，至17世紀末巴巴里諸國的勢力便已經瓦解。

在歐洲，巴巴里私掠海盜時常被描繪成穆斯林狂熱分子，未經宣告便對宗教敵人發起戰爭。他們販售奴隸的行為眾所皆知，人道組織也時常募款買下巴巴里海岸基督徒奴隸的自由，令人驚訝的是，叛變的基督徒其實占了私掠海盜數量很大一部分，卻無法撼動西歐基督徒將巴巴里私掠海盜當作惡鬼的事實。這些海盜的暴行眾所皆知，人們對他們的恐懼也就油然而生——而恐懼對任何海盜而言正是有用的工具，畢竟與作戰相比，他們寧可受害者主動投降。雖然他們會如此聲名狼藉，多是基督徒宣傳的結果，但大部分卻也當之無愧。

「紅鬍子」奧魯奇：私掠海盜第一人

巴巴里海岸出現的第一批主要私掠海盜為巴巴羅薩「紅鬍子」（Barbarossa）兄弟：奧魯奇（Aruj）和赫茲爾（Hızır）。1470年代，奧魯奇和赫茲爾出生於愛琴海上的萊斯沃斯島（Lesbos）。他們的父親是一位穆斯林製陶師，也曾在土耳其軍隊中服役，母親則是希臘基督徒。15世紀末以前，奧魯奇已經加入在北愛琴海活動的海盜船隻，當時萊斯沃斯島盤據著希臘和穆斯林海盜，不同的宗教在這裡相處融洽，海盜也找到可以下手的現成獵場。然而奧魯奇的艦隊卻被聖約翰騎士團給逮住，奧魯奇也成了艦隊奴隸，直到騎士團和埃及的埃米爾（Emir）❸簽訂條約之後，他才重獲自由。奧魯奇一恢復自由身，就獲得安塔利亞（Antalya）貝伊發放的私掠許可，並開始於該地區周圍活動，後來這位贊助人卻因為政治紛爭而逃往埃及。他們抵達亞歷山卓時，弟弟赫茲爾也加入了奧魯奇的行列，兄弟倆都是很有天分的私掠海盜，他們漸漸地擴張勢力，後來更握有一支小型的海盜帆船艦隊。

❸譯註：用於指稱某些穆斯林國家的統治者。

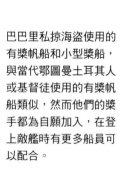

「紅鬍子兄弟」奧魯奇和赫茲爾自16世紀初嶄露頭角，讓巴巴里海岸成為興盛的海盜基地及穆斯林堡壘，箝制西班牙基督徒在地中海西部的擴張。兩兄弟得名自他們紅色的鬍子。

埃及人和聖約翰騎士團簽訂的和平協議，使得兩兄弟須改於他處活動，他們於1505年抵達突尼西亞海岸的小島港埠吉爾巴。這對兄弟取得突尼斯貝伊的私掠許可，便開始在第勒尼安海航行尋找獵物。

後來他們在厄爾巴島（Elba）附近遇上了兩艘掛著教宗儒略二世（Julius II）旗幟的帆船，這兩艘教宗船分別是富有的貿易商船和護衛軍艦，雙雙落入了兄弟倆的手裡。私掠海盜的優勢在於船員均是自由身，因此能不受拘束地戰鬥，而對手仰賴的卻是船上奴隸。兄弟倆凱旋回到突尼西亞的拉古里提港（La Goulette），一時間聲名大噪。西班牙史家狄亞哥·阿埃多（Diego de Haedo）便曾寫下：「這次奇遇在突尼斯引起的轟動難以言喻，更無法形容船長奧魯奇自那時起成為多麼響亮的姓名」，他再補充道：「他的鬍子是顯而易見的紅，人們因此稱他為『巴巴羅薩』，在義大利文中意指『紅鬍子』」。[27]地中海地區人民多為黑髮，使得這對紅髮兄弟相當顯眼，他們也就獲得了這個暱稱。

下個遭殃的是「騎士號」（Cavalleria）。騎士號是準備前往那不勒斯的薩丁尼亞風帆船軍艦，卻在利帕里群島（Lipari Islands）周圍被私掠海盜攔截。有槳帆船在對上風帆船時，享有的優勢就是不論是否有風都能航行，因此無風就無法行進的騎士號根本無從抵抗。1509年的大豐收讓數百人爭相加入他們的行列，另一位兄弟伊沙克（shak）也包含在內，紅鬍子一幫人很快地在突尼斯外海拉古里提的新據點便充滿海盜船和戰利品。

27 引用自參考文獻，詳細請查照 323 頁〈內文引用〉章節

巴巴里私掠海盜使用的有槳帆船和小型槳船，與當代鄂圖曼土耳其人或基督徒使用的有槳帆船類似，然而他們的槳手都為自願加入，在登上敵艦時有更多船員可以配合。

1511年，紅鬍子兄弟和突尼斯的貝伊意見相左，因此決定轉移陣地，這次他們將基地沿著海岸往西遷移至突尼斯和阿爾及爾之間的吉日利（Djidjelli，今吉杰勒〔Jijel〕）。阿爾及爾統治該港口的埃米爾原就想請他們協助抵抗威脅要進攻的西班牙人。西班牙在1509年占領奧蘭，隔年又將布吉（Bougie，今貝惹亞〔Bejaia〕）攻下，西班牙雙邊夾擊，阿爾及爾人知道下個就輪到他們了。

　　起初這些私掠海盜還算成功，但後來就變得太過好高騖遠。紅鬍子兄弟襲擊布吉時慘敗而歸，奧魯奇甚至在戰鬥中失去手臂，他們只得猛攻西班牙船隻聊以慰藉。此時阿爾及爾的貝伊似乎也樂見他們為自己投身戰鬥，並未提供任何援助，更糟糕的是，在西班牙於阿爾及爾海灣遠處的佩尼翁（Peñón）建立據點時，他更坐視西班牙人加固堡壘，卻未試圖將他們趕回海上。終於在1516年，阿爾及爾人發動起義，奧魯奇也加入他們的行列殺死貝伊，並掌控這座城市。土耳其的蘇丹不僅核准此舉，還將奧魯奇任命為「貝勒貝依」（所有貝伊的長官），使他成為巴巴里海岸的實質統治者。

　　奧魯奇與西班牙的私怨在三年後到達頂峰。首先，1519年初西班牙從佩尼翁對阿爾及爾發動突襲，後遭擊退。接著皇帝查理五世於5月率領大軍抵達奧蘭，計劃要進攻阿爾及爾，但奧魯奇先發制人，擊垮了一隊正往奧蘭支援西班牙的阿拉伯傭兵。然而西班牙也不甘示弱地反擊，將奧魯奇和他的兄長伊沙克圍困在特萊姆森鎮（Tlemcen）中，經過持續20天的圍城後，西班牙人攻入城鎮，殺死了奧魯奇和伊沙克。這是一個時代的終結，但戰爭並未結束，因為赫茲爾會繼續奮鬥下去，證明自己比起兩位兄長，對西班牙人會是更大的威脅。

這張阿爾及爾地圖，是由英國製圖師羅伯特・諾頓（Robert Norton）於1620年繪製。該港口在紅鬍子兄弟的統治之下，防禦日漸完善，他們也打造了一座加固港埠，保護停泊在此處的有槳帆船艦隊。

海雷丁：上帝的禮物

上圖
這幅17世紀早期的版畫描繪一群來到阿爾及爾的英國私掠海盜。在曠日持久的英西戰爭於1604年結束後，幾位先前的英國私掠者加入了北非私掠海盜的行列。

右上圖
從海上往阿爾及爾望去的景色，此為17世紀早期的版畫。前方的堡壘為佩尼翁，自1510至1539年均由西班牙人把持，山丘上也佇立著其他堡壘，俯瞰著這座城市。

下圖
紅鬍子赫茲爾・巴巴羅薩（1478-1576）是最強大的巴巴里領袖之一，也是一位非常成功的土耳其海軍上將。他經常被稱為海雷丁，意思是「上帝的禮物」。

28「紅鬍子」赫茲爾接任貝勒貝伊後，成為巴巴里私掠海盜的首腦，他於1518年12月逼近奧蘭，收復特萊姆森，接著襲擊位於布吉和突尼斯之間、由西班牙佔據的港埠包恩（Bône，今安納巴〔Annaba〕）並將之佔領。隔年他又擊敗另一支被派遣來攻打突尼斯的遠征隊，因此被任命為阿爾及爾的埃米爾（帕夏〔pasha〕）❹以示獎勵，勢力穩固之後，他便能繼續發動攻擊。接下來幾年，赫茲爾劫掠了法國和西班牙南岸，並於1522年協助蘇丹拿下聖約翰騎士團的要塞羅德島，也因此被蘇丹冠上「海雷丁」的稱號，意指「上帝的禮物」。他的努力終於有所回報，然而他身為紅髮兄弟僅剩的一員，大家也會直接稱他為「紅鬍子」。

赫茲爾回到巴巴里之後，便率領部下劫掠義大利沿岸，而後被熱那亞艦隊驅逐。這樣的模式從1525年持續到1531

28 引用自參考文獻，詳細請查照 323 頁〈內文引用〉章節
❹譯註：鄂圖曼帝國行政制度裡的高級官員。

圖中為1543-44年冬季，紅鬍子赫茲爾的艦隊在法國土倫（Toulon）港下錨。巴巴里與法國暫時結盟，使巴巴里領袖得以將此港口作為攻擊西班牙的基地，當時西班牙人正與法國交戰。

年，那時他在家鄉更是戰功彪炳。

1529年5月，他佔領西班牙在阿爾及爾海灣的佩尼翁要塞，就此穩住故鄉的局勢。1531年，他也對的黎波里發動了一輪猛攻，的黎波里自1510年起就被西班牙佔領，並轉交給聖約翰騎士團，這一次海雷丁卻遭到擊退，這座城市直至1551年都持續由基督徒所把持。

1532年，蘇丹需要他協助抵禦威尼斯在亞得里亞海的攻勢。巴巴羅薩不只是收復了幾處落入基督徒手裡的重要島嶼，航行至台伯河（Tiber）河口時更讓羅馬敲響了教堂警鐘，同時一場大戰顯然即將到來。肇因於紅鬍子從一位親西班牙的貝伊手中奪下了突尼斯，隨後又因銳不可當的西班牙遠征隊再次丟了這座城市。他沒能與西班牙正面交鋒，便帶領一支鄂圖曼部隊攻打那不勒斯，於1537年拿下這處由西班牙佔據的港口，也因此使得教宗保羅三世（Paul III）召集基督徒組成了「神聖同盟」，藉以抵抗土耳其人。

1538年，為了擊敗紅鬍子，安德烈・多里亞（Andrea Doria）帶領強大的神聖同盟艦隊進入愛琴海，其中包含西班牙、熱那亞、威尼斯和羅馬教宗的船隻。雙方艦隊在1538年9月28日於普雷韋扎（Prevesa）正面交鋒，結果是由紅鬍子奪得勝利，他攻下並摧毀51艘敵艦，這次輝煌的戰果標榜著土耳其海軍在地中海的超然地位，在接下來30年都難以撼動，同時間西班牙和巴巴里海盜之間的戰爭仍將繼續下去。

　　1540年，查理五世嘗試攻打阿爾及爾，卻又一次失敗。紅鬍子此時仍在地中海橫行，以行動支持他的法國新盟友，隔年他來到熱那亞談判，要求釋放巴巴里私掠海盜屠古特·雷斯（Turgut Reis），而這也是老海盜的最後一次航行。1545年，他被召至伊斯坦堡，將阿爾及爾交給他的兒子哈桑帕夏一世（Hasan Pasha I），一年後紅鬍子安詳地死在蘇丹的皇宮裡。紅鬍子兩兄弟終其一生都在保護巴巴里海岸不受西班牙人侵擾，令這些脆弱的半獨立城邦在他們離世後仍能長久屹立，在過程中他們也樹立了巴巴里海盜令人聞風喪膽的名聲。

蘇丹的私掠海盜

　　[29]眾多巴巴里海盜會一邊從事私掠行為，一邊至鄂圖曼海軍服役，紅鬍子兄弟僅是其中之一。海雷丁的副手屠古特·雷斯身出生於土耳其海岸的博德魯姆（Bodrum），他最終加入私掠海盜的行列成為主砲手，屠古特攀升得很快，不久就開始指揮自己的船艦，並於愛琴海一帶活動。1520年，他到阿爾及爾加入海雷丁，沒多久就獲得晉升，掌管一整支海盜中隊，身為海軍指揮官，屠古特以其技能和膽識著稱。

29 引用自參考文獻，詳細請查照 323 頁〈內文引用〉章節

　　屠古特曾參與普雷韋扎戰役，當時他負責指揮土耳其艦隊的其中一個小隊，隔年他在亞得里亞海一帶力爭上游，擊敗威尼斯派來消滅他的海戰部隊，並以蘇丹之名征服了一連串島嶼和要塞。屠古特身為吉爾巴的貝伊，他的下個挑戰就是要掌控巴巴里海岸最惡名昭彰的私掠海盜巢穴，他似乎天生就是這塊料，帶領部下直搗馬爾他、西西里和科西嘉等地，但接下來一切卻徹底變調。1541年，他在科西嘉海灣修繕船隻時，遭到來自熱那亞的部隊圍攻，這位私掠海盜連同部下都被敵軍俘虜，在船上當了三年的奴隸，而後才被海雷丁以一筆可觀的贖金贖回，屠古特重掌船舵，接下來三年都在追捕熱那亞船隻。海雷丁在1546年去世之後，他成為了鄂圖曼艦隊的新任指揮官，再兩年便取代前任指揮官的兒子，成為阿爾及爾貝伊及貝勒貝伊，也就順理成章登上了私掠海盜頭領的大位。他繼續四處征討，同年8月便捕獲一艘載有七萬杜卡的馬爾他船，這是阿爾及爾史上的大豐收，然而基督徒隨即便對巴巴里基地發動新一波攻擊。1550年，屠古特在吉爾巴被強大的基督徒艦隊給包圍，雖然他和眾手下成功逃出生天，港口卻落入敵軍手中，被占據了整整十年。他先是召集土耳其增援部隊，再於1551年8月返回巴巴里海岸，並從聖約翰騎士團手中奪回的黎波里，讓私掠海盜得到一處穩固的新據點。他的船隊在蓬扎島（Ponza）戰役擊敗來自熱那亞的敵手安德烈·多里亞，使得義大利沿岸成為私掠海盜新一波襲擊的目標。多里亞再次嘗試要擊敗屠古特，但這場吉爾巴戰役也只是讓基督徒再次蒙羞，從那時起屠古特便一直橫行霸道，直到五年後在馬爾他圍城之戰死去為止。

　　義大利漁人喬瓦尼·迪奧尼吉（Giovanni Dionigi）在1536年被巴巴里私掠海盜俘虜，成為了奴隸。他後來乘著機會改宗伊斯蘭教，並加入的黎波里私掠海盜的行列，至1560年眾人則稱他為烏魯奇·阿里（Uluj Ali），當時他已是一位在屠古特手下做事的私掠海盜船長。他自吉爾巴戰役和馬爾他圍城之戰起即開始聲名大噪，屠古特死後，他正式成為的黎波里的新任貝伊，三年內就再升格為貝勒貝伊，接下來十年他帶領手下艦隊抵抗西班牙和馬爾他騎士，並於1570年擊敗一支強大的馬爾他部隊，就此成為鄂圖曼帝國的海軍指揮官。

就如他的幾位當代同行，巴巴里領袖屠古特（1485-1565）力爭上游，從一位志願私掠海盜一路爬升為巴巴里海岸的貝勒貝伊及土耳其海軍上將，最後戰死於馬爾他圍城之戰。

屠古特和穆拉特

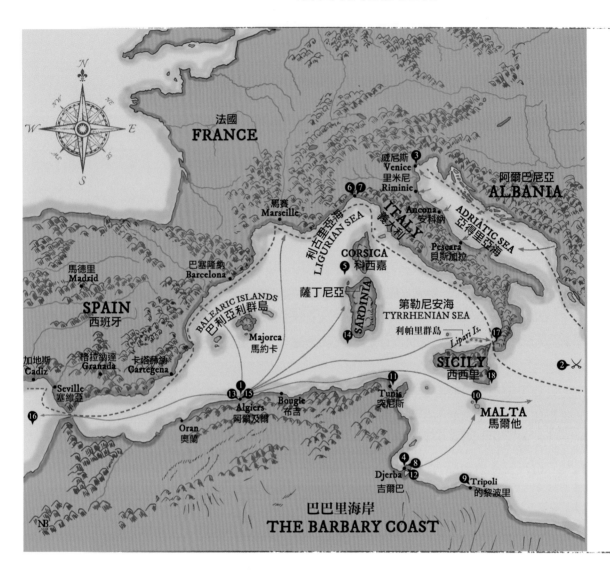

[30]1571年烏魯奇參與勒班陀戰役，戰敗後接管土耳其艦隊設法重整戰力，然而他本質上仍是私掠海盜，很快地獲許返回阿爾及爾。1574年6月他迎來一次勝利，當時他正是從西班牙人手中收復突尼斯的幕後推手，並充分把握機會，鞏固自己在巴巴里海岸的政權，從的黎波里到奧蘭都在掌控中，一方面也強化各港口實力。最終西班牙人簽署休戰協議，為60年來巴巴里海岸承受的威脅畫下句點。烏魯奇也因此得以不受拘束地為蘇丹履行海軍義務，直到1586年去世為止。

30 引用自參考文獻，詳細請查照 323 頁〈內文引用〉章節

航線圖說明

- - - - 貿易路線　←──── 海盜劫掠路線　✂ 戰役

屠古特

1. 1520年：屠古特‧雷斯加入紅鬍子艦隊，駐點阿爾及爾。

2. 1538年：屠古特成為土耳其艦隊的上將，並至希臘西海岸參與普雷韋扎戰役，他和紅鬍子大獲全勝。

3. 1539年：屠古特首次掌權，在亞得里亞海一帶騷擾威尼斯船艦，甚至長驅直入可以望見威尼斯的海域。

4. 1540年：屠古特在吉爾巴建立了私掠海盜據點，將此地作為襲擊馬爾他的基地。

5. 1540年：屠古特襲擊馬爾他後，便接著攻擊科西嘉和薩丁尼亞島。

6. 1541年：因屠古特被熱那亞人俘虜，劫掠活動突然終止，並於船上當了三年的奴隸。

7. 1544年：紅鬍子揚言若不釋放屠古特，便襲擊熱那亞將之夷為平地，熱那亞人只得交出這位階下囚。

8. 1550年：基督徒襲擊並佔領吉爾巴，屠古特和部下不得已只能逃往突尼斯。

9. 1551年：屠古特從聖約翰騎士團手中收復的黎波里。

10. 1565年：屠古特協助土耳其圍攻馬爾他，戰死於法勒他（Valletta）的城牆前。

穆拉特

11. 1565年：穆拉特‧雷斯（Murat Rais）成為巴巴里私掠海盜船艦指揮官，駐點突尼斯。

12. 1568年：現於吉爾巴一帶活動的穆拉特，因不受長官青睞，沒能升遷為私掠海盜部隊的指揮官。

13. 1574年：穆拉特證明自己的能力後，得以指揮一支強大的阿爾及爾私掠海盜部隊。

14. 1574年：穆拉特於薩丁尼亞島南端襲擊配備精良的西班牙船隻，俘虜該船的西班牙總督。

15. 1564年：穆拉特成為貝勒貝伊駐點阿爾及爾，他目前是所有巴巴里海盜名義上的總指揮官。

16. 1586年：領頭攻打加那利群島。

17. 1594年：獲晉升為土耳其海軍上將，並帶領一支鄂圖曼大型艦隊進攻義大利南岸。

18. 1595年：穆拉特於西西里島東南端擊敗了強大的基督教艦隊。

17世紀荷蘭藝術家雷納‧諾姆斯（Reiner Nooms）繪製的的黎波里。畫中呈現數艘停泊在港口外的荷蘭商船，當時荷蘭與當地貝伊簽訂貿易協議，因此船隻可以免受攻擊。

　　最後一位偉大的巴巴里私掠海盜，就屬16世紀下半葉嶄露頭角的穆拉特，他在1534年前後出生阿爾巴尼亞，並於1546年被四海為家的私掠海盜俘虜，再選中皈依伊斯蘭教，加入他們的行列。1565年以前他已經負責指揮自己的船艦，穆拉特是一位眾所皆知的成功私掠海盜，卻也相當特立獨行，這樣的名聲讓他花了20年才被選中指揮鄂圖曼艦隊。

　　他也穩定地培養自己對私掠海盜的影響力。1578年，穆拉特俘虜正乘著兩艘船歸國的駐薩丁尼亞西班牙總督，此舉惹惱西班牙國王腓力二世（Philip II），令他幾乎派出大規模的遠征隊將阿爾及爾夷為平地。接下來10年穆拉特都與西班牙默默抗衡，劫掠海岸、追捕船隻，更為阿爾及爾帶來許多西班牙奴隸，他已成為地中海最聲名狼藉的私掠海盜。

　　1594年，他終於晉升為鄂圖曼土耳其的海軍上將，並於1595年在西西里島海域與一支強大的有槳帆船艦隊作戰。這段時間他擔任蘇丹的東地中海指揮官，直至1609年死於阿爾巴尼亞的夫羅勒（Vlorë），在離出生地幾哩外的地點結束自己漫長的私掠海盜生涯。

圖為16世紀的土耳其（或巴巴里）有槳帆船，這幅畫來自於當代土耳其對法瑪古斯塔之圍（Siege of Famagusta，1571）的描繪。岸上出現了在海軍服役的耶尼切里新軍，他們正準備集結攻打基督徒駐守的港口。

巴巴里海盜的衰頹

穆拉特於1609年過世時，巴巴里私掠海盜的全盛時期就此結束。當時人們還未能察覺，且也有些歷史學家甚至將17世紀早期視為巴巴里諸國的黃金時期，畢竟當時奴隸貿易達到了頂峰。在伊斯蘭的法律下，穆斯林不得銬上腳鐐或是逼迫在船上划槳，因此有些奴隸選擇改信伊斯蘭教，以求獲得更好的待遇。但並非所有人都有這樣的機會，有錢的俘虜被用來勒索贖金，剩餘的人則一輩子都作為苦役。

撰寫《唐吉訶德》的西班牙作家米格爾‧德‧賽萬提斯（Miguel de Cervantes）就曾在1575年遭海盜俘虜。他當了五年的奴隸，也曾訴說自己對刑罰不間斷的恐懼。17世紀初，奴隸貿易取代海盜活動成為巴巴里諸國主要的收入來源。

私掠海盜有槳帆船

除地中海外的歐洲地區使用的多為風帆船，
但配有槳板的帆船是地中海主要戰艦形式。
文藝復興時期的有槳帆船與羅馬人使用的船型類似，
但在16世紀前大多都配有槍砲，裝設在船首的砲台上。
船體唯一有攻擊力的部分就是船首，有槳帆船尤其也常裝有攻城大槌。

大多數有槳帆船都會仰賴奴隸作為槳手，以提供航行的動力。
有槳帆船也配有裝設拉丁式三角帆的桅杆，便可利用風向。
典型的16世紀有槳帆船每側配有20至30支槳，
各支槳均會由三個以上的槳手負責操縱。

除非事態緊急，否則會避免使用攻城槌或大砲，
畢竟傷了潛在的戰利品就會降低掠奪的價值。
改在船上攜帶劍客和火槍手，常用的戰術是在敵艦後方伺機而動，
接著蜂擁而上攻佔敵船，在徒手近戰中壓制對方船員。

巴巴里海盜的有槳帆船並非真正的有槳帆船，
而是規模更小、速度更快的船隻「小型槳船」。
典型小型槳船的甲板是平的，裝有一支桅杆，
每側配有6至12支槳，每支槳平均由兩位槳手操控。
大型的有槳帆船時常被用作指揮艦，或是在戰鬥中支援小型槳船。
有槳帆船的優勢在於其不須仰賴風即可行進。
而優秀的巴巴里海盜會懂得判斷何時要發動攻擊，以及何時要保持距離。

烏魯奇・阿里：蘇丹的海盜

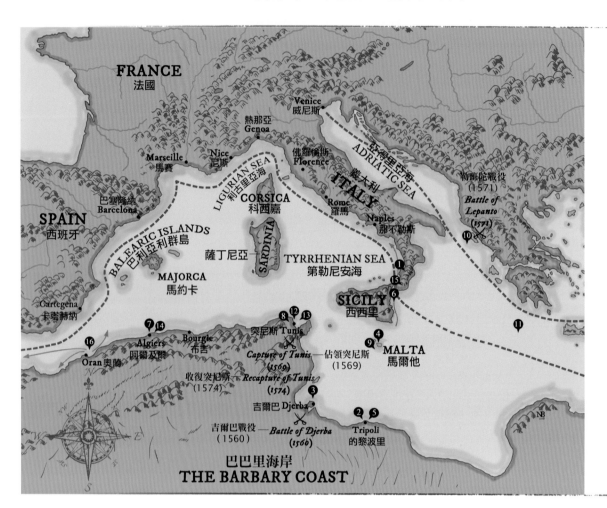

與歐洲簽定和平條約也意味著掠奪奴隸的人再也不是「私掠海盜」，而是貨真價實的「海盜」或「奴隸貿易商」。

為了讓奴隸市場能夠維持貨源，私掠海盜通常會在地中海西部尋找獵物，但有時候他們會到更遠的地方冒險犯難。例如在1627年，一位改信伊斯蘭教的法蘭德斯人（Flemish）曾帶領部隊進入大西洋，這位人稱小穆拉特（Murat the Younger）的海盜沿著大西洋海岸劫掠，從西班牙一路直

航線圖說明

- - - - 貿易路線　←— 海盜劫掠路線　✂ 戰役

1. 1536年：烏魯奇・阿里於卡拉布里亞（Calabria）出生，名為喬瓦尼・迪奧尼吉，是一位漁人之子。

2. 迪奧尼吉被俘虜後改信伊斯蘭教，成為烏魯奇・阿里。至1550年代末期他已成為一艘私掠海盜帆船的船長，駐點的黎波里，從屬於屠古特的艦隊。

3. 1560年：烏魯奇在吉爾巴戰役中脫穎而出。

4. 1565年：參與土耳其的馬爾他圍城一役。

5. 1566年：接任屠古特成為的黎波里貝伊。

6. 1567年：帶領的黎波里艦隊攻打西西里和義大利南部，造成大規模的損傷。

7. 1568年：成為阿爾及爾貝勒貝伊，統治整個巴巴里海岸。

8. 1569年：大舉進攻突尼斯，從西班牙人手中收復該城市。

9. 1570年：擊敗馬爾他聖約翰騎士團帶領的有槳帆船部隊。

10. 1571年：烏魯奇以土耳其海軍上將的身分加入勒班陀戰役，最終敗在基督教同盟的手中。

11. 1572年：烏魯奇獲指派掌控土耳其艦隊，在勒班陀戰役慘敗之後重振旗鼓。再次縱橫希臘水域。

12. 1573年：奧地利的唐胡安帶領西班牙軍隊佔領突尼斯。

13. 1574年：烏魯奇從西班牙人手中奪回突尼斯。

14. 1574年：強化阿爾及爾和摩洛哥的軍事防禦，當時兩地皆受到西班牙入侵的威脅。

15. 1576年：他大舉入侵義大利南部的卡拉布里亞。

16. 1570年代，烏魯奇帶頭劫掠西班牙在巴巴里沿岸的領地。

搗英格蘭。據說他甚至曾入侵北大西洋，令冰島的漁民不堪其擾。

　　小穆拉特這樣的叛變基督徒並不罕見，同時期有許多基督徒加入私掠海盜的行列，也並未摒棄自身的宗教，若這些基督徒能夠引介海事技術，就會尤其受到歡迎。其中一例就是約翰・沃德（John Ward），他是伊莉莎白的一位水手，後來轉為突尼斯的貝伊效力，隨後攀升為巴巴里部隊的指揮官，這些叛徒在獵捕其他基督徒教友時更是毫不手軟。

　　此時期曾發生典型奴隸爭奪戰，正是小穆拉特帶領海盜攻擊愛爾蘭科克郡（County Cork）的巴爾的摩（Baltimore）村莊，當時全村遭挾持帶走，其中只有兩位俘虜得以返回愛爾蘭。小穆拉特的其中一位冰島俘虜曾寫下這段經歷，法國人尚・馬蒂耶・德貝爾納克（Jean Marteille de Bernac）也為我們提供巴巴里海岸生活的第一手實用資訊。

　　對許多較貧窮的戰俘而言，唯一的希望就寄託在能夠為他們買下自

對頁
贖罪會的神父會與巴巴里當局和奴隸主人協商釋放基督徒奴隸。此教會的資金來自於全歐洲人的捐獻，並在17世紀期間買下了數百位俘虜的自由。

這張插圖來自17世紀荷蘭用於宣傳贖罪會神父事蹟的書本，圖中可見教會正和當地的耶尼切里軍官交易，以換取基督徒奴隸的自由。

由的基督教會上，「贖罪會」就屬這類團體。1575年至1769年間，他們籌劃買下大約15,500位各國籍基督徒奴隸的自由。

[31]例如在1643年，有七位女性對英國議會發起請願，希望政府能允許教堂募資，因為「她們的丈夫和其他人都落入土耳其海盜的手中，被帶到阿爾及爾，在那裡過著被囚禁的淒慘生活」。

巴巴里海岸的另一項收入來源則是保護費。須時常在地中海航行的商船會繳交一筆費用，確保船隻能夠不受攻擊。其實某些荷蘭和英國商人很樂意支付這筆賄賂費用，如此便能削弱其他較不寬裕的競爭者。

有人認為，英國和荷蘭於17世紀中葉開始對巴巴里海盜採取一連串長期懲戒措施時，實際上是為了讓商人能夠獲利，並非真的要終結海盜活動。[32]舉例來說，英國海軍上將羅伯特 布萊克（Robert Blake）就曾於1655年4月來到巴巴里海岸，奉命要向貝伊們為英國船隻遭受的攻擊索取賠償，從他的信件看來，他真正的目的似乎是為國人爭取有利的協議。突尼斯的貝伊拒絕協商時，布萊克便派遣艦隊進入法

31,32 引用自參考文獻，詳細請查照 323 頁〈內文引用〉章節

雖然巴巴里私掠海盜在17和18世紀持續使用有槳帆船，他也開始採用風帆船隻。在這幅17世紀荷蘭藝術家范埃特維爾特繪製的畫作中，一艘巴巴里風帆私掠船正停泊於巴巴里港口。

里納港（Porto Farina，現今加米爾〔Ghar al Milh〕）。

貝伊立即開始談判，法國也用一樣的招數，並於1682和1683年談判破局時轟炸阿爾及爾。巴巴里統治者當然也不是省油的燈，法國人於1683再次出現時，阿爾及利亞的貝勒貝伊抓住法國領事，將他裝進巨型迫擊砲裡，當作人肉砲彈朝著法國艦隊發射。

至18世紀，保護費已取代奴隸貿易成為該地區的主要收入來源。然而才剛開始參與海洋貿易的美國並不是很樂意繳交保護費。

這幅畫是由17世紀早期不知名西班牙藝術家所創作。畫中可見兩艘巴巴里小型槳船正在攻擊配備精良的西班牙商船。但實際上這些私掠海盜通常都會避免接近獵物船側的大砲。

巴巴里統治者的殘酷形象在私掠海盜的全盛時期結束之後，仍延續了很長一段時間。畫中為站在士兵屍海之中的阿爾及爾貝伊阿里·柯加（Ali Khoja，於1817-18掌權），他因為懷疑這些人密謀造反，便將其全數誅殺。

他們理所當然地認為保護費是讓歐洲競爭者得利的手段，因此美國船隻成為主要目標，奴隸市場中也開始出現美國俘虜。

美國的回應便是派出他們羽翼未豐的海軍。1801年，美國部隊抵達的黎波里並將港口封鎖，在這次軍事行動中，美國艦艇費城號（USS Philadelphia）在港口擱淺，讓美軍只得棄船。後來美國海軍因為「直搗的黎波里海岸」❺而聞名。貝伊最終也簽署和平協議。

33第二次衝突（又稱「阿爾及利亞戰爭」）於1815年爆發，這次還有英法兩國與美國結盟。衝突在盟軍轟炸阿爾及爾（1816）之後畫上句點，貝勒貝伊也承諾不再將基督徒視為奴隸，這是巴巴里諸國真正的終結。不到20年阿爾及爾成了法國殖民地，突尼斯在1881年也步上後塵。在瞬息萬變的世界中，私掠活動、奴隸貿易和海盜活動的淵遠歷史結束得並不轟轟烈烈，卻是以哀鳴畫上句點。

巴巴里海盜在全盛時期結束後，仍有很長一段時間是一大威脅。在這幅19世紀的畫作中，私掠海盜正望著另一艘私掠有槳帆船攻擊歐洲風帆船。

33 引用自參考文獻，詳細請查照 323 頁〈內文引用〉章節
❺ 譯註：後成為美國海軍陸戰隊讚歌（Marines, Hymn）的歌詞。

上圖

在這幅19世紀早期的水彩畫中,可見一艘掛著阿爾及爾旗幟的大型巴巴里私掠船。此時巴巴里私掠海盜已多為仰賴這類風帆船,而非有槳帆船。

左圖

此為19世紀早期的版畫。畫中為登上阿爾及利亞私掠船艦的英國水手。18和19世紀期間,英國的海軍戰力在地中海地區相當強大,只要自家船隻遭到攻擊,就會立刻對對方採取懲戒措施。

第五章

燻肉人：
加勒比海盜

荷式之勇

　　至16世紀，英國和西班牙之間長久的戰爭已漸不復見。1604年，《倫敦條約》徹底終結這場衝突，私掠委任狀的制度也取消，只剩荷蘭人還在繼續征戰。自1574年起，荷蘭的「丐軍海盜」（sea beggar）一直在自家海域與西班牙人抗衡，但在新世紀之初，他們已經有能力在更遙遠的地方從事私掠活動，然而西班牙也擁有自己的私掠艦隊，他們在1585年占領敦克爾克港時，這處港口已經是很發達的海盜據點。他們在此處核發自己的私掠委任狀，於接下來半世紀獵捕數百艘荷蘭船隻，從漁船到東印度公司船隻都未能倖免，[34]不過敦克爾克人卻未能阻撓荷蘭海軍勢力的穩定擴張。

　　至1580年代，荷蘭私掠船便已和英國人一同行動，至1590年代，荷蘭艦隊的航行範圍則遠至亞述群島（Azores）。

34 引用自參考文獻，詳細請查照 323 頁〈內文引用〉章節

流入加勒比海的查格雷斯河（Chagres River）行經巴拿馬地峽的大部分區域。1669年，亨利‧摩根（Henry Morgan）和其手下的加勒比海盜在襲擊巴拿馬時，便是乘坐類似左圖中的獨木舟沿著這條河航行。（圖片來源：Veronique DURRUTY/Gamma-Rapho via Getty Images）

1599年，荷蘭部隊甚至包圍合恩角（Cape Horn），在智利海岸左近擊敗了西班牙船隻，雖然這些遠征隊在劫掠方面的收穫不甚豐富，卻也證明了荷蘭共和國海上勢力的發展盛況。

《十二年休戰協議》暫時中止了衝突，荷蘭人也明智地運用這段時間來培育自家海軍。休戰協議結束後，荷蘭人準備好要與敵人抗衡，他們甚至在1623年成立西印度公司，挑戰西班牙在加勒比海的獨佔地位。雖然有幾次劫掠行動是衝著西班牙大陸而來，但荷蘭大部分的攻擊目標是葡萄牙在巴西的殖民地。1624年3月，荷蘭艦隊來到巴伊亞（Bahia，聖薩爾瓦多），將該港口納入荷蘭共和國名下，對方很快採取因應措施，西班牙和葡萄牙派遣的聯合艦隊於1625年5月抵達，卻發現荷蘭人早已轉移至加勒比海，大肆洗劫波多黎各的聖胡安，雖然這次攻擊非常成功，但這樣大膽的軍事行動卻沒有帶來收穫。

荷蘭人的下一次劫掠行動就不一樣了，這趟巴西冒險之旅的二當家皮特·海因（Piet Heyn）曾是一位私掠者，並於1623年成為西印度公司的海軍中將。1626年，他率領一支小型遠征隊回到巴伊亞，將該城鎮洗劫一空，荷蘭人似乎找到專屬的「德瑞克」。隔年下半，海因帶領強大的艦隊返回西班牙大陸，並於1628年8月抵達哈瓦那，新西班牙船隊出現時，他早已久候多時。西班牙人在哈瓦那沒有退路，只得逃往城市東邊的馬坦薩斯灣（Matanza Bay）。9月8日，荷蘭人拿下整支西班牙船隊，收穫價值為1,150萬杜卡，相當於今天的數十億美金。歷史學家一直認為，這次龐大的財務損失直接導致西班牙在經濟、軍事和政治方面的迅速衰頹，此時西班牙人也將面臨更重大的威脅。

1628年，皮特·海因上將帶領荷蘭艦隊到古巴北岸，於馬坦薩斯灣圍堵西班牙寶物船隊。據說西班牙這次損失慘重，從此一蹶不振。

法國私掠海盜尚·巴爾（Jean Bart，1650-1702）是敦克爾克最偉大的私掠者之一，但實際上他的航海貿易知識卻是習自荷蘭。然而自1672年起，他就開始獵捕自己先前的員工和其英國盟友，而後攀升為法國私掠部隊的指揮官。（圖片來源：The Print Collector/Getty Images）

大禍臨頭的伊斯班尼奧拉島

西班牙的腓力三世（Philip III，於1598-1621掌權）認為海外殖民地的非法貿易活動是一大問題，這類活動讓走私活動和海盜更加猖獗，也有損皇室的收入，因此他發起一項堡壘興建計畫，聚焦於西班牙大陸的主要港口，同時建立了一支名為「向風艦隊」的小型護衛艦隊，令各中隊駐紮於哈瓦那和卡塔赫納，[35]接著有人異想天開，提出減少人口的想法。

西班牙當局一直很清楚伊斯班尼奧拉島北部是個法外之地，島上資源不如鄰近的古巴豐富，西班牙殖民者也從未完全開發其偏遠地帶。這座島在引進牛隻後才開始有像樣的經濟發展，而至17世紀，牛肉和皮革已成為島上經濟的主要來源，小又貧窮的據點與腹地的養牛場相距甚遠，與北海岸緊緊相鄰。西班牙殖民者與「擅闖者」之間的爭鬥時常在伊斯班尼奧拉島北部上演，但在腓力三世統治期間，該地區是相當知名的走私者避風港，因此伊斯班尼奧拉島的總督於1604年下令將島嶼北部的人口強制遷出，他的手下摧毀多個據點，將島上居民移至聖多明哥附近新建立的殖民地。

這次行動在書面上看來很成功，然而有許多殖民者都逃往內陸腹地，成為了「叛徒」，脫離西班牙當局的掌控。少了合法收入後，他們便改為竊取牛隻以求生存，結果島嶼北部出現「政治真空」，西班牙在短期內也許省了些麻煩，但到1620年代他們就開始自食其果，只有一部分牛群成功遷移到聖多明哥附近的牧場，剩餘的只是在野外遊蕩。伊斯班尼奧拉島上的合法養牛業之後也未能從這次的遷移政策中徹底恢復，這些野牛也讓「叛徒」得以生存。因此他們成為了 'boucanier'，這個法文字意指「燻肉的人」，也稱為 'boucan'。

西班牙當然也清楚這個問題，巡邏隊試圖圍堵流浪的牛隻，並追捕躲藏在森林中的「叛徒」，而牛群和這些「燻肉人」總是有本事在樹林中銷聲匿跡，獵牛和燻肉活動也就一如往常地猖獗。他們將宰殺好的牲畜放在新鮮木頭製成的木架，再置於篝火上方燻烤，當地的阿拉瓦克人（Arawak）將這種手法稱作 'barbicoa'，也是今天所謂的燒烤。

有位法國觀察家對這些早期「燻肉人」的描寫如下：「他們就像是屠夫手下最卑微的傭人，在屠宰場裡待上八天都沒有洗澡。」他們無論是生活、工作或睡覺，都是穿著粗糙的皮革獵衣、粗布衣衫和豬皮製成

---

35 引用自參考文獻，詳細請查照 323 頁〈內文引用〉章節

最早期的加勒比海盜原
是住在伊斯班尼奧拉島
上偏遠地區的法國人，
以獵捕野牛和販售燻肉
給過路船隻維持生計。

的靴子，也將動物油脂塗抹在皮膚上來防蟲。他們將烤肉和獸皮運送到
沿海地帶賣給「擅闖者」，「燻肉人」則會購買武器、火藥和彈藥作為
交換。他們以小團體行動，漸漸發展出獨有的複雜行動代號，並於日後
演變成「加勒比海盜」之間的代號。

19世紀對伊斯班尼奧拉島上「燻肉人」加勒比海盜的描繪。這位海盜小心翼翼地觀察正在登陸的長船船員，若過路的船隻釋出善意，這些拓荒者便會和對方進行貿易。

　　17世紀的頭十年，其他歐洲勢力也開始在西印度群島建立小型據點。荷蘭於1600年占領了聖佑達修斯（St. Eustatius），在1620年代聖克洛伊（St. Croix）和聖馬丁（St. Martin）也相繼成為殖民地。英國人則於1622年落腳聖基次島，法國也在1625年加入他們的行列，巴貝多於三年後也被殖民者佔領，西班牙人未曾涉足的小安地列斯群島後來也落入歐洲人的手裡。1627年，他們從荷蘭人手中奪回巴西之後，便派遣部隊進入聖基次島，摧毀英法兩國的據點，剩餘的殖民者大多直接到鄰近島嶼另覓新的殖民地。聖基次島上的幾個法國難民往西行，沿著伊斯班尼奧拉島北岸尋找新的家園，他們選定位於島嶼西北角的土圖嘉島（La Tortuga），這裡為他們提供一切所需，幾年內島上收穫豐富的煙草，土圖嘉島也吸引當地的「燻肉人」和其他「擅闖者」難民。後來荷蘭人讓這個新據點多了些合法性，因荷蘭西印度公司提議為此處提供庇護以換取動物皮革，也就是說，這個海盜巢穴最初其實是一處閉塞的貿易站。

土圖嘉島的法國加勒比海盜會仰賴岸邊砲陣和小型堡壘作為防禦。堡壘建在距離主要據點不遠的地勢較高處。這裡曾經被西班牙人佔領，但後來又被法國奪回。

土圖嘉島：加勒比海盜的巢穴

　　土圖嘉島的殖民歷史相當顛簸多舛，首批落腳此處的歐洲人是1598年抵達的西班牙人，他們很快地發現這座島不適合製糖，但可用來種植菸草，不過政府迅速地發布強制重新安置的政策，只要是留在土圖嘉島的西班牙人都算是「叛徒」。在第一波法國殖民者於1627年抵達之前，這座島嶼已經孕育出小規模但發展蓬勃的產業，當地人經營著貿易站，在這裡販售「燻肉」給過路船隻，因此「燻肉人」和「擅闖者」之間才有了連結。

　　土圖嘉島很小，周長僅有只有40英里（64公里），狀似烏龜，因此有了「烏龜島」的名稱。這裡的土壤貧瘠又充滿石塊，腹地卻覆蓋著森林，島嶼北岸峭壁綿延，唯一可以作為港口的地形則位於南岸，最適合種植菸草的地區則位在西側，法國人將此地區稱為「拉杭格」（La Ringot），並建立了名為「巴士地」（Basseterre）的殖民地，與西班牙「叛徒」的「卡永」（Cayonne）貿易站並存。

　　荷蘭人未曾兌現保護的提議，他們的船隻卻開始與這座島貿易。不久後也出現了英國貿易組織「普洛維登斯島公司」，並派遣殖民者前來加入本就在此處定居的人，代理人安東尼·希爾頓（Anthony Hilton）是這座島名義上的管理人。

土圖嘉島的加勒比海盜

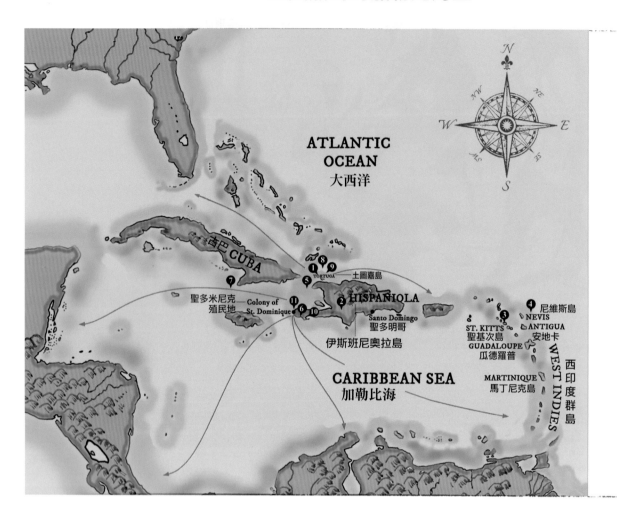

　　法國人、英國人和「叛徒」在島上共存，然而希爾頓在1634年去世之後，英國人便轉而加入中美洲海岸附近的另一處殖民地「普洛維登斯島」（Providence，又為聖卡塔利娜島〔Santa Catalina〕），讓法國人得以獨自掌控土圖嘉島，同時享有荷蘭人的庇護，然而在西班牙人於1635年攻擊該島時，荷蘭人卻從未現身。

　　同年一月，西班牙遠征隊摧毀這處據點，共逮捕240名殖民者。除30名西班牙人和幾位法國天主教徒之外，其餘人等全數被處決。逃往伊斯班尼奧拉島的殖民者最終返回此處，使得西班牙於1638年再次發起遠征。他們又一次設法驅逐、俘虜了殖民者，但西班牙人前腳一離開，倖存的島民後腳就跟著重新踏入這裡。

第一批加勒比海盜

1. 哥倫布於1493年首次發現土圖嘉島（烏龜島），因島嶼獨有的龜殼形狀為其命名。

2. 首批「加勒比海盜」為西班牙「叛徒」，在伊斯班尼奧拉島上獵捕野牛，很快地就有其他歐洲「擅闖者」加入他們的行列。

3. 1624年：英國殖民者在土圖嘉島上建立殖民地，開始與「叛徒」貿易。法國人也派遣殖民者前來，接下來十年，尼維斯、安地卡、馬丁尼克、瓜德羅普等英法據點也相繼出現，土圖嘉島的開拓活動相當興盛。

4. 1636年：英國人離去之後，土圖嘉島便成為法國殖民地。來自尼維斯的英國私掠者將此處作為洗劫目標，令法國人只得加固島嶼防禦。

海岸弟兄

5. 1640年：大皮耶爾（Pierre le Grand）來到土圖嘉島，將此處作為發動小規模攻擊的基地，目標為行經向風海峽的西班牙船隻。

6. 1642年：法國在伊斯班尼奧拉島西部建立他們的第一個殖民地。

7. 1648年：西班牙船隻遭加勒比海盜攻擊的事件越發頻繁，尤其是在古巴和伊斯班尼奧拉島南方，部分加勒比海盜甚至將觸角擴及中美洲沿岸。

8. 1650年：土圖嘉島已成為加勒比海盜的巢穴，令西班牙如芒刺在背。

9. 1654年：西班牙人攻佔土圖嘉島，俘虜島上居民，將島上防禦工事和建築摧毀之後隨即從島上撤離。

10. 1660年：西班牙人缺乏可再次佔領島嶼西部的資源，只得正式認可伊斯班尼奧拉島上的法國殖民地。

11. 1670年：土圖嘉島被視為蠻荒之地。大多加勒比海盜都轉移陣地至聖多米尼克的法國殖民地或牙買加，聖多米尼克現已成為法國加勒比海盜的主要陣地。

　　1640年，法國雨格諾教徒尚·勒瓦瑟（Jean le Vasseur）來到此處就任新總督，他立刻開始加固這座島嶼的防禦，他建造守望著卡永港的哨壁堡（Fort du Rocher），接著召集原有的殖民者加入他的行列，在敵軍環伺的西班牙大陸中一同守護這座屬於清教徒的土地，這是土圖嘉島歷史的新篇章。在勒瓦瑟抵達之前，島上居民一直忙於種植菸草、和「燻肉人」交易，並將這裡作為貿易站，不過在他的領導之下，土圖嘉島成為了一處避風港，專門收留對西班牙當局懷抱恨意的逃犯。自1640年起，殖民者開始攻擊西班牙過路船隻，就此開啟加勒比海盜的海上時代。土圖嘉島位於向風海峽的東北端，向風海峽則位於古巴和伊斯班尼奧拉島之間是一條繁忙的航道，因此成為勒瓦瑟手下海盜的新獵場。

西班牙大帆船的主要設計目的，是用於運送來自新世界的寶物。寶物帆船並非只是體型巨大和配備精良，也會與船隊一同行動，對加勒比海盜而言實力過於強大，難以下手。

這些海盜使用的是小型風帆或槳船，並於夜晚發動攻擊，目標是悄悄接近更大型西班牙船隻的船尾，接著在哨兵發出警報前搶先登船。

在槍手擊倒舵手和主要船員的同時，會有人負責楔住船舵防止獵物逃跑，接著會從船側一擁而上並制伏西班牙船員，這些海盜很快獲得作風殘忍的名聲，而無論這樣的評價是不是他們應得，卻也助了這些人一臂之力。海盜往往還不需要開砲，西班牙人就已經先行投降，希望還能夠保住一條小命。

在1678年出版的《美洲的加勒比海盜》一書中，作者亞歷山大・奧利維・艾斯克梅林（Alexandre Oliver Exquemelin）表示，早期率先發動攻擊的是一位叫做大皮耶爾（Pierre le Grand）的法國人。根據他的紀錄，皮耶爾來自狄艾普（Dieppe），並於1640年之後抵達土圖嘉島，他召集了一群跟隨者，開始乘坐小獨木舟於土圖嘉島周圍航行，希望能夠攔截西班牙的貿易商船。艾斯克梅林表示，他設法攻佔一艘西班牙輕型小艇，將之用來獵捕更大型的獵物，然而經過幾個月搜尋無果，他終於在西班牙大陸上一次大豐收，即是西班牙寶物船隊的落單船隻。他駕船尾隨這艘西班牙船，接著在西班牙人還來不及反應之前便登上船，為了鼓勵手下發動攻擊，他還鑿沉自己原先的小艇。西班牙船最終束手就縛，但大皮耶爾沒有駕船返回土圖嘉島，反而帶著獲得的財富回到家鄉狄艾普，就此隱退。

[36]若艾斯克梅林的敘述屬實，那大皮耶爾就是第一位真正的「加勒比海盜」，其掠奪行動鼓勵其他人跟隨他的腳步。然而這段故事缺乏有力證據，所以大概只能視為一段具有象徵意義的軼事，不過這故事也展現出法國海盜的活動模式，及土圖嘉島周圍海域的趨勢，起初駕駛小型獨木舟追捕沿岸獵物，再將這些西班牙小船據為己有，當作海盜船使用。

36 引用自參考文獻，詳細請查照 323 頁〈內文引用〉章節

　　艾斯克梅林的紀錄，在一封聖多明哥西班牙總督於1646年撰寫的信件中獲得支持，總督表示土圖嘉島已經成為海盜巢穴，充滿英國人、荷蘭人和來自法國的雨格諾教徒。

　　根據艾斯克梅林的說法，這段時期發生兩次重大事件。首先，土圖嘉島民開始集體自稱為「加勒比海盜」；再者，他們也開始自稱「海岸弟兄」。事實上，來到土圖嘉島的人也都開始採用這個名稱，並加入伊斯班尼奧拉島「燻肉人」的共同身分認同，至1640年代時，兩者已漸漸融為一體。

海岸弟兄

　　我們對於加勒比海盜社會的認識來自於艾斯克梅林，據他表示，伊斯班尼奧拉島的加勒比海盜行動時會組成六到八人的獵捕小隊，集思廣益達成決策共識。他也提到，男性加勒比海盜彼此結為伴侶是常有的事，這樣的關係叫做 'Matelotage'，基本上是指「睡在隔壁床鋪的人」，更常讓人聯想至「水手」的法文字 'Matelot'。這樣的伴侶制度本質上就是同性婚姻，在加勒比海盜的自治法律或準則中被稱作「海岸模式」。'Matelot' 可以在伴侶死亡時繼承對方的財產。海岸弟兄並非嚴密的聯盟關係，比較像是由這些小型伴侶關係和獵捕小組所形成的鬆散組織。

　　這其中的意義在於土圖嘉島成為海盜巢穴時，「燻肉人」就已是島上的主要人口，他們在過程中發展出自己的行事風格。這些人與其他歐洲外來者的共通點，就是對西班牙當局的強烈反感。「海岸弟兄」很快地就從一個島嶼兄弟會，成長為足以威嚇整個西班牙大陸的海上勢力。

　　將土圖嘉島比作海盜的避風港其實有點用詞不當。這是一處聚集地、貿易中心，也是可以招募船員的地方，卻不是一個安全的避風港。西班牙人就曾經攻佔這座島嶼三次。

我們對加勒比海盜的認識大多來自此書：亞歷山大・奧利維・艾斯克梅林的《美洲的加勒比海盜》，該書在1678年在阿姆斯特丹初版。艾斯克梅林是一位來自法國的加勒比海盜，曾經參與多次掠奪行動，在書中都有非常生動的描寫。

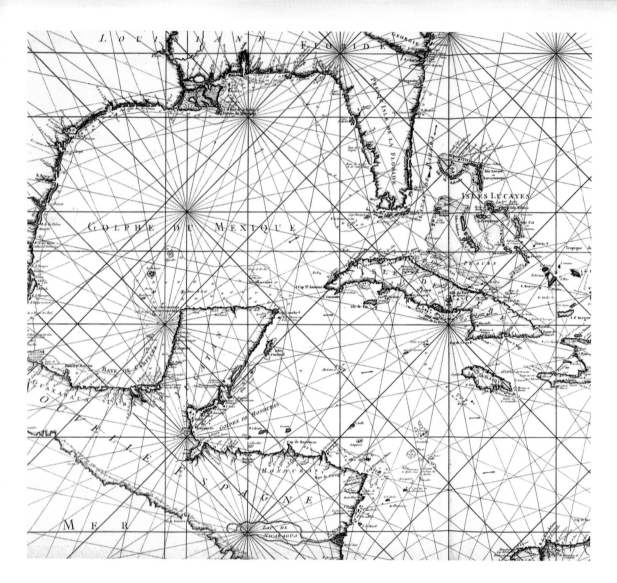

在這幅17世紀晚期法國繪製的西加勒比航海圖中，以紅色標記的海岸線都屬西班牙，顯示該地區有多大範圍都在他們的掌控之中。在西班牙佔領的區域內，坐落著作為加勒比海盜基地的土圖嘉島和皇家港（Port Royal）。

　　每次都有大量島民逃往伊斯班尼奧拉島沿岸躲避風頭，尚·勒瓦瑟在1653年被心懷不滿的加勒比海盜殺害之後，天主教徒雪弗萊·德豐特奈（Chevalier de Fontenay）成為新任總督。西班牙隔年一月派遣強大的遠征部隊來到島上直逼峭壁堡，他們直接發動攻擊，佔領堡壘鎮壓任何抵抗勢力。大多數加勒比海盜在西班牙人抵達之前已逃離土圖嘉島，但仍有330人被抓獲，堡壘內也搜出了槍砲和價值16萬的八里爾銀幣。

　　西班牙人離去後，加勒比海盜回來了，土圖嘉島再次成為海盜的大本營，然而牙買加也已出現新的海盜巢穴，之後很快會成為西班牙大陸上最熱鬧、守備最森嚴的港埠。土圖嘉島此時已經來日無多，雖然法國政府對私掠活動的鼓勵，令這座島嶼得以短暫重新成為主要的海盜老

窩，但實際上土圖嘉島只是在享受退場前的最後歡呼。

　　1644年，法國西印度公司接手管理土圖嘉島，也派來了新的殖民者，然而總督仍需要加勒比海盜來賺取收入，也要仰賴他們保護，因此不管當時法國和西班牙是否正在戰爭，政府仍頒發了私掠委任狀，這僅僅反映出加勒比海地區英國和荷蘭總督也實施的政策。戰爭來來去去，但只要「越線」，西班牙就永遠是敵人，要是這三個國家碰巧正與彼此交戰，也不會影響到他們在美洲的合作關係，[37]無論母國的政治情勢如何，荷蘭、英國和法國的加勒比海盜仍會彼此合作。

　　土圖嘉島加勒比海盜的全盛時期一直延續到1670年代，此時代終結的原因，並非加勒比海盜本身的行為使然，而是國家政府的干涉。政府自1640年代起就一直設法掌控加勒比海盜，最後敲響喪鐘的則是1684年的《雷根斯堡條約》，此為西法兩國簽訂的和平條約，就此結束自由發行私掠委任狀的時代。法國的加勒比海盜漸漸散去，最晚到1680年代中期，這座島嶼幾乎回到海盜活動出現前的貿易站狀態，仰賴著日漸衰頹的伊斯班尼奧拉島野生牛肉貿易。

　　海岸弟兄從來沒能成為統一的聯盟，也從未長成需要對付的真正海盜勢力。從1660一直到1670年代，這個聯盟始終如一，總是鬆散地由個別的成員、伴侶、加勒比海盜小群體所組成，他們因短期共同目標而結為盟友，卻不具更遠大的政治理念，正因如此他們才願意接受法蘭索瓦・羅羅內（François L'Olonnais）或亨利・摩根（Henry Morgan）等活躍加勒比海盜船長的帶領。摩根甚至自詡為「海岸上將」，暗示自己至少有段時間在本應人人平等的海盜社會中高人一等，但遠征隊一回到皇家港或土圖嘉島，任何聯盟關係都會變得毫無意義。

征西計畫

　　雖然英國人在17世紀早期曾殖民向風群島的數座島嶼，但這些島嶼都距離西班牙大陸的核心甚遠。1650年代期間，英國的「護國主」奧利佛・克倫威爾（Oliver Cromwell）認為內戰既已平定，英國可以再次不受拘束地對西班牙宣戰，[38]經濟因素仍是一大考量，英國商人想要自由進出西班牙港埠。克倫威爾也希望透過攻打西班牙的海外帝國，好在新世界

37,38 引用自參考文獻，詳細請查照 323 頁〈內文引用〉章節

保住國家的利益他謀略中的重頭戲正是「征西計畫」，意欲對西班牙大陸的正中心發動攻擊。

他決定培養一支用來襲擊伊斯班尼奧拉島的特殊部隊，據稱這支部隊防禦鬆散，其中成員包含初出茅廬的士兵、想在加勒比海展開新生活的冒險家，再加上一些正規軍隊中端不上檯面的小角色。這次遠征由老練的將軍理查・威納伯斯（Richard Venables）負責指揮，並由海軍將官威廉・佩恩（William Penn）從旁輔佐。艦隊於1655年4月13日抵達聖多明哥。部隊飽受疾病所苦士氣低落，但威納伯斯仍舊讓軍隊登陸並往城市前進，然而在意識到敵軍守備過於強勁之後，他再次撤退回到船上。

威納伯斯和佩恩希望在這場慘敗中挽回一點顏面，因此決定攻擊牙買加，據說當地僅由鬆散的西班牙部隊所把守。艦隊於5月11日抵達該島，這次輕鬆地拿下了聖地牙哥德拉維加（Santiago de la Vega），西班牙殖民者則逃往附近的古巴。雖然英軍在伊斯班尼奧拉島遭受挫敗，但現在也拿到了很實用的安慰獎，因為牙買加就位在西班牙大陸的正中心。遠征隊歸國時，派駐了軍隊於人稱「帕里薩多斯」（Palisadoes）的沙嘴上建造克倫威爾堡（Fort Cromwell），而島上現為京斯敦港（Kingston）的主要錨地，便是由這處沙嘴把守著通往其中的入口。堡壘之後被重新命名為

美國藝術家霍華德・派爾（Howard Pyle）幾乎一手創造了海盜的「風格」，一如畫中精神飽滿的典型加勒比海盜。可惜派爾並沒有可靠的歷史參考資料，畫中人物的「風格」依據並非17世紀的歐洲水手，反而是19世紀西班牙土匪的樣貌。

航道堡，且沙嘴上名為卡格威（Cagway）的小型據點正是建立在堡壘的城牆之下。

聖地牙哥德拉維加（後重新命名為西班牙鎮）成了島上主要的農業中心，卡格威則成為海上樞紐吸引加勒比海盜和商人前來。

即便在1656年下半就有1,600人移居此處，島上經濟仍發展得很緩慢。克里斯多福・明斯（Christopher Myngs）率先意識，加勒比海盜就是島上最好的防禦勢力。這位出生於諾福克（Norfolk）

兩部傳記的傳奇

1678年，阿姆斯特丹出版商開始販售由亞歷山大・艾斯克梅林撰寫的新書 'De Americaensche Zee-Rovers'。該書甫出版便佳評如潮，很快翻譯成其他語言
（英文版本為 'The Buccaneers of America'《美洲的加勒比海盜》）。
艾斯克梅林是位法國醫生，受雇於法國西印度公司，並於1660年代和1670年代早期加入法國的加勒比劫掠行動。他掌握這些人在海上討生活的第一手經驗，也可能曾經和克里斯多福・明斯及亨利・摩根等其他在海上航行的人物有過交流。

1724年，倫敦出版商查爾斯・瑞文頓出版一本由不知名作者「查爾斯・強森船長」撰寫的小書。這本《搶劫與謀殺——聲名狼藉的海盜通史》相當風行，不到幾個月便重新印刷增補的新版本。這本書內含一系列海盜傳記，其中全都是英國出生的海上鬥士，直到今天仍不斷再版。

我們對這位[39]查爾斯・強森船長一無所知，只知道其書寫展現出對水手和海上生活的淵博知識，他對「海盜黃金時代」中海盜的描繪相當精準。
強森船長很可能是假名，也說不定是專用來寫作的筆名。他的身分有幾個可能的人選，包含瑞文頓、同名劇作家查爾斯・強森還有政治記者納森尼爾・密斯特。這些人卻都不曾經歷過足以自行撰寫此書的海上生活，然後密斯特卻是三人中最有可能的一位。

還有一位極有可能的人選是丹尼爾・笛福，也是《魯賓遜漂流記》和《蘇格登船長》的作者。笛福曾四處遊歷，因此可能具備豐富的航海知識。

雖然作者身分仍成謎，但強森這本書對海盜歷史的貢獻仍功不可沒。
一如艾斯克梅林，強森的寫作內容為後續的海盜歷史奠定基礎，
也是海盜歷史學家最實用的工具書之一。

負責指揮戰艦「馬斯頓荒原號」（Marston Moor），並在1656年上半抵達卡格威。

明斯身為牙買加的副海軍司令，也將加勒比海盜納入麾下協助防禦島嶼，雖然有些人來自法國、荷蘭，甚至可能是西班牙的「叛徒」，但大多數都是英國人，其中也有許多人曾在西征中服過兵役。牙買加總督愛德華・迪奧伊利（Edward d'Oyley）完全支持明斯的計畫，也為這些人的首領發放數十張私掠委任狀。

1656年上半，明斯帶隊於西班牙大陸劫掠聖馬塔和里約哈洽，他的上司於隔年一月被召回英國時，明斯成為加勒比海盜艦隊的實質領袖。

39 引用自參考文獻，詳細請查照 323 頁〈內文引用〉章節

雖然部分加勒比海盜船
為大型的三桅船，卻僅
佔少數。海盜大多時候
都是使用這種體型較小
的英式雙桅小船，因其
速度快、機動性高、吃
水淺，使得這種船成為
了沿岸突襲或閃避大型
追擊船的理想工具。

　　這些劫掠活動的成功先例，使得更多的加勒比海盜從土圖嘉島前來投奔
卡格威。1658年5月，西班牙入侵牙買加以示報復，但在明斯摧毀他們的
運輸艦之後，總督迪奧伊利也在陸地這頭擊敗入侵者。

　　為了還以顏色，明斯又一次帶領遠征隊前往聖馬塔，並在科羅
（Coro）附近攔截一艘西班牙王室名下、載著白銀的船隻，可惜在返回卡
格威的路途中，他發現船員已經偷去這次掠奪收穫的大半寶物，但總督迪
奧伊利對這個理由並不買帳，還將他遣送回國接受侵吞公款的審判。然而
那時克倫威爾已經死去，查理二世（Charles II）則繼任父親的王位，並接
受明斯表示效忠的豪言壯語，還奪去迪奧伊利的職位。[40]明斯於1662年以
自由之身回到牙買加，現在更是大權在握。

皇家港：世界上最邪惡的城市

　　為紀念復辟成功，克倫威爾堡被改名為「查理堡」，卡格威則被
更名為「皇家港」（Port Royal）。新一波殖民者來到牙買加，改變這
座島不堪一擊的經濟景況，實際上唯一不變的只有鼓勵私掠行為的政
策。現為皇家港的的卡格威已發展成熱鬧的加勒比海盜避風港，明斯被

40 引用自參考文獻，詳細請查照 323 頁〈內文引用〉章節

重新任命為牙買加中隊司令，他的旗幟在裝有46門大砲的「百夫長號」（HMS Centurion）皇家戰艦上飄揚，其中真正的海軍戰力卻與加勒比海盜息息相關。英西兩國目前也許算是和平共處，但西班牙拒絕承認牙買加屬於英國，並禁止英國商人與西班牙港埠有商貿往來，因此加勒比海盜仍是牙買加的命脈。

1662年9月，時任總督的溫莎公爵（Lord Windsor）簽署新的私掠委任狀，目的是要「於整個美洲沿岸，壓制我們在陸上與海上的敵人」。至月底，明斯已經培養了一支約1,300人的部隊，他們於10月1日出海，明斯也是此時才告訴部下目標是古巴第二大城—聖地牙哥。兩週後部隊於聖胡安河口上岸，隔日破曉前便已經來到城外。

總督佩德羅‧莫拉萊斯（Pedro Morales）知道英國人正逐步逼近，但沒有料到攻擊會來得如此迅速，他的手下只有750人，還有半數已經被明斯收買，在副指揮官棄城而逃時這些人也伴隨左右。

聖地牙哥古巴是島上的第二大城，城中建有穩固的城牆和圖中堅實的堡壘，卻沒能阻擋克里斯多福‧明斯爵士帶著加勒比海盜於1662年占領這座城市。（圖片來源：Art Marie/Getty Images）

霍華德·派爾這幅引人聯想的畫作，顯示出早期加勒比海盜如何使用獨木舟等小船來獵捕更大型的西班牙船，意圖在不被發現的情況下悄悄潛入。

城市很快就落入了襲擊方的手裡，港口的數艘船隻也難逃相同命運，劫掠的收獲令人失望，但明斯的目的在於重創西班牙人，因此他在離開前令部下毀去城市的大部分防線和主要建築，大教堂也包含在內。據說，這座城花了整整10年才從明斯這次洗劫的耗損中復原。

隔年明斯帶領手下的加勒比海盜前往新西班牙（墨西哥），這次他的部隊加入了來自荷蘭和法國的加勒比海盜，是一支囊括各國的軍隊。他前往猶加敦半島的坎佩奇，艦隊卻因為暴風雨而四散，因此在百夫長號抵達時，部隊成員只餘三分之二，明斯決定無論如何都要發動攻擊。守城軍隊沒能抵擋這場發生在清晨的猛攻，還不到一小時，坎佩奇已經落入英國人的手裡。加勒比海盜在坎佩奇待了兩個星期，接著於1663年4月帶著戰利品回到皇家港。他們總共奪得了約150,000枚八里爾銀幣。那時查理二世已向西班牙施加的外交壓力妥協，並禁止英軍發動進一步攻擊。1665年，英國與荷蘭爆發戰爭，明斯獲得晉升並被召回英國。他更證明了自己是位天賦異稟的海軍上將，也因為在「四日戰役」的英勇表現而獲得冊封，然而僅僅四週後，他就戰死於北岬的戰役，英國痛失一位寶貴的海軍司令，也失去一位成就非凡的加勒比海盜。在牙買加，明斯幾乎獨自將皇家港一手打造成加勒比海地區規模最大的海盜巢穴，而他也成為他人效法的典範，亨利·摩根便是其一。接下來將由摩根帶領明斯的加勒比海盜大軍發動規模更大、更大膽的劫掠行動，將西班牙大陸的心臟地帶攪得天翻地覆。

[41]皇家港則是愈發繁榮。加勒比海盜崛起之後，商人也接著跟進，讓皇家港成為戰利品交易的現成市集，人們興建倉庫來存放商品，至1660年代晚期，皇家港已成為一處非常興盛卻又目無王法的城鎮，人口約6,000人。牙買加許多顯赫的地主和商人都在加勒比的海盜活動中分有一杯羹，也靠著從西班牙人身上奪得的寶物而漸漸致富。

41 引用自參考文獻，詳細請查照 323 頁〈內文引用〉章節

在這段全盛時期，皇家港是美洲大陸除去波士頓（Boston）外規模最大、最繁榮的市鎮。這些地主並沒有僅滿足於商貿活動，酒館、妓院和賭場也大量出現，這些商家彼此競爭，想方設法從加勒比海盜身上撈取油水。據說曾有來到此處的牧師相當不以為然，寫了一封抱怨信，表示鎮上有五分之一的建築都是「妓院、賭場、酒館和販賣摻水烈酒的商家」。這座城鎮可說是狂歡天堂，水手的夢想之地，有些人卻無法體會其中樂趣。有位曾到訪的英國教士對皇家港的評價如下：「這座城是新世界的所多瑪〔Sodom〕❻……充斥著海盜、惡人和娼妓，世上最下流的人物都集結於此。」

更準確地說是鎮民對宗教自由放任的態度惹惱了他，皇家港兼容並蓄，歡迎有著各種宗教信仰的人士，卻終究是個粗俗又充滿暴力之處，也怪不得另一位來自新英格蘭的不知名人士會將皇家港稱作「世界上最邪惡的城市」。

最後扼殺皇家港這處海盜巢穴的是與當年終結土圖嘉島鼎盛時期的原因相同：都要歸功於政府。亨利・摩根的巴拿馬大劫掠發生在1670到1671年之間，也就是與西班牙簽署和平協議的三年之後。

❻譯註：聖經中因不守戒律而遭天火焚毀的罪惡之城。

如今牙買加西南邊的皇家港至多不過是一處小村莊，然而在城鎮於1692年大半沉入海灣之前，此處曾為美洲最繁榮的港口，也是亨利・摩根等加勒比海盜的大本營。當年的海盜盛況如今已不復存在。（圖片來源：Education Images/UIG/Getty Images）

這份合約允許英國商人和西班牙殖民地進行貿易，也表示島嶼不會再受到西班牙的侵擾。1671年，總督湯瑪斯・林區（Thomas Lynch）爵士威脅要對持續攻擊西班牙人的加勒比海盜採取法律行動，畢竟兩國間並無戰爭，這些私掠者也就成為名副其實的海盜。

林區是個非常實際的人，他知道有必要寬宥一些最惡劣（也最有權勢）的不法之徒，這是對非法加勒比海盜活動「軟硬兼施」策略的一環。1675年，亨利・摩根爵士成為副總督，還分別在1678年和1680-82年擔任過代理總督，諷刺的是在他的領導下，牙買加立法機關還通過一條打擊海盜的法律。隔年湯瑪斯・林區爵士重新掌權，在島上延續他的海盜抵制政策，結果在1680年代早期，人們便已不把皇家港當作可以仰賴海盜活動圖利的地方。[42]商人改為採取更合法的手段，且隨著販售贓物愈發困難，水手們也只得轉移陣地，有許多人就改至太平洋冒險犯難。

致命的一擊發生在1692年，恰好是6月7日的早上11點40分，此時第一波較輕微的地震襲擊了皇家港，隨後發生更劇烈的晃動，幾分鐘內鎮上建築開始傾塌，皇家港北部則直接沉入海中，大半碼頭也隨之沒入水裡，數千人受困於瓦礫之中，或是在隨後如海嘯般的大浪中溺斃。那天大約有2,000名鎮民喪命，後來更有許多人死於傷病，之後這座城鎮也未能復原，1702年發生的一場大火又摧毀原本的重建進度。1722年，地震再次來襲，這座城也就此遭到遺棄，餘下的斷垣殘壁也漸漸覆蓋於沙堆之下，不乏有人將此視為上帝對這座城市的最後審判，畢竟它曾是「最邪惡又最桀驁不馴之處的皇家港」。

加勒比海盜的不法生活

有關加勒比海盜的記載不免由成功者占據多數，但其實得先有好幾個沒那麼成功、只能勉強餬口的海盜，才會出現一個亨利・摩根。以下是艾斯克梅林筆下兩個加勒比海盜的故事，能帶我們一窺選擇當海盜的人是什麼樣貌。第一位是羅許・巴西里亞諾（Roche Braziliano或Rock Braziliano），他是隨著荷蘭西印度公司拓展勢力而移居巴西的荷蘭人。

1630年，荷蘭西印度公司從葡萄牙人手中奪取巴西的珀南布科（Pernambuco）首府雷西費，將其納入新荷蘭（New Holland）的版圖，但

---

42 引用自參考文獻，詳細請查照 323 頁〈內文引用〉章節

是在葡萄牙屢次的圍攻下，雷西費1654年再度回歸葡萄牙的掌控。1665年，巴西里亞諾開始在皇家港附近活動，先是擔任船員後跟船長鬧翻，便帶著一小群人自立門戶。

根據艾斯克梅林記述，巴西里亞諾搶掠一艘小型西班牙船隻後，回到皇家港成為加勒比海盜船長，用的可能正是大皮耶爾那套。巴西里亞諾1660年代中期在牙買加沿海行動，1666年迎來一場大勝，劫掠一艘從墨西哥韋拉克魯斯外航的西班牙大帆船，前景看好的他卻因個人狂放的行為而未能成就一番大事業。

巴西里亞諾和船員返回皇家港，「幾天內就把賺來的所有財寶全數揮霍在小酒館」，[43]喝多之後「他會在街上跑來跑去、打傷路人，也沒人敢反抗或抵抗他」。加勒比海盜多半凶悍成性，但是巴西里亞諾欣然與暴力為伍，殘暴程度更上層樓。

1667年，巴西里亞諾航行到坎佩奇的途中，遭西班牙人虜進當地的大牢，他於是偽造一封信假裝是城外的同夥，揚言若是囚犯遭到處決則將攻陷坎佩奇、屠殺居民。這封信讓坎佩奇總督備感威脅，取消處刑，立刻把巴西里亞諾一夥人送上前往西班牙的下一班船，巴西里亞諾逮到機會設法逃脫，順利回到牙買加。

艾斯克梅林的描述欠缺日期及相關證據，但提及巴西里亞諾1668年左右出沒在皇家港，正是加勒比海盜船長羅羅內活躍該處的時期，並暗指他在羅羅內手下工作。巴西里亞諾和羅羅內一樣，因為折磨西班牙俘虜的手段殘忍而惡名昭彰，艾斯克梅林形容：「他對西班牙人百般凌遲，例如把他們綁住或用其他方式固定在木樁上，如同烤乳豬般在底下兩端生火將人活活燒死。」

1669年，巴西里亞諾再訪坎佩奇灣（Gulf of Campeche），船在那裡擱淺損壞。他知曉加勒比海盜時常在猶加敦半島的另一側落腳，於是帶領船員從陸上穿越半島、擊退沿途遇見的西班牙巡邏軍，抵達另一頭的海岸，還恰巧發現蘇木砍伐者的營地，蘇木可以作為染材，因此砍伐蘇木這一行在當時的中美洲利潤豐厚。

巴西里亞諾一夥攜走伐木工人後併吞他們的船駛回皇家港，巴西里亞諾在那之後的紀錄不多，推測1670年左右回到皇家港不久後離世。

第二位加勒比海盜是葡萄牙人巴托洛米奧（Bartolomeo el Portugues）

---

[43] 引用自參考文獻，詳細請查照 323 頁〈內文引用〉章節

皇家港較不知名的加勒比海盜

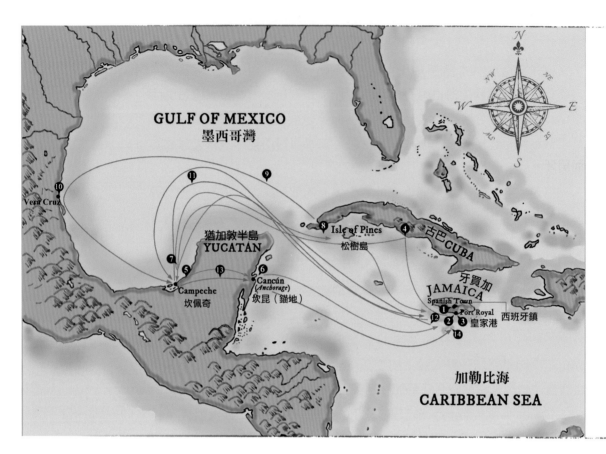

　，他的海上事業更是一敗塗地。艾斯克梅林筆下的巴托洛米奧生活在英格蘭開始殖民不久的牙買加，原本是加勒比海盜船員，1657和1658年曾在克里斯多福・明斯的帶領下襲擊西班牙大陸。數年後，巴托洛米奧有了自己的一艘小船和30名船員，航行於古巴南岸，無奈1662年首戰就出師不利，折損半數船員。他不屈不撓、再度出擊，如願掠奪一艘船，船上還有一箱錢幣。後來，巴托洛米奧礙於船員不足而捨棄他的小船，豈料在古巴西岸碰上西班牙巡邏艦，慘遭俘虜。

　　他們本來要被帶去坎佩奇接受絞刑，所幸巴托洛米奧和幾名手下成功逃脫、游到岸上，又一路披荊斬棘、穿過猶加敦半島叢林，抵達另一端的海岸，再搭上過路的船隻回到牙買加。

　　巴托洛米奧下定決心要復仇，一有能力就帶著20名同夥乘著獨木舟重返坎佩奇。他強占停泊在港口的船離開，卻落得擱淺在松樹島，只好改乘船載小艇，顏面盡失地回到牙買加的皇家港。

航線圖說明

◀――― 巴托洛米奧航線　　◀―― 巴西里亞諾襲擊路線

皇家港

1. 1655年：克倫威爾西征牙買加，牙買加成為英格蘭殖民地。

2. 1622年：牙買加主要港口卡格威（即現今皇家港）成為繁榮的加勒比海盜巢穴，很快成為美洲最富裕的城市，紙醉金迷、放浪形骸。

3. 1692年6月7日：皇家港發生地震和海嘯，多數城鎮消失，島民不幸喪生，三分之一建築沉沒海底。

葡萄牙

4. 1662年：巴托洛米奧在古巴外海捕獲一艘西班牙船舶，爾後反遭西班牙戰艦俘虜。

5. 他原本要被帶到坎佩奇處決，但與部分船員順利脫逃。

6. 他們抵達坎昆附近的海岸，搭上願意載他們回牙買加的船隻。

7. 1663年：他重返坎佩奇，偷走停泊在港口的一艘船。

8. 他的贓船在松樹島擱淺，只得坐船載小艇回到牙買加，成為了公認的倒楣鬼，最後在皇家港的街上乞討度過餘生。

巴西里亞諾

9. 1665年：巴西里亞諾出現在皇家港，並開始在古巴沿海襲擊西班牙船隻。

10. 1666年：他在韋拉克魯斯外海斬獲西班牙船隻。

11. 1667年：他與船員在坎佩奇附近被俘虜，搭乘小船重回牙買加。

12. 1669年：他再訪坎佩奇，靠岸時不巧船隻擱淺。

13. 他帶領手下橫跨猶加敦半島，沿路擊退西班牙巡邏軍，到達另端的海岸竊占兩艘小船，航回牙買加。

14. 1670年：他回到皇家港不久後逝世。

往後數年，他的頭銜依然是船長，大概是又獲得了一艘船。[44] 然而艾斯克梅林寫道，巴托洛米奧「多次暴力襲擊西班牙人，獲利卻不多，我見他死前慘況淒涼無比。」

這兩號人物有意思的地方在於他們的故事點出了兩大重點。其一，海盜事業危機四伏，高報酬伴隨高風險；其二，兩人皆有堅持不懈的動

44 引用自參考文獻，詳細請查照 323 頁〈內文引用〉章節

艾斯克梅林《美洲的加勒比海盜》原版中，葡萄牙的海盜生涯相當失敗，「死前慘況淒涼無比」。

力，即使面對的挫折重大也不言退。加勒比海盜雖是為了對付西班牙才合夥的一群人，但是團結展現出的不凡決心和毅力不禁令人嘖嘖稱奇。

西班牙的禍害：法蘭索瓦・羅羅內

羅羅內出生於法國的萊薩布勒多洛訥（Les Sables d'Olonne）。那是座拉羅雪爾（La Rochelle）附近的漁港城鎮，位於大西洋沿岸，也是「羅羅內」這個綽號的源頭，因為羅羅內原文的意思是「來自萊薩布勒多洛訥的人」。艾斯克梅林也會以法蘭索瓦・諾（François Nau）稱呼羅羅內，但原本應該是尚-大衛・諾（Jean-David Nau）。1660年左右，正值青少年的羅羅內成為簽約勞工來到馬丁尼克，並在三年約滿之後，因緣際會來到伊斯班尼奧拉島，與當地燻肉人一同狩獵維生，之後才轉行當海盜。羅羅內在土圖嘉島買了一艘原本為贓船的小型單桅帆船，從該島總督多傑隆（d'Ogeron）那邊獲取私掠委任狀，招募20名船員後出航，開始他獵捕西班牙人的生活。

羅羅內運氣很好，在伊斯班尼奧拉島東岸虜獲一艘西班牙商船，接著又劫掠了一艘載著軍餉的船隻。連續兩場勝仗為他吸引不少船舶和船員加入，勢力大增。然而，他卻在1666年到1667年間遭逢敗績，突襲坎佩奇時，船隻意外在港口附近沉沒，還被西班牙巡邏軍追捕，好不容易才和手下偷得一艘小船逃命。艾斯克梅林還寫到他們有次進攻坎佩奇敗北的事，但是這部分並無史料佐證。羅羅內返回土圖嘉島的途中，在古巴南岸碰見出海追捕他們的西班牙巡邏艦，於是趁

法蘭索瓦・羅羅內出身法國，在那個殘暴的年代因其狠毒的作風而聲名狼藉。下面這幅雕版畫中，他正割下西班牙俘虜的舌頭，強迫餵給另一個俘虜。

著船上的人睡著的時候，帶著手下溜進停泊的巡邏艦，將西班牙人斬盡殺絕，只留下一人捎帶字條給哈瓦那的總督。

根據艾斯克梅林記載，字條上寫著：「從今往後，我無論如何都不會對任何西班牙人手下留情。」意思是，羅羅內以個人名義和西班牙宣戰，往後絕不會善罷甘休。

1667年中期，大難不死的羅羅內成為八船大隊的統帥，兵力不容小覷，也有能耐發動更大規模的襲擊。1667年9月，羅羅內來到委內瑞拉灣（Gulf of Venezuela）的馬拉開波湖（Lago de Maracaibo）入口處，擊退防守的砲兵後，整個湖因而門戶洞開。靠岸後，羅羅內一行人發現馬拉開波（Maracaibo）早已成了空城，但還是待了兩週尋找是否有藏起

艾斯克梅林1678年《美洲的加勒比海盜》一書內的羅羅內畫像。這位冷血變態的海盜在宏都拉斯沿岸遇上食人族襲擊，落得遭到虜殺的下場。

來的寶藏，接著才渡湖來到當時仍名為直布羅陀（Gibraltar）的博布雷斯（Bobures），那裡不但是有主之地，還有西班牙軍駐防。經過短暫的血腥交戰，羅羅內攻下直布羅陀，拿到1萬八里爾的贖金後才肯離開，離開委內瑞拉灣之前還重返馬拉開波索取另一筆贖金，最後回到土圖嘉島的時候，獲利高達26萬八里爾。

根據記載，羅羅內1668年預計大舉入侵蚊子海岸（Mosquito Coast），就是現今的尼加拉瓜東部，但因為逆風無法靠岸，改為攻擊宏都拉斯的卡貝尤港（Puerto Cabello），即現今科爾特斯港（Puerto Cortés）。羅羅內攻克卡貝尤港後，繼續帶領手下攻陷內陸的首府汕埠（San Pedro），逼得當地衛兵躲到叢林避難。羅羅內將汕埠洗劫一空後回到船上，把目光投向下一個更賺錢的目標。卡貝尤港的俘虜透露，每年行經宏都拉

法蘭索瓦・羅羅內

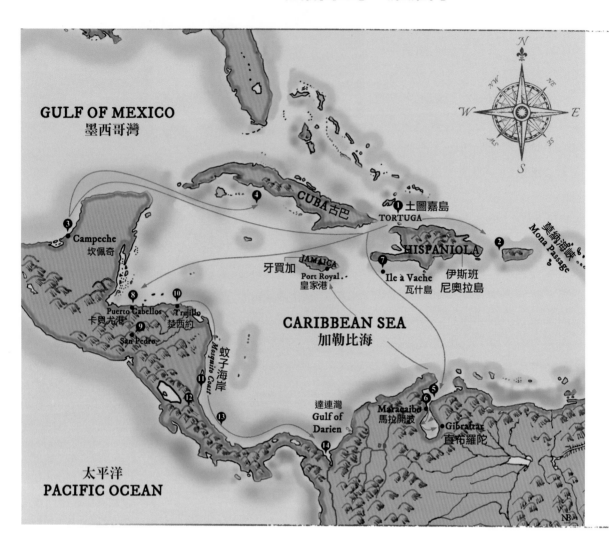

斯的西班牙寶物貨船即將來到，羅羅內聽聞這個消息，決定要攔截那艘船。三個月後，貨船終於出現，經過一場腥風血雨，羅羅內贏得勝利，可惜船隻早已卸貨完畢，海盜們撲了一個空。

羅羅內野蠻作風逐漸傳開，某方面而言對他是種不利，因為遇到他的西班牙船長寧可奮戰到底也不肯投降，畢竟艾斯克梅林說：「如果俘虜受盡折磨還不願招供，羅羅內會立刻用刀（劍）將人千刀萬剮、拉出他們的舌頭。」這還算仁慈的，[45]他甚至會「點火柴燒人之類的；或是把人碎屍萬段，先是割塊肉，再一個手掌、一隻手臂、一條腿地砍下來；

45 引用自參考文獻，詳細請查照 323 頁〈內文引用〉章節

1. 1667年春天：法屬土圖嘉島總督授予羅羅內私掠委任狀。

2. 羅羅內在莫納海峽首度劫掠船隻。

3. 1667年夏天：他在坎佩奇遇上船難，但是逃過了西班牙追捕。

4. 他在古巴沿海搶掠一艘西班牙船隻，用那艘船返回土圖嘉島。

5. 1667年9月：他來到馬拉開波灣，戰勝守衛該處的西班牙軍。

6. 他攻陷馬拉開波和直布羅陀，滿載而去。

7. 羅羅內一夥在海盜勝地瓦什島分贓，羅羅內也派船到皇家港將戰利品變換現金，然後回到土圖嘉島。

8. 1668年春天：羅羅內航行到宏都拉斯，攻克卡貝尤港。

9. 他進到內陸攻下首府汕埠，但是和卡貝尤港一樣幾乎毫無斬獲。

10. 他在楚西約沿海打劫寶物貨船，但是船上的貨物早已卸下。多數船員棄他而去，最後羅羅內只剩下400名船員和一艘船。

11. 他在蚊子海岸的猴角（Monkey Point）遇上船難。

12. 他帶領倖存者逆著聖胡安河展開掠奪，卻遭到西班牙人襲擊，被迫撤退。

13. 羅羅內一夥新建一艘船，往南航行到達連灣。

14. 他們上岸覓食，遭到原住民攻擊，羅羅內不幸喪生。

有時候還會用繩索繞住俘虜的頭顱，再卡一根棍子進去轉動繩線，讓繩子越纏越緊，直到眼睛噴出來為止，這種手法叫做『繩箍』。」

　　舉例來說，羅羅內攻打汕埠那次抓了兩個西班牙俘虜當嚮導，懷疑他們想帶他走入陷阱，便「用短彎刀剖開其中一名俘虜的胸膛，活生生挖出他跳動的心臟啃食」。目睹這幕的另一名俘虜嚇得全力配合他。

　　寶物貨船事件之後，羅羅內的海上冒險開始分崩離析，大多數船員都拒絕繼續跟隨這位船長，各自駛回土圖嘉島，羅羅內只剩下自己的一艘船和400名船員，雪上加霜的是，他的船在蚊子海岸的猴角附近失事了。倖存者在海岸紮營、盡可能打撈財物，並用船骸造了艘小船，羅羅內和其餘的手下便乘著這艘小船，南向航行到相對安全的達連灣。

　　然而，達連灣那裡其實滿是強悍的原住民，餓得半死的羅羅內一夥為了覓食，攻擊一座當地的村莊，不幸遭到圍剿屠殺。根據艾斯克梅林記述，當時唯一的倖存者表示，羅羅內與手下被劈成好幾半，成為食人族的腹中之物。從這個結局看來，羅羅內身為加勒比海最凶殘的海盜，最後的命運可說是罪有應得。

亨利‧摩根崛起

　　亨利‧摩根在大眾心中的形象如同莎翁筆下的法斯塔夫——身材渾圓、個性直接，是個帶有喜感的角色，這是由於現代人受到了海盜小說的影響，對摩根那個年代的人來說，他本人鐵定是個不凡的存在。然而，這些都不是他的全貌。摩根是個天生的領袖、高明的謀士，也是個頂尖的政治家，真正的他有著許多面向，比歷史描繪的複雜許多，就算他在世時帶有任何一絲喜感，西班牙人也絕對笑不出來。

　　摩根不曾談論早年的生活，後人所知僅限於他1635年出生在威爾斯的農事家庭。1655年，英格蘭占領牙買加，摩根也隨著征戰來到該地，可是接下來幾年關於他的記載不多，1659年可能跟著加勒比海盜出海掠奪過一次。1662年，摩根獲任牙買加民兵船長，推斷他可能有點軍事經驗，同年稍晚，他得到私掠委任狀，有權自行率隊劫掠西班牙人。

　　1662年，摩根跟隨克里斯多福‧明斯襲擊古巴的聖地牙哥，隔年又進攻坎佩奇。從艾斯克梅林的書中推測，摩根那時可能擁有自己的一艘小型單桅縱帆船，是加勒比海盜界的小配角。1665年2月，蓄勢待發的摩根總算可以和英格蘭的約翰‧莫里斯（John Morris）以及荷蘭的大衛‧馬丁（David Martien）共同指揮一次襲擊行動；他們從墨西哥沿岸的格里哈爾瓦河（Grijalva River）河口登陸，逆流而行，乘其不意攻下當地首府維雅厄莫沙（Villahermosa），並強占兩艘沿岸船隻運送戰利品到海岸。

　　海盜循著原路回到海岸後，發現三艘西班牙護衛艦趁他們不在把船偷走，只剩下體積甚小的沿海船可以使用，但是他們沒有因此感到挫敗，繼續沿著海岸尋找更大的船隻。西班牙民軍千辛萬苦追查到海盜下落後主動出擊捕拿，反倒被搶走兩艘船，讓海盜得以載著戰利品離開。這群海盜回家之前還掠奪了宏都拉斯灣的楚西約，然後往南來到蚊子海岸。1665年6月上旬，他們在聖胡安河河口靠岸，轉乘獨木舟來到尼加拉瓜湖（Lago de Nicaragua），29日攻克湖邊的首府格拉納達（Granada），8月底安全返回皇家港。

　　戰利品分紅之後，摩根善用那筆錢在牙買加買了他的第一座農園，對堂妹瑪麗展開追求後順利結婚。瑪麗是愛德華‧摩根爵士（Sir Edward Morgan）的女兒，而愛德華‧摩根則是牙買加的副總督。有副總督當岳父，摩根也不忘與新上任的總督湯瑪斯‧莫迪福德（Thomas Modyford）打好關係。當時英格蘭和荷蘭爭戰不休，莫迪福德本來不願發行私掠委

世人時常將亨利・摩根的體態描繪得如同法斯塔夫般渾圓，但他其實是退出加勒比海盜活動之後，身材才漸趨圓潤。這幅雕版畫上是掠奪巴拿馬地峽那段時期的摩根，當時是他的事業巔峰。

1668年初，亨利‧摩根率隊登陸古巴，輕易攻下太子港，但是大部分居民早已帶著值錢的東西逃走了。

任狀讓海盜攻打荷蘭人，礙於倫敦當權施壓，還是同意兩次掠奪遠征。

第一次是1665年，愛德華‧摩根爵士帶頭攻打背風群島（Leeward Islands）中的聖佑達修斯（St Eustatiu）。此次征戰相當成功，但是愛德華‧摩根爵士期間不幸中風過世。另一次的遠征目標是古拉索島，結果因為加勒比海盜拒絕征討同為新教徒的島民，任務只好告停。

上述的兩次襲擊亨利‧摩根都沒有參與，他那段時間都留在牙買加鞏固自己的政治和社會地位。1668年1月，莫迪福德下令摩根「集結英格蘭私掠者俘虜西班牙人，藉此獲取敵國情報」。就官方而言，這是一次偵察任務，摩根的私掠委任狀上並未准許搶掠行為，[46]然而摩根後來的行徑卻遊走政府許可邊緣，可能讓他和莫迪福德在法律上難以卸責。

摩根號召10艘船和500名船員與來自土圖嘉島的法國海盜合作。1668年3月28日，他們登陸古巴東南岸，攻下當地首府太子港（Puerto Princi-pe），即現今的卡馬圭（Camaguey），卻發現城內值錢物品所剩無幾。艾斯克梅林寫道，這群海盜把居民軟禁在教堂裡，揚言要將教堂一把燒毀，最後是收到5萬八里爾的贖金才肯罷手，但其實那點錢以這次的規模來說實在不算多。在那之後，法國海盜回去土圖嘉島，摩根帶頭的英格蘭海盜則決定進犯巴拿馬地峽的貝約港大撈一筆。貝約港是西班牙寶物船隊停泊的港口城市，攻打那裡相當冒險，因為就算摩根的內線消息指出那裡駐軍不足，還是有三座防禦堡壘，而且巴拿馬總督可以召集數量可觀的軍隊，海盜很容易就會處於人少勢

儘管如此，摩根一行人還是來到巴拿馬地峽的海岸，並轉乘獨木舟往港口繼續前進。7月10日下午，他們已經非常接近目的地，傍晚下船後

46 引用自參考文獻，詳細請查照 323 頁〈內文引用〉章節

靠著暮色掩護沿著海岸進軍。貝約港位於海灣凹陷處，兩座堡壘各據一側、望向海灣，剩下一座尚未完工的堡壘則在沙灘上，海盜必須結合速度和運氣，攻其不備才有辦法制勝。7月11日，海盜趕在破曉之前到達貝約港的西部郊區，摩根下令立刻開火，幾分鐘內他的手下就在城裡拿著重型滑膛槍掃射。打了一場勝仗之後，摩根決定攻打貝約港西側的聖地牙哥堡（Fort Santiago），於是派手下聚集一群修女、修士與位居要職的市民，用他們當「人肉盾牌」一路進攻堡壘。駐防的衛兵當然不願射殺自己人，只能縱容海盜毫髮無傷來到城牆外，海盜不出幾分鐘就擊潰駐軍，攻克聖地牙哥堡。

　　由於沙灘上那座未完工的堡壘早已空無一人，海盜要攻下的只剩下東側的聖菲利普堡（Castillo San Felipe）。攻破聖地牙哥堡的隔天早上，摩根帶領200名手下橫渡海灣，在聖菲利普堡的牆下靠岸，那裡的駐軍寡不敵眾，象徵性地掙扎一下就乖乖投降了。

1668年，亨利·摩根大膽率隊進犯位於巴拿馬地峽的貝約港，那裡是西班牙寶物船隊停泊的港口城市，有多達三座防禦堡壘，但是三座堡壘不是拱手而降就是敗兵折將。摩根利用居民形成人肉盾牌，攻陷圖中的聖地牙哥堡。（圖片來源：Gary Weathers/Getty Images）

瓦什島的原文意思為「牛島」，位於伊斯班尼奧拉島西南岸六英里（九公里）處，是加勒比海盜的聚集地。亨利·摩根1669年在那裡聚會時，他的指揮艦牛津號爆炸。為了紀念他，現在這個錨地稱作摩根港（Port Morgan）。（圖片來源：John Seaton Callahan/Getty Images）

拿下貝約港後，摩根通知船隊集合，船隊一週之後入港。[47]同時，摩根也寫信給巴拿馬總督，要求35萬八里爾的贖金，否則摧毀整座城市及其要塞。總督回信：「西班牙國王之臣子不同低賤之輩協商」，摩根回覆：「我們誠心恭候您的駕到，將以槍砲彈藥伺候。」信件往來火藥味十足，但是總督從巴拿馬派來的援兵抵達貝約港的時候才是摩根真正的考驗。

7月24日，援軍抵達貝約港，但是很快鎩羽而歸。巴拿馬總督備受侮辱，不得已只好付出10萬八里爾的代價，換回完好無缺但因歷經浩劫而一貧如洗的貝約港，摩根則在贖金到手後依約返回皇家港。征戰貝約港為摩根帶來總額高達25萬八里爾的可觀收獲，而成為當年夏日的大紅人，吸引上百名新血自願加入他的團隊。

摩根之道

短短數月後，摩根船長率領強兵再度出航，旗下還有莫迪福德借他的護衛艦「牛津號」（HMS Oxford）。1669年1月初，摩根如同往常與來自土圖嘉島的法國海盜會面，地點在伊斯班尼奧拉島西南方的瓦什島。眾船長在牛津號的船長艙內共進晚餐、把酒言歡，正當蘭姆酒一口接一口下肚時，火藥桶遭到星火點燃，船首的火藥庫也隨之引爆，牛津號支離破碎，神奇的是雖然多數牛津號船員不幸喪生，但是摩根和其他許多賓客卻逃過一劫。

悲劇發生前，這群加勒比海盜的計畫是攻擊卡塔赫納，可是大部分法國海盜已放棄合夥，只剩下八艘船和500名船員，看來是不可能了。

摩根與倖存的船長召開緊急會議，決定仿效羅羅內襲擊馬拉開波湖。3月9日，摩根帶著船隊抵達馬拉開波防波堤（Maracaibo Bar），那裡

47 引用自參考文獻，詳細請查照 323 頁〈內文引用〉章節

的砲隊在羅羅內離開後經過重整，可是兵微將寡，摩根一夥幾乎不戰而破，直入馬拉開波湖。他們航行到馬拉開波後發現那裡已成了空城，花費三週時間尋找是否有藏起來的貴重物品，然後橫渡湖泊來到同樣杳無人跡的直布羅陀，總計兩城搜括而來的財物僅值10萬八里爾。

　　4月17日，摩根重返馬拉開波，來的途中俘獲一艘西班牙大型商船，並從商船成員那裡得知馬拉開波湖已然成為西班牙人設下的圈套。海盜劫掠直布羅陀的同時，阿隆索・德康波（Alonso de Campo）上將率領向風艦隊的四艘軍艦到來，[48]第一步就是重振砲組，派兵保衛海防。

　　摩根見狀，把體型較大但戰力不那麼強的船隻停在敵人射程之外不遠處，兩方隔湖對望兩日，直到摩根在4月27日早晨採取行動。

　　海盜靠著俘虜來的商船打前鋒，向西班牙軍艦步步逼近，迫使海軍

摩根帶領的海盜軍團大肆掠奪馬拉開波湖濱的城鎮，準備離開到加勒比海時發現遭到西班牙軍隊包圍，靠著火燒船的戰術才逃離困境。

48 引用自參考文獻，詳細請查照 323 頁〈內文引用〉章節

亨利・摩根的航線圖

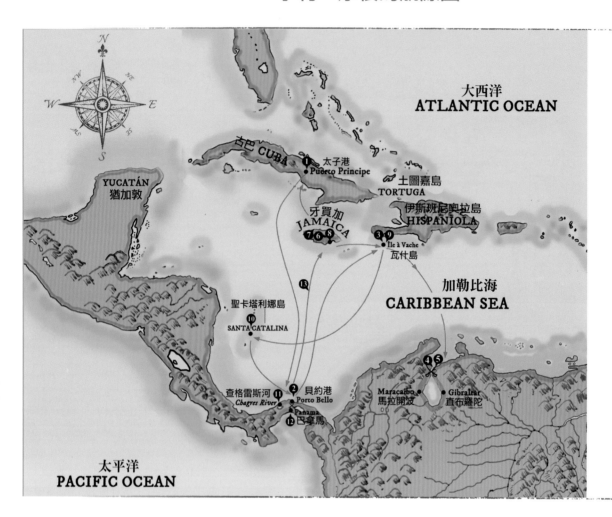

匆匆備戰。商船直奔德康波上將的指揮艦，經過一番爭戰，西班牙海軍取得勝利並蜂擁登船。豈料商船燒了起來，火焰自貨艙竄出蔓延到指揮艦，原來摩根把商船改造成火船。德康波滅不了這熊熊烈火，只好緊急棄船，幾分鐘後火勢擴散至火藥庫，兩艘船爆炸焚毀。

　　海盜緊跟在火船後頭，兩艘西班牙軍艦迫切想甩開他們，刻意在馬拉開波海防的砲臺下方擱淺把船燒毀。海盜們努力搶救到比較小的軍艦，把船拖到安全之處，另一艘大船吃水線以上都被燒個精光。德康波的艦隊中，唯有一艘船在指揮艦爆炸時逃到防波堤另一端倖免於難。儘管西班牙軍重挫，他們仍掌管砲臺，海盜即便經過多次交戰還是受困馬拉開波，摩根於是命令船隊在湖上集合，待他思考下一步該怎麼走。

航線圖説明

✂ 摩根的戰役

1. 1668年4月：摩根劫掠古巴的太子港。

2. 7月：摩根占領貝約港，換取25萬八里爾贖金。

3. 1669年1月：摩根與法國海盜在瓦什島外海聚會時，指揮艦牛津號意外爆炸。

4. 3月：摩根擊垮馬拉開波灣的防禦，洗劫馬拉開波及直布羅陀。

5. 4月：摩根往加勒比海的路線受到西班牙軍艦阻擋，於是火攻破敵，並施計轉移海防注意力，成功航返皇家港。

6. 6月：英西兩國談和，摩根的加勒比海盜團隊被迫解散。

7. 1670年1月：西班牙私掠者襲擊牙買加，給了英格蘭違反和平協議的理由。

8. 8月：摩根帶領11艘船出海。

9. 9月：一支法國的海盜大分隊加入摩根的行列，壯大他們的勢力。

10. 12月：摩根攻下聖卡塔利娜島，往巴拿馬地峽前進。

11. 1671年1月：海盜前鋒攻陷查格雷斯河河口的堡壘，摩根一夥逆流直上巴拿馬。

12. 1月27日：摩根在巴拿馬城外擊潰西班牙戍衛，占領、劫掠、部分摧毀巴拿馬。

13. 3月：摩根與船員分配戰利品，然後回到皇家港。

　　德康波即便指揮艦燒毀仍然撐了下來，決定親自接管砲臺。他和摩根持續通信，不願向海盜妥協，雙方僵持一個星期後摩根再度出擊。西班牙俘虜告訴海盜，堡壘只有六座砲臺裝有彈藥，而且都在防波堤那側而非內陸那側，於是摩根在西班牙軍的視線內，派出有槳長船載送船員上岸。德康波以為海盜打算在陸地交鋒，下令移動六座砲臺作為因應。

　　然而，海盜登陸其實是聲東擊西。長船每次運送的都是同一批人，回船隊「載人」的時候，他們都躲在西班牙人看不見的地方，船隊裡的其他海盜也一直潛伏在船上，就西班牙人看來卻是不斷有人上岸。當晚，西班牙人準備就緒，等著海盜發動夜襲，沒料到摩根一夥整晚都在忙著穿越防坡堤，天亮時已經安全在面海那側準備出航。

　　摩根智取德康波，他發現中計後也沒法用砲彈阻攔海盜離開，只能任其帶著戰利品回到家鄉，皇家港的酒館和妓院因此生意興盛許久。

　　摩根的海盜事業蒸蒸日上，可惜英西兩國關係在不久後改善，莫迪福德獲令收回之前發出的所有私掠委任狀，[49]甚至在6月24日被迫宣告「

---

49 引用自參考文獻，詳細請查照 323 頁〈內文引用〉章節

巴拿馬地峽位於加勒比海與太平洋交界，是西班牙人每年把祕魯白銀運送回國的重要樞紐，摩根之所以襲擊巴拿馬也是為了分一杯羹。

未有進一步指令之前，西班牙國王的子民都是我國的盟友和芳鄰」。亨利·摩根的加勒比海盜生涯看似終結，但是他很快迎來一次大好機會，可以從西班牙人身上大撈最後一票。

攻陷巴拿馬

　　亨利·摩根1668年攻占貝約港，促使西班牙皇室准許其殖民地總督也組織私掠者，可是由於官僚體制的溝通效率不佳，拖到1670年初才開始發放私掠委任狀。那時兩國已經簽署和平協議，莫迪福德早在六個月前就申明爭戰不休的英西地區與加勒比海域將維持安定，所以西班牙殖民地以為海盜活動是復仇的大好機會，牙買加人視之為背信毀約，才讓摩根有機會重出江湖。

　　西班牙私掠者中，最為成功的是葡萄牙的馬努爾·里維羅·帕爾達（Manuel Rivero Pardal），他是「聖彼得與名譽號」（San Pedro y la Fama）

的船長，活動範圍在卡塔赫納附近的海域。1670年1月底，帕爾達劫掠英屬開曼群島（Cayman Islands）的漁村聚落，接著又在古巴東南部的曼札尼約（Manzanillo）俘虜一艘英格蘭的私掠船。那艘英格蘭船其實是荷蘭私掠者伯納德·克雷森·斯匹爾戴克（Bernard Claesen Speirdyke）的「瑪麗與珍號」（Mary and Jane），當時人稱巴特船長（Captain Bart）的斯匹爾戴克在船上掛有象徵休戰的白旗，準備將莫迪福德的和平宣言遞交給古巴總督，卻不幸因帕爾達的襲擊而喪生，引起牙買加人公憤。同年5月，帕爾達來到牙買加，攻擊一艘單桅縱帆船還燒了一座沿海村莊，甚至向摩根下戰帖要公平對戰，好讓摩根「有機會見識西班牙人多麼驍勇」。莫迪福德如願找到了理由，可以派出摩根的海盜軍團作戰，但是摩根為了計劃更大規模的反擊，並未接受戰帖。[50]1670年7月9日，莫迪福德發放私掠委任狀給摩根，任命他為「本港口所屬全數軍艦之上將及總司令」。摩根在一個月內坐擁11艘船及600名船員的勢力，8月11日終於領軍出海，亨利·摩根東山再起。

　　摩根的目標是美洲最富饒的巴拿馬。他邀約法國海盜在瓦什島碰

50 引用自參考文獻，詳細請查照 323 頁〈內文引用〉章節

普洛維登斯島是西班牙人口中的聖卡塔利娜島，位於中美洲的加勒比海，曾是英格蘭殖民地後來被西班牙占領。1670年12月，摩根在進攻巴拿馬途中占據此島，作為安全基地。

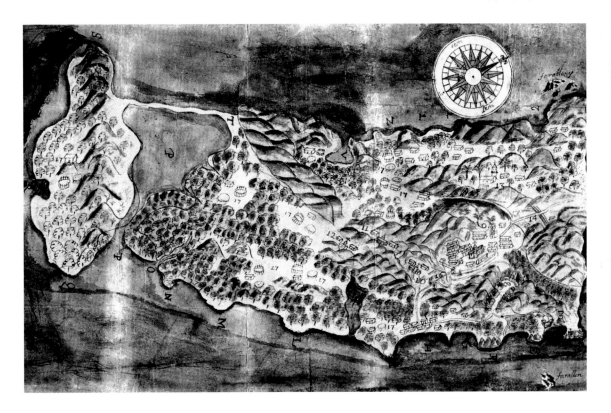

聖勞倫斯堡是戍守查格雷斯河河口的堡壘，位於巴拿馬地峽東岸，1670年經過一番激烈血戰後，由摩根一夥攻陷。（圖片來源：MyLoupe/UIG via Getty Images）

面，指派經驗老道的德國海盜船長勞倫斯·普林斯（Laurens Prins）當他的副手，把勢力壯大到32船及1800人，幾乎整個西班牙大陸的加勒比海盜都聽命於摩根。最令人高興的是，摩根的昔日夥伴約翰·莫里斯也帶領「海豚號」（Dolphin）及聖彼得與名譽號於10月底加入他的行列。他在古巴東端碰巧遇上帕爾達而主動出擊，短暫交鋒後奪取了帕爾達的性命和船隻。

12月8日，海盜大陣仗出海，前往巴拿馬的海岸。摩根途中在宏都拉斯外海的普洛維登斯島稍作停歇，發現這座原本隸屬英格蘭的小島遭到西班牙占領，於是收復故土當作安全基地，為襲擊巴拿馬的行動留一條後路。接著，他派喬瑟夫·布萊德利（Joseph Bradley）船長率領三船470員打前鋒，進攻防衛查格雷斯河河口的聖勞倫斯堡（Castello San Lorenzo），自己過幾天後再帶兵追上。[51]1671年1月6日，布萊德利在聖勞倫斯堡不遠處登陸，一邊前行一邊「搖旗吹小號」，以為鐵定能夠輕鬆打個勝仗，沒想到遭到滑膛槍部隊的猛烈攻擊。部隊的指揮官佩德羅·德伊利薩德（Pedro de Elizalde）不願屈服海盜，兩度擊退海盜的攻勢，在天黑前都沒讓他們前進半步。

布萊德利決定改變戰略，派出一小群人在夜色中潛入敵營，爬上木製護欄，對內投擲燃燒手榴彈、引起火患。到了早上，護欄已經燒毀，半數駐軍也落荒而逃，剩下的戍衛軍面對布萊德利一早的進攻時，奮力守住陣地。

海盜這邊死傷慘烈，布萊德利本人也身負重傷，加強了他們再度進攻的決心，聖勞倫斯堡最後還是淪陷了。海盜現在可以通過查格雷斯河，前往70多年前法蘭西斯·德瑞克爵士死前未能攻克的巴拿馬。

51 引用自參考文獻，詳細請查照 323 頁〈內文引用〉章節

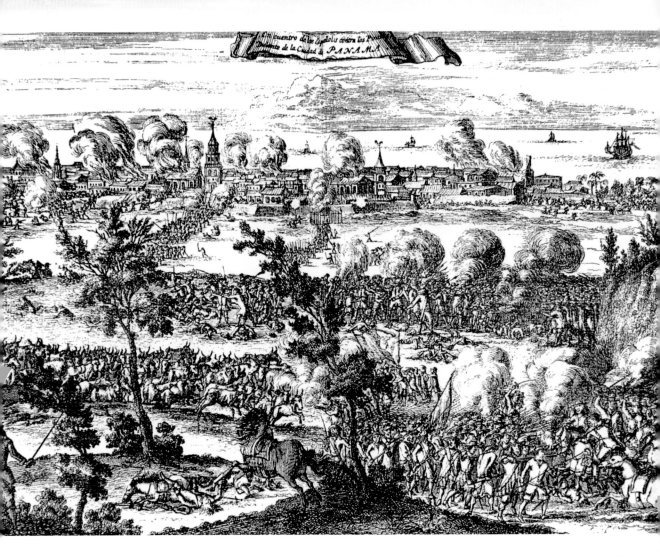

1月19日，摩根與1,500名加勒比海盜乘坐獨木舟動身向查格雷斯河上游而去。這對他們來說相當冒險，因為巴拿馬距離海峽70英里（113公里）之遠，再加上德伊利薩德浴血奮戰，為該地總督胡安‧佩瑞茲‧德古斯曼（Juan Perez de Guzman）爭取到充足時間，得以整備防禦，如果摩根一夥吃下敗仗，要撤回海盜船上將會困難重重。幸好，摩根的作戰行動相當成功，不必擔心這點。海盜們在半路的文塔德克魯舍斯（Venta de Cruces）拋棄獨木舟，沿著巴拿馬和貝約港之間的皇家路步行，於1月27日早晨來到一座可以俯瞰巴拿馬的山丘頂上，放眼望去就是他們的目標。

此時，德古斯曼總督已經統帥1,200名步兵及400名騎兵，在平原地區形成戰線，可惜陸兵的砲火和經驗實在稱不上充足。摩根兵分三路，一組各500員，由普林斯從左方打前鋒，其他兩梯隊跟在其右後方。

亨利‧摩根在巴拿馬火力全開，堪稱西班牙人與加勒比海盜的纏鬥之最，不僅改變巴拿馬城的命運，也奠定摩根海盜之王的地位。

霍華德‧派爾畫中描繪的是摩根的海盜軍團，他們攻下巴拿馬後的隔天，在燒成灰燼但是煙未消散的殘磚碎瓦中尋找財寶、大肆劫掠。

德古斯曼見到普林斯後旋即釋放藏在身後的牛群，讓牠們朝著海盜列隊狂奔造成擾亂，但是海盜憑藉一陣掃射就使得牛群調頭亂竄，往西班牙軍的方向橫衝直撞。普林斯從左方擊垮敵軍，用重型滑膛槍擊退猛進的騎軍，後續追上的兩梯隊也勇往直前，攻向尚未從牛群之亂回神的西班牙軍。交戰不到幾分鐘，德古斯曼的兵將就嚇得逃回城裡去了。

加勒比海盜紛紛湧入巴拿馬、來到出海口，只指趕得上看見德古斯曼與上百居民正乘船逃到太平洋避難，慘的是大部分的金銀財寶也隨之而去。那晚，海盜幾乎讓整個巴拿馬都陷入火海，隔天早上再從斷垣殘壁中翻找值錢的東西。摩根等人在那裡待了一個月，拷問俘虜把財產藏在何處，並且利用人質換取贖金。

2月24日，摩根總算決定帶著75萬八里爾回到船上，可是問題來了，法國海盜懷疑摩根打算詐取他們應得的份額，兩方一路吵回皇家港還沒有結論，合夥關係因而瓦解。其實真正的問題是，要分潤的總共有1,600人，並肩作戰再怎麼辛苦，大多數人分到的份本來就不會太多。摩根回到皇家港後發現，莫迪福德失去殖民母國的恩寵，且英格蘭新規定任何

侵擾西班牙人的行為皆視為公然海盜行為。

同年6月，英西兩國的戰火更加冷卻，湯瑪斯・林區爵士接任牙買加總督後馬上拘捕莫迪福德和摩根，遣送他們到殖民母國針對相關指控答辯。摩根抵達倫敦之時，英格蘭正與荷蘭交戰，私掠者再度成為不可或缺的存在，西班牙選擇和荷蘭站在同一陣線後，英格蘭也撤銷了對摩根的告訴。1674年1月，英格蘭召回林區，任命摩根為副總督，負責協助新任總督馮恩勳爵（Lord Vaughan）處理牙買加事宜。這代表摩根完全開脫罪名了，後來查理二世還封他為爵士，摩根的命運從此大逆轉。

摩根回到牙買加後，餘生13年都在打理農田，並與昔日戰友把酒言歡，特別的是，他還開始查緝那些未能遵守私掠規範、轉而從事非法海盜活動的前加勒比海盜。摩根的體型在晚年漸趨福態，最後於1688年水腫過世，醫師判定病因為「飲酒與熬夜」。摩根的死象徵一個時代的結束，加勒比海盜的日子不再，取而代之的是受到高度管制的小型私掠團，但是仍有少數的末代英格蘭加勒比海盜冒險出海襲擊，為海盜的歷史寫下全新的篇章。

畫中的亨利・摩根正在拷問一名黑奴，其他海盜忙著折磨巴拿馬居民，試圖在廢墟之中找出藏有財寶的地方。

太平洋上的加勒比海盜

威廉・丹皮爾（William Dampier）1651年出生於倫敦的薩莫塞特（Somerset），1669年首度出航，在私掠船和軍艦上奉獻10年後，在中美洲當蘇木砍伐工人。他1679年初從倫敦來到皇家港，當時資深船長巴索羅繆・夏普（Bartholomew Sharp）、約翰・卡克松（John Coxon）以及約翰・庫克（John Cook）不願放棄加勒比海盜生涯，合夥繼續私自向西班牙人開戰，並邀請海上經驗豐富的丹皮爾同行。1679年，敢死幫攻陷貝約港，收獲3萬6000八里爾，且成功越過巴拿馬地峽，但是他們抵達太平

巴拿馬淪陷後，附近
又建了一座新城，舊
城則大致維持摩根離
開前的模樣。（圖片來
源：Maximilian Müller/
Getty Images）

亨利‧摩根晚年拋下加
勒比海盜的身分，把精
力投注於他在牙買加的
眾多資產。英格蘭法規
後來規範不得劫掠西班
牙城鎮，摩根身為牙買
加副總督也積極查禁舊
時盟友的海盜活動。

洋後突然無所適從，卡克松決定航返歸國，其他人則待在巴拿馬地峽。

留下來的海盜投票決定讓夏普擔任船長，丹皮爾也跟著他們搭乘贓船在太平洋沿岸航行，但是收獲欠佳，夏普不得人心，遭到船員兩度叛變；庫克另起爐灶帶著丹皮爾等人經由合恩角回家，1683年4月來到維吉尼亞（Virginia）。與此同時，夏普時來運轉，劫掠兩艘船，賺取3萬7000八里爾，意外發了大財，還得到一套詳盡的太平洋航海圖，只有留在他身邊的夥伴才有幸共享上頭的資訊。夏普後來也啟程返家，1682年2月途經巴貝多，回到英格蘭時遭到逮捕，接受海盜罪審判，但是他將航海圖進獻給海事法庭後，英格蘭撤銷告訴，放了他一條生路。

另一頭，庫克在1683年8月決定回到太平洋上繼續航行，丹皮爾也隨侍在側。庫克劫掠一艘丹麥船，重新命名為「單身漢歡愉號」（Bachelor's Delight），1684年3月繞過合恩角進到太平洋，遇到六個月前從倫敦出發的約翰‧伊頓（John Eaton）船長及他的私掠船「尼可拉斯號」（Nicholas），結伴航向北邊的胡安斐南德斯群島（Juan Fernández Islands），再到加拉巴哥群島（Galapagos Islands）。

他們俘獲幾艘船隻，但是獲利不多，決定往南美洲沿海尋找適合下手的西班牙船隻。庫克船長在登陸前就去世了，所以愛德華‧戴維斯（Edward Davis）接任的船長職位，領頭襲擊鄰近的帕伊塔（Paita）卻所得無幾，後來他們遇見同為加勒比海盜的查爾斯‧史旺（Charles Swan）才開始出運。

史旺曾與亨利‧摩根並肩作戰，他於1683年10月離開倫敦往太平洋航行，隔年春天抵達巴拿馬的太平洋沿海，花費數月時間試圖攔截一艘寶物貨船，接著在7月與彼得‧哈里斯（Peter Harris）合夥。哈里斯六個月前穿越巴拿馬地峽，並在太平洋上竊

下方插圖來自約翰‧塞勒（John Seller）1691年所著之砲術專書《海上砲手》，圖中一名海軍砲手正在操作四輪砲架上的大砲，是當時常見的軍艦武器。

法蘭克‧勳諾福（Frank Schoonover）的這幅壁畫中，史旺和他的船員劫掠西班牙美洲殖民地西岸後橫渡太平洋，享受菲律賓民答那峨（Mindanao）女子的陪伴。

取一艘船，用以斬獲不少西班牙船舶。戴維斯、伊頓、史旺、哈里斯四幫海盜在智利沿岸相遇，討論是否要一同搶掠隔年夏天會從利馬航向巴拿馬的寶物船隊，其中只有原先與戴維斯同行的伊頓婉拒提議，選擇歸航返國。

劫掠寶物船隊的計畫成形後，不久又有一團英格蘭海盜與兩團法國海盜加入他們的行列，這些新成員都有穿越巴拿馬地峽、在太平洋沿海劫掠船隻的經驗。到了冬天，總共約有1,000名海盜齊力攻占巴拿馬灣（Gulf of Panama）的國王島（Isla del Rey）作為臨時巢穴。1685年6月，海盜終於等到寶物船隊抵達巴拿馬，即使發現船隊人多勢眾、防禦意外堅固，仍舊依照原計畫發動攻勢，最後遭到兵力充足的西班牙人擊退。

後來，丹皮爾跳槽到史旺船長的旗下，準備經由遠東（Far East）返航歸國。他們橫渡太平洋來到菲律賓，史旺和一名當地女子歡度六個月的時光，他的船員只好丟下他往南航行，[52]途經東印度，1688年1月在當時名為新荷蘭（New Holland）的澳洲稍作停歇。與此同時，戴維斯和哈里斯則往另一個方向來到尼加拉瓜，幾次襲擊未果後，哈里斯脫隊離開，從此杳無信息。

1686年，戴維斯與另一位船長兩次劫掠祕魯沿岸，成功搶得6萬八里爾，兩隊11月在胡安斐南德斯群島拆夥。1688年夏天，戴維斯帶領船員回到維吉尼亞，卻得面對海盜罪的告訴，所幸最終獲得釋放。

丹皮爾還沒回到家，就在尼科巴群島（Nicobar Islands）再度跳槽，為當地商船工作兩年，1691才回到睽違12年的倫敦，把他的旅程寫成搶手暢銷書《環球新航行》（A New Voyage Around the World）。

丹皮爾接下來又出海兩次，一次以私掠船指揮官的身分，但是結果不太成功。1708年，他接受伍茲‧羅傑斯（Woodes Rogers）船長邀約，重新成為海盜遠征太平洋。羅傑斯來自布里斯托（Bristol），海上經驗豐

52 引用自參考文獻，詳細請查照 324 頁〈內文引用〉章節

富。他們的冒險經歷會流傳在海盜歷史，促成一部暢銷的半虛構小說。

　　羅傑斯遠征太平洋的故事從1708年8月開始，他從布里斯托出發，11月中來到巴西沿岸，1月平安繞過合恩角，隔年2月2日羅傑斯的「公爵號」（Duke）和「公爵夫人號」（Duchess）抵達胡安斐南德斯群島。羅傑斯派一艘小船靠岸，查看他們之前在晚間看到的一道光從何而來，上岸的人員回來的時候身邊伴著一位穿戴羊皮、打扮奇特的男子。這名男子其實是私掠船「五港號」（Cinque Ports）的船長，名為亞歷山大・賽科克（Alexander Selkirk），5年前遭人遺棄在島上。賽科克隨即成為公爵號的船員，後來還成為羅傑斯劫掠而來一艘船的船長。[53] 這段插曲便是丹尼爾・笛福1719年《魯賓遜漂流記》的小說原型。

53 引用自參考文獻，詳細請查照 324 頁〈內文引用〉章節

下方是西加勒比海的地圖，由荷蘭製圖師當克茲（Danckerts）1696年繪製而成，內含許多實用的新資訊，例如過去未曾標記出的礁脈與淺灘，尤其巴哈馬與宏都拉斯灣的淺水水域資料更是詳盡。上頭的資訊多半由在附近活動的加勒比海盜集結而來。

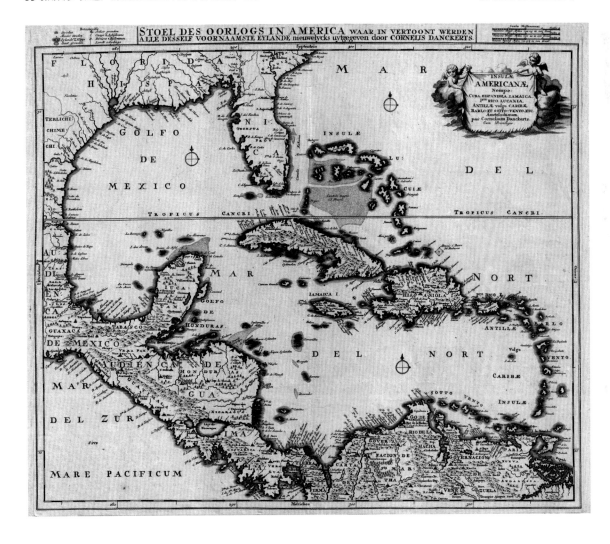

這幅19世紀的畫中主角是米歇爾‧德格拉蒙（Michel de Grammont），他是成功的末代法國加勒比海盜，1678年開始劫掠西班牙大陸，直至1686年在古巴北岸遇上颶風失事為止。

接下來，羅傑斯前往祕魯沿海，劫掠一艘大型商船，然後襲擊厄瓜多的港口城市瓜雅基爾（Guayaquil），收獲可觀。為了躲避西班牙人追捕，羅傑斯再度回到太平洋，5月時到達加拉巴哥群島（Galapagos Islands），花了兩個月等待患上敗血病的半數船員休養康復；這段期間，羅傑斯決定在那年攔截每年從馬尼拉出發到阿卡普爾科的寶物船隊，為此趟旅程劃下句點。

羅傑斯非常幸運，他採納丹皮爾的建議往東北方航行，到達現今墨西哥的下加利福尼亞（Baja California），也就是馬尼拉寶物船隊的停靠站。羅傑斯守候一個月，幾乎要放棄的時候，1709年12月他的守望員發現了「聖母顯靈與幻滅號」（Nuestra Señora de la Encarnación y Desengaño）的身影。公爵號和公爵夫人號追上前去，一番激戰後，下巴受傷的羅傑斯還是俘獲了那艘船，並從船上成員得知還有另一艘貨船跟在後方。

羅傑斯留下幾位船員代理聖母顯靈與幻滅號，自己出發去找另一艘貨船，在聖誕節那天找到「貝戈尼亞聖母號」（Nuestra Señora de Begoña），可惜出師不利。幸好聖母顯靈與幻滅號滿載錢幣、瓷器、香料和中國絲綢，羅傑斯一夥以及英格蘭政府都相當滿意這次的成績。1709年1月10日，羅傑斯率領公爵號、公爵夫人號以及改名為「單身漢號」（Bachelor）的聖母顯靈與幻滅號出發關島，再到東印度的巴達維亞（Batavia），然後橫渡印度洋來到好望角，1711年10月回到倫敦。據那個年代的人估算，羅傑斯的戰利品價值高達160萬八里爾，丹皮爾一個人就分到3,000披索，對他這位暢銷作家來說是很不錯的收獲。

當時的人們認為羅傑斯是末代加勒比海盜，譽他為史上最成功的私掠者，但其實加勒比海盜的時代早已終結，丹皮爾是人們與那個海鬥年代的最後連結。丹皮爾記錄航程中的精采故事，羅傑斯反倒從海盜變成海盜獵人，黑鬍子被逐出巴哈馬就是他的政績之一。

法國掠奪者

[54]1660年代，英國加勒比海盜逐漸消逝在歷史長河，法國在伊斯班尼奧拉島西部開拓領土，才剛要邁步踏入海鬥世界。1664年，法國政府將現今的海地命名為聖多米尼克，正式宣布納入版圖，不理會西班牙1697年以前都還是堅稱整個島嶼歸他們管轄。1670年代初期之後，聖多米尼克的小戈阿沃（Petit Goâve）取代土圖嘉島成為加勒比海盜的巢穴。隨著17世紀逐漸來到尾聲，乘載著殘暴歷史的土圖嘉島也慢慢沒落，成為回憶。

如此轉變也造就了新一代的法國加勒比海盜，其中米歇爾·德格拉蒙更是闖出一片天。根據艾斯克梅林記載，德格拉蒙出生於巴黎，曾在法國海軍服役，1672年初成為法國私掠船的指揮官在加勒比海域活動，卻因為逾越私掠者和海盜的分界線，無法回到法國根基較為穩健的殖民地，於是改以管制較為鬆散的聖多米尼克為家，也很快成為該地數一數二的私掠者。這些私掠者喜歡自稱「掠奪者」（filibuster，法文原文為flibustier），該詞源自荷蘭語'vrijbuiter'（劫掠者）。他們襲擊的目標為他們所謂的法國敵國，並不在意實際國家戰爭的情況。

1678年，眾人推派德格拉蒙為聖多米尼克掠奪者的實質領袖，他替自己冠上騎士爵位，間接接受這個新身分。1678年5月，德格拉蒙出航攻打荷屬古拉索島。他先與尚·德斯崔（Jean d'Estrées）伯爵領導的法國海軍艦隊會面，不幸遇上颶風，許多船舶因而沉沒海中；[55]災難平息後，德斯崔調頭回到馬丁尼克，讓掠奪者自己看著辦。德格拉蒙剩下六艘船和700員，無力進攻古拉索島，決定轉移目標到西班牙人身上，於1678年6月抵達馬拉開波防波堤外。那裡新蓋好一座堡壘，但格拉蒙還是勇往直前、征服當地。

格拉蒙留下幾艘船守衛馬拉開波湖的出入口，自己乘勝追擊、進到湖中，發現馬拉開波及直布羅陀都尚未從10年前的襲擊復原，9月1日騎著搶來的馬匹帶兵攻陷楚西約和直布羅陀，然後回到馬拉開波找尋藏匿的貴重財物，待到12月初才滿載而歸，重返聖多米尼克。

1680年5月，德格拉蒙再度率隊進攻委內瑞拉沿岸，目標放在當地首府卡拉卡斯（Caracas）的港口瓜伊拉（La Guaira）。他成功占領瓜伊拉的隔天，西班牙接防部隊趕到，包圍港口並數次進攻。

54,55 引用自參考文獻，詳細請查照 324 頁〈內文引用〉章節

上方是霍華德‧派爾又一幅誇大失真的加勒比海盜畫作，他們正在盤問俘虜哪裡藏有寶藏。

　　海盜們雖然挺過西班牙軍的攻勢，卻蒙受重大損失，德格拉蒙本人也在一次交戰中身負重傷，於是黃昏時下令撤退。

　　德格拉蒙休養三年後才有辦法組織大規模的襲擊。他在1683年5月聯手荷蘭加勒比海盜勞倫斯‧德格拉夫（Laurens de Graaf），決議襲擊新西班牙主要港口韋拉克魯斯，兩人戰力加起來共有13船和1,300員。德格拉蒙第一步是確認港口並無寶物船隊停泊，這樣才有可能用人數優勢輾壓港口駐軍。掠奪者在夜晚潛上岸，5月18日清晨，法荷兩隊各從南北進擊，幾分鐘內迅速占據韋拉克魯斯，準備往城內攻進。西班牙雖然守住要塞島嶼烏魯阿聖胡安，但也只能眼睜睜看著保衛的港口被侵襲得千瘡

百孔。不僅如此，野心勃勃的德格拉蒙還把居民挾持到附近的島上，藉此換取更多贖金，最後如願滿載而歸。重點是，當時法、荷、西三國處於和平狀態，所以德格拉蒙犯下的其實是海盜罪，但是他不打算因此善罷甘休。

1685年夏天，德格拉蒙和德格拉夫再度合作襲擊新西班牙，目標正是10年前也深受海盜侵擾的坎佩奇。

7月6日，約莫30艘加勒比海盜船來到坎佩奇城外的漁村貝克（Beque），遭到西班牙軍阻撓登陸，海盜隔天就擊潰了西班牙軍。德格拉夫領頭往北進攻，德格拉蒙盤旋在後以防有人逃跑，兩隊協力在幾個小時內攻陷坎佩奇，兩天後還戰勝西班牙接防部隊的反擊，勢不可當，德格拉蒙甚至派人騎著搶奪而來的馬匹劫掠內陸地區，9月初返航歸國。雖然這次的收穫相對較少，仍然讓格拉蒙「騎士」的聲譽達到巔峰，聖多米尼克的總督尚・杜卡斯（Jean du Casse）甚至挖角他擔任中將，協防該地，然而德格拉蒙選擇繼續當海盜。不幸的是，1686年5月他偵察西屬聖奧古斯丁時，指揮艦沉沒在佛羅里達西部沿海，終結了他的海盜生涯。

最後一役

1688年，法國捲入奧格斯堡同盟戰爭，與英、西、荷對立，再加上西班牙王位繼承戰爭催化，法國開始視掠奪者為戰略資產，不再像過往一樣將他們當作國恥。

奧格斯堡同盟戰爭打到尾聲，法國戰略家建議找機會襲擊西班牙海外殖民地，好在和平談判時爭取優勢。卡塔赫納是西班牙大陸最富裕的城市，因此成了絕佳的目標；那裡防禦牢不可破，過去成功把加勒比海盜擋在城外，法國決定結合掠奪者的果敢和陸海軍的專業完成這次的任務。此次出征集結民間投資人、皇家部隊以及私掠者的資源，形同透過政府補助創造出的商業機會。任務的指揮官是法國上將兼普安蒂男爵伯納德（Bernard, Baron de Pointis），1695年3月，他帶著總計10艘的戰艦和運輸船以及3,000軍來到小戈阿沃，掠奪者則由尚・杜卡斯總督親自領頭11艘船1,200員作戰。然而，普安蒂男爵作風傲慢，掠奪者一度因為擔心被設計分不到戰利品而意圖拆夥，後來是靠白紙黑字寫下契約才讓掠奪者安心，願意聽命他。

　　4月13日，法國船隊抵達卡塔赫納沿海，普安蒂男爵想要即刻出擊，杜卡斯則先派員偵察敵情；幸好他有這麼做，因為卡塔赫納面海那側有礁岩阻擋，突擊艇想靠岸也沒有辦法。兩人決定效法法蘭西斯・德瑞克1586年進攻卡塔赫納的方式，強力進入卡塔赫納灣，然後從卡塔赫納往西的海岸支線拉卡勒達（La Caletta）登陸；唯一的問題是拉卡勒達西端有雄偉的聖路易斯堡（Fort San Luis）守衛海灣，所以4月15日，1,200員先在拉卡勒達駐軍射程外不遠處上岸，隔天再進攻，最後聖路易斯堡很快就拱手投降了。

卡塔赫納港有堅固的城牆，也有堡壘戍衛內外港。圖中的外港口就有水柵及堡壘防衛。

　　法軍雖然進入了卡塔赫納灣，可是內港仍然有兩座堡壘，一是拉卡勒達支線的聖克魯斯堡（Fort Santa Cruz），二是港口另一側的曼札尼約堡（Fort Manzanillo）。普安蒂男爵派出一支前鋒部隊進軍拉卡勒達，人還沒到，聖克魯斯堡的駐軍就跑光了。普安蒂男爵又下令掠奪者從卡塔赫納灣東北方登陸，繞過曼札尼約堡占據拉波帕（La Popa）這座小山丘，方便俯瞰進入卡塔赫納內陸的通道。

　　掠奪者接到命令後心存疑慮，但是4月20日仍然順利登上拉波帕，封住卡塔赫納的內陸通道。法軍包圍卡塔赫納，重砲跟著登陸，戰艦守在

1697年，普安蒂男爵率領法國軍隊遠征西班牙大陸的卡塔赫納，該城很快遭到包圍，勇猛的法國加勒比海盜打前鋒，迅速攻克當地。

城市沿海，兩天後他們就攻破內陸防線。普安蒂男爵下令5月1日天亮出擊，但是遭到曼札尼約堡的縱射火力擋下，損失慘重。法軍隔天再度進攻，傍晚便迫使駐軍投降，拿下了卡塔赫納。

　　普安蒂男爵設下騙局，宣稱西班牙接防部隊即將到來，命令掠奪者擋住他們去向，甚至請軍隊出力協助，結果西班牙根本沒有動作，掠奪者返回卡塔赫納時吃了閉門羹，發現普安蒂男爵早就偷偷把大量戰利品運到軍艦上，只留了4萬八里爾給掠奪者。因此，5月30日法軍撤退後，掠奪者又自己劫掠了卡塔赫納，靠勒索贖金的老方法敲詐西班牙人，短短三天搜刮出好幾百萬八里爾，6月3日才啟航回小戈阿沃，算算光是一人就能分得1,000八里爾左右。

　　故事還沒完，6月4日內維爾（Neville）中將領頭的英荷艦隊攔截了普安蒂男爵的艦隊，普安蒂男爵一週後才終於甩開他們。內維爾的艦隊調頭航向卡塔赫納時，碰巧撞見準備回家的掠奪者，11艘私掠船有四艘不是被俘虜就是因追趕而擱淺，剩下的人平安回到小戈阿沃，卻再也不願和法國皇室合作征戰了。大部分的掠奪者變成低階的的私掠者，有些則放棄在加勒比海討生活，轉往印度洋尋找報酬更高的目標。

　　卡塔赫納是加勒比海盜的最後一役，象徵一個時代的結束。邁向新世紀以前，加勒比海盜的時代已然終結，取而代之的是自行出征的私掠者，但是他們勢必受不了官方嚴密的管控，最後會成為不折不扣的海盜。

第六章

海盜的黃金時代

黃金時代？

　　近年來，人們稱18世紀初到約莫1730年為「海盜的黃金時代」，有些歷史學家甚至把時間更加限縮，例如海事歷史學家大衛・客丁里（David Cordingly）認為「黃金時代」開始於1698年威廉・基德船長劫掠「奎達商人號」（Quedah Merchant），結束於1722年黑色準男爵羅伯茲倖存的船員在西非的海岸角堡（Cape Coast Castle）集體遭處絞刑。我2006年出版的傳記《黑鬍子：美國最惡名昭彰的海盜》（Blackbeard: America's Most Notorious Pirate）裡，闡述為何我認為「黃金時代」的應該時間更短，只從1714持續到1725年。然而，「黃金時代」的劃分非常主觀，大家用的標準都是根據自己的看法而定。無疑的是，18世紀初的前幾十年，美洲海域、非洲沿海、印度洋的海盜活動大幅增加，「黃金時代」正是為這個現象下的最佳註解。

這幅栩栩如生的畫作作者是19世紀藝術家尚・里昂・傑赫姆・菲黎（Jean Leon Gerome Ferris），畫中是1718年11月黑鬍子在奧克拉科克島（Ocracoke Island）的最後一戰，他在這場和英國皇家海軍羅伯特・梅納德（Robert Maynard）上尉的決鬥中死去，畫家巧妙捕捉了黑鬍子生前兇悍的模樣。（圖片來源：SuperStock/Getty Images）

「黃金時代」一詞不曾出現在當時的報紙、法庭紀錄、正式文件、海盜傳記或是任何書信往返之中，可見該詞由後人發明。現代海盜歷史學家都會用這個詞，但這詞並非我們發明，而是英國作家拉斐爾・薩巴提尼（Rafael Sabatini）的傑作。薩巴提尼著的海盜小說包含1922年的《鐵血船長》（Captain Blood）與1932年的《黑天鵝》（Black Swan），兩部都改編成好萊塢海鬥片。「黃金時代」的詞源其實無足輕重，但是其重要性無庸置疑，幫助後世為那個年代描繪出鮮明的輪廓。

歐洲殖民母國的政策造就了海盜及其受害者的出現。本書前半描述政府管控下加勒比海盜的誕生，但是1670年代的規範是，如果沒有戰爭就不允許劫掠西班牙。1670至1671年間亨利・摩根出征巴拿馬之後，英格蘭還算牢牢控制住加勒比海盜的活動，甚至摩根本人也參與推出防範非法劫掠行為的法規。法國雖然動作慢了點，但也在18世紀前懂得如何避免加勒比海盜太過猖獗。[56]因此，1701年西班牙王位繼承戰爭開打之時，海權強國皆已掌控自家私掠船的行動，不會讓他們違法亂紀。

安妮女王戰爭是西班牙王位繼承戰爭的一部分，導致法國和英、西、荷三個強權對立。當時加勒比海的荷蘭和西班牙私掠船不多，法國和英格蘭（1707年後稱作英國）的私掠船倒是多不勝數。在歐洲，敦克爾克和布里斯托的港口分別成為法國和英國私掠者的巢穴；在加勒比海，馬丁尼克的法蘭西堡（Fort-de-France）、巴貝多的橋鎮（Bridgetown）、聖多米尼克的小戈阿沃以及牙買加的皇家港也都聚集了許多獲頒私掠委任狀的海盜。

私掠事業是那幾年的發財之道，皇家港等地往往吸引上百名水手匯聚，期待能夠大賺一筆。皇家港再度繁榮起

下方是一張雕版畫的局部圖，畫中人物是本名巴索羅謬・羅伯茲（Bartholomew Roberts）的黑色準男爵。他1722年在非洲西岸對決燕子號（HMS Swallow）船員，是他的最後一役，畫中的他身上穿的就是為那一役特地挑選的服裝。

來，除了受害船舶以外，每個人的口袋都裝得滿滿。然而，1711年戰爭收尾，英國政府開放私下和法國和平談判，1713年4月簽訂《烏得勒支條約》，終止海權強國的對立。

戰爭一結束，所有發行出去的私掠委任狀一律失效，多達6,000名私掠者瞬間失業，港口塞滿了待業中的水手。戰後英國商船數量急遽成長，水手的需求量也隨之逐漸增加，許多前私掠者幸運搭上這股熱潮，也欣然接受較差的工作環境與報酬，但仍有些人決定假裝國家還在戰時狀態，用本身的私掠能力繼續從事海盜活動，意即用虛構出的合法性掩飾海盜的非法事實。部分海

絕大部分的海盜都來自繁盛的大港都，水手的生活使他們得以脫離家鄉的貧窮與殘酷。上圖是賀加斯（Hogarth）的版畫〈琴酒巷〉（Gin Lane），描繪出倫敦的景象，也是海盜出身的縮影。

盜會限制自己只劫掠法國和西班牙這兩個往日舊敵，也有些海盜沒有這層顧慮，例如黑鬍子和羅伯茲就都隨心所欲選擇攻擊對象。

戰爭結束導致海盜及其潛在受害者的人數增加，特別是英國海盜還有英國（或是殖民時期的美國）商船。雖說影響最深的是加勒比海與美洲大西洋沿岸，但是西非沿海和印度洋也成為了海盜的「熱點」，因為這種新一代海盜雖然沒有17世紀加勒比海盜的大規模船隊，但是他們的活動範圍不侷限在加勒比海，因此對於國際貿易的影響甚鉅，保險成本更是飆得飛高。

海盜猖獗的另一個原因是缺乏當權介入。海盜崛起的地方多是政府無力或不願處理海盜問題的區域，許多美洲殖民地政府沒有威權，所以在政府強力執法之前，大西洋就會一直是海盜眼中的寶地。[57]一旦海盜和殖民地居民非法交易的利益相對較低，不敵運輸和保險費用高漲所帶來的擾害，通常政府就出面有所作為。

57 引用自參考文獻，詳細請查照 324 頁〈內文引用〉章節

印度群島的背風群島是「海盜的黃金時代」的熱門襲擊目標，山姆・貝勒米（Sam Bellamy）、羅伯茲、黑鬍子都曾劫掠航經此處的船隻，他們也時常埋伏在隱蔽的海灣伺機而動。下圖是瓜德羅普的一處海灣，曾是羅伯茲的藏身之處。（圖片來源：John Burcham/Getty Images）

　　「海盜的黃金時代」最後是靠著海盜一一被追捕處刑而結束，公開行刑通常也能達到殺雞儆猴的效果，防止水手走上海盜的歧路。最慢到了1730年，可以說「黃金時代」徹底結束了。

　　海盜接受審判和處刑又會增加報紙銷量，所以海盜活動可以吸引媒體的關注，也造就海盜不該有的風光形象，卻未能反映出生活中的殘酷現實。「黃金時代」出現許多名垂青史的海盜，後人幾百年來的浪漫想像使得他們過分屬害，就連「海盜的黃金時代」一詞也容易讓人誤以為海盜無比浪漫，而不去思考那10年背後無數的殘暴掠奪和經濟衝擊。海盜走入歷史後許久才出現的海盜故事也遠遠背離「黃金時代」的真相。

新普洛維登斯島

當海盜有個麻煩的地方是，戰利品通常不是方便船員分贓的錢幣。海盜劫掠的商船通常是單桅縱帆船和雙桅橫帆船這種小船，大一點的目標可能是從西非出發牙買加的奴隸船，也可能是載著蘭姆酒或糖，從加勒比海前往歐洲和殖民時期美國的貨船，或者是帶著加工產品來到美洲殖民地，又載送菸草、棉花、毛皮、木材或瀝青回去的船，海盜甚至連紐芬蘭（Newfoundland）沿海和紐芬蘭大淺灘（Grand Banks）的漁船也不放過。

蘭姆酒通常是海盜自己飲下肚，其他貨物有時會在一片狂歡之中遭摧毀。如果要把戰利品變現，海盜就跟一般罪犯一樣必須找到願意購買贓物的買家。由於海盜罪與非法貿易抓得越來越嚴，多數港口都不便海盜交易，他們只能轉往規模較小的殖民地和小島。對海盜來說，理想的狀況是有一座城鎮專供他們非法交易，並且滿是妓院、酒館和賭窟。1715年，海盜總算得償所願。

海盜的新巢穴位於巴哈馬的新普洛維登斯島（New Providence），背後的原因要歸於一次西班牙的海上災難。1715年6月30日，西班牙每年固定出任務的寶物船隊準備歸國，向北航過巴哈馬海峽，夾在佛羅里達與大巴哈馬島之間。風慢慢颳起，當晚艦隊就捲入颶風之中，11艘船被沖到佛羅里達沿岸，只有一艘船隔天早上還浮在海面上，[58]趕緊回到西屬哈瓦那報告事故，哈瓦那總督馬上派人搶救生還者以及散落的白銀。

打著白銀主意的可不只西班牙人。11月底，300名曾任皇家港私掠者的海盜闖入救難營地，擊敗規模甚小的西班牙軍，搶走他們撈回的貨物，奪得至少6萬八里爾，感覺像回到從前戰爭的時候。原來11月，牙買加總督派出私掠者亨利・詹寧斯（Henry Jennings）到佛羅里達，查看附近有無可以打撈的東西，詹寧斯藉此為由襲擊救難營地，隔年1月又回來搶掠12萬八里爾，最後西班牙軍強力加重防禦，海盜就沒有再得逞。

霍華德・派爾的海盜人像不一定符合史實，但是都能捕捉到那個年代的氛圍，使得當時的海盜更具傳奇色彩。

58 引用自參考文獻，詳細請查照 324 頁〈內文引用〉章節

右方是17世紀一幅描繪哈瓦那港口的版畫，但是並未精準還原港口的樣貌。

哈瓦那大港的防備堅強，是西班牙寶物船隊歸國前的最後歇腳處。

　　到了夏天西班牙人離開營地，用兩艘大帆船載著搶救回來的財物回國，但還有價值25萬八里爾的珍寶散落原地，誘發加勒比海的挖寶熱潮。幾週後，詹寧斯和想挖寶的人再度回到佛羅里達搜索船難現場，但那裡畢竟還是西班牙領土，牙買加當局則礙於外交的壓力不再庇護這些海盜。

　　海盜因此無法將得來的財寶揮霍在皇家港，但他們有了一個新的選擇。新普洛維登斯島是英國根基不穩的殖民地，1716年初，一群牙買加非法商人在島上打下商業基礎，表示願意提供贓物交易市場，詹寧斯等人便開始和這些商人做起生意。到了夏天，新普洛維登斯島已然成為繁榮的不法巢穴，集結海盜、寶藏獵人、走私犯以及各種非法交易商。6月的時候，維吉尼亞總督致信倫敦投訴海盜占據巴哈馬的情形，可見新普洛維登斯島已經確立了海盜新巢穴的名聲。

　　新普洛維登斯島非常完美，距離主要貿易路線很近，也靠近佛羅里

達船難地點，而且海盜航往劫掠目標地也剛好順風，拿索（Nassau）的天然港口大到可以容納超過100艘船，島上糧食、水源、木材充足，還有很棒的瞭望制高點，甚至有個當地原先與現在人數被海盜壓過的居民建造的小堡壘。最重要的是，新普洛維登斯島有個興盛的棚戶區可以滿足海盜所有需求。這座島才60平方英里（97平方公里），幾乎容不下一個社區；這裡名義上是英國殖民地，也是英屬巴哈馬的首府，但是沒有總督傳達皇室的御命。簡言之，沒有什麼擋得了海盜占據此島。

　　1717年夏天，據稱有500多名海盜以新普洛維登斯島為根據地，效力於至少12艘小船。島上興盛的幾些年，班傑明・霍寧戈（Benjamin Hornigold）、查爾斯・范恩、亨利・詹寧斯、棉布傑克・瑞克姆、黑鬍子愛德華・蒂奇（Edward Teach）以及山姆・貝勒米（Sam Bellamy）等人都曾在島上留下足跡。商人和海盜交易後，將貨物走私到美洲殖民地和加勒比海地區的既有市場，贓船也轉賣他處。島上還有修船工幫忙修復海盜船和受害船隻，鐵匠則負責修理槍砲武器。新普洛維登斯島發展蓬勃，唯一形似政府的只有在主導事務的那些領頭海盜而已。

　　可惜海盜狂歡作樂的日子終究無法持續。倫敦那頭接到海盜猖獗的消息，決定出面制止。[59]1717年9月5日英王喬治一世（George I）頒布

現代的拿索位於巴哈馬新普洛維登斯島上，是熱門的旅遊景點，很難想像18世紀初有人在此定居景象，後來這裡漸漸成為海盜的巢穴，現在卻沒有海盜社群的任何痕跡留下。（圖片來源：Adermark Media/ Getty Images）

59 引用自參考文獻，詳細請查照 324 頁〈內文引用〉章節

班傑明・霍寧戈的航線圖

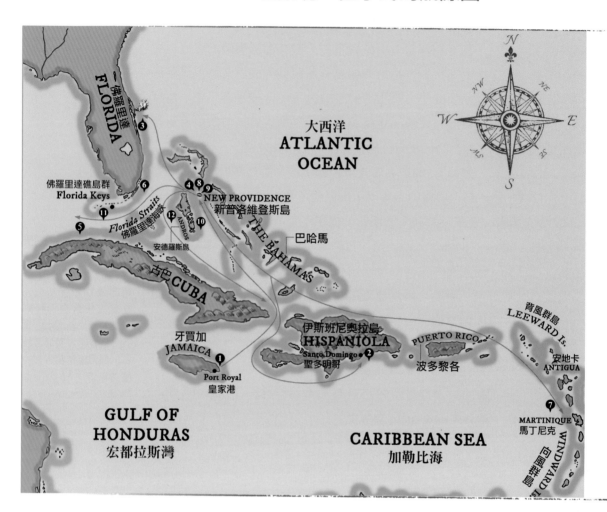

1718年，伍茲・羅傑斯來到巴哈馬就任總督，但他自己也是海盜背景出身。下一頁的那幅雕版畫是他1704年還是私掠者的模樣，他在厄瓜多舊稱瓜雅基爾的地方，正從西班牙婦女身上搶奪珠寶。

《平定海盜宣言》，凡隔年9月5日之前自首的海盜皆能獲得特赦，但是僅限於1月之前的劫掠活動，至於沒有自首的海盜則一律追捕到底，這是經典的「胡蘿蔔與棍子」政策，以為海盜獲得第二次機會就會改過自新。1717年12月，新普洛維登斯島的海盜接獲特赦消息後分為兩派，一派以霍寧戈和詹寧斯為首，認為應該接受特赦，另一派則是查爾斯・范恩帶頭的「敢死幫」，拒絕任何投降的舉動。1718年3月，英國「鳳凰號」（HMS Phoenix）船長皮爾斯（Pearce）來到島上，亟欲知道海盜如何反應，意外獲得熱忱款待，帶著願意接受特赦的200多人清單回去。霍寧戈和詹寧斯都決定投誠，皮爾斯告訴他們，政府會派一位總督過來正式批准海盜有條件的特赦。

航線圖説明

 西班牙船難

1. 1713年：牙買加接獲英西和平條約的消息，班傑明・霍寧戈的私掠委任狀失效。

2. 1714年6月：西班牙傳出霍寧戈在聖多明哥沿海襲擊西班牙船。

3. 1715年：寶物船隊遇上颶風，在佛羅里達沿岸建立救難營地，11月遭到海盜襲擊，霍寧戈也參與其中。

4. 1716年2月：霍寧戈立足新普洛維登斯島，協助當地成為海盜巢穴。

5. 6月：他在佛羅里達海峽航行，尋找可下手的西班牙船。

6. 8月：他與蒂奇、貝勒米一同航行於巴哈馬海峽。

7. 1717年夏天：人稱新普洛維登斯島海盜首領的霍寧戈徘徊西印度群島，襲擊法國船隻。

8. 12月：英國特赦令下達到新普羅為登斯島，霍寧戈鼓勵大家一起投誠。

9. 1718年7月：霍寧戈接受特赦，表示支持英國派來的羅傑斯總督，並獲任海盜獵人。

10. 9月：霍寧戈未能捕獲范恩，但在巴哈馬的安德羅斯島抓到其他海盜。

11. 1719年1月：他在佛羅里達礁島群獵捕海盜。

12. 夏天：霍寧戈遇到颶風，連同自己的船消失在巴哈馬海峽。

新普洛維登斯島「敢死幫」海盜首領查爾斯·范恩拒絕接受特赦,他遇到船難之後遭捕,經過審判後在1721年春天受刑而死。

這位總督正是伍茲·羅傑斯,他原本也是加勒比海盜,還劫掠過一艘馬尼拉的西班牙大帆船,後來反過來成為查緝海盜的人。他1711年初回到布里斯托之後靠奴隸貿易賺錢,從政除了盡職責之外也在尋找生意機會。7月26日晚上,羅傑斯領著七艘船來到新普洛維登斯島,其中包含三艘軍艦和兩艘運輸艦,全都停靠在港口外過夜,準備隔天舉辦儀式正式登陸。

然而,范恩可不這麼想。當天傍晚,范恩與其他90名不願屈服的海盜登上他的單桅縱帆船「遊俠號」(Ranger),連同一艘劫掠而來的法國船改造成的火船,一起航向港口入口。火勢蔓延,遊俠號跟在火船後頭,望著英國來的船員解開錨鏈、開船避難,趁著一片混亂逃出新普洛維登斯島,在黑夜中揚長而去。范恩的大動作表明了他的立場,卻也讓詹寧斯和霍寧戈德以全權掌控新普洛維登斯島。早上羅傑斯登陸時,兩位船長護送他到堡壘插上英國米字旗,英國也真正統治了新普洛維登斯島。大多數海盜都謹守諾言,詹寧斯退休到百慕達,霍寧戈則成為羅傑斯的海盜獵人,追捕那些改不了舊習性的海盜。12月,羅傑斯對一些敢死幫海盜執行絞刑,可謂他在巴哈馬政權的一大考驗,所幸並無引起暴動,意即羅傑斯的總督地位以及執法方式已經廣為接受,新普洛維登斯島不再是海盜巢穴了。

少了海盜活動帶來的經濟刺激,巴哈馬的經濟很快成了一攤死水。羅傑斯未能讓殖民地創造收益,自己也在1721年散盡家財,回到英國之後還因為負債而入獄一段時間,最後又回到新普洛維登斯島,1732年在島上過世。那時「海盜的黃金時代」已經結束,羅傑斯留給後世的記憶是第一位打擊海盜的人。

查爾斯‧范恩與他的「敢死幫」

查爾斯‧范恩高調出走新普洛維登斯島之前，已是當時人們眼中強悍的海盜了。他跟著亨利‧詹寧斯開展海盜生涯，兩人一同劫掠西班牙的救難營地，但是他本來是皇家港的私掠者。1718年初，他擁有自己一艘單桅縱帆船遊俠號，4月首度獨立出航，搶得兩艘百慕達的單桅縱帆船。其中一名被俘船長表示范恩毆打他，然後拿燃燒中的火柴猛刺進某位船員的雙眼。范恩把另一艘船上的一名船員吊死後，再用短彎刀砍向屍體。[60]范恩的凶狠名聲很快地傳開來。

范恩1718年7月逃離新普洛維登斯島後一直逍遙法外，除了霍寧戈之外，英屬南卡羅來納（South Carolina）也派出兩艘船追緝他。范恩雖然逃過追捕，但是同為海盜的施蒂德‧邦尼特（Stede Bonnet）就沒那麼幸運，在畏角河（Cape Fear River）遭到包圍，與船員被押回舊名查爾斯鎮（Charles Town）的查爾斯頓（Charleston），在那裡接受審判與處刑。

同年9月，范恩把遊俠號停在北卡羅來納（North Carolina）外灘群島（Outer Banks）的奧克拉科克島外海。那裡是黑鬍子的巢穴，兩班海盜狂歡一週，還有蘭姆酒以及附近城鎮運送過來的女人作伴，然後兩位船長分道揚鑣。范恩往北航向紐約外海，10月底在長島沿海劫掠一艘雙桅橫帆船，後來因為凜冬將至，他們調頭回到較溫暖的加勒比海。這在當時十分常見，那個年代的海盜就像候鳥一樣，都會往南避寒。11月底，范恩在伊斯班尼奧拉島與古巴之間的向風海峽航行長達一個月，但是一無所獲。

11月23日，范恩一夥誤以為看見法國商船，沒想到那是一艘試圖吸引海盜進到射程的法國軍艦。范恩調頭就走，法國船追在後頭。[61]舵手傑克‧瑞克姆等人認為范恩是害怕才逃走，就算最後范恩甩掉了法國軍，卻被冠上懦弱的形象。

瑞克姆舉行投票，讓范恩成了公認的膽小鬼，取代船長地位。當時他們除了遊

60,61 引用自參考文獻，詳細請查照 324 頁〈內文引用〉章節

「紳士海盜」（gentleman pirate）施蒂德‧邦尼特的絞刑場。他於1718年末在英屬南卡羅來納的查爾斯鎮遭處死刑，手上緊抓著一束花，象徵懺悔。

查爾斯·范恩的航線圖

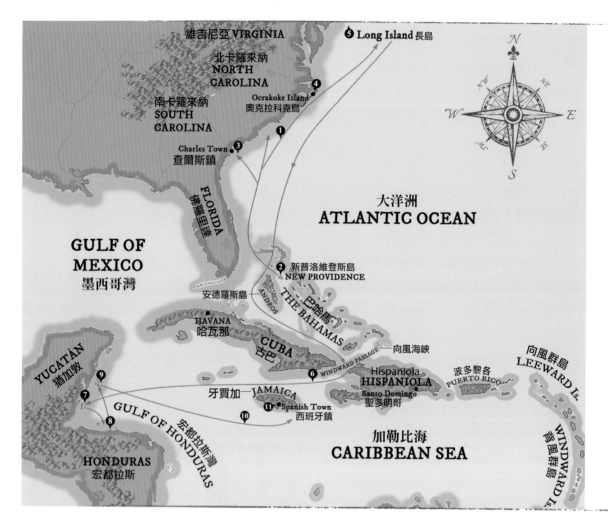

俠號，還有一艘在長島搶來的小船，瑞克姆把范恩和他的16名支持者趕過去，自己乘著遊俠號揚長而去，丟下范恩他們自生自滅。

范恩並未因此退卻。他往南航行的路上還劫掠了一艘單桅縱帆船，並在1719年1月抵達宏都拉斯灣，打算襲擊附近運輸蘇木的船隻，豈料遇到猛烈的暴風雨，范恩與兩名倖存船員被沖到一座小島。

他們好幾週之後才見到停靠的船隻，偏偏那艘船的船長霍孚德（Holford）認出范恩而拒絕伸出援手，不過下一艘船就比較熱心，把范恩他們載離小島。結果，這艘船好巧不巧又遇到霍孚德，兩船船長計劃共進晚餐，霍孚德發現范恩的蹤影。行跡敗露的范恩一夥被送到霍孚德船上，戴著鐐銬去到牙買加。

對頁
這幅19世紀雕版畫中，海盜正在沙灘上舉辦「banyan」岸上派對，還特地從隔壁城鎮運來女人作伴。1718年，黑鬍子和范恩的船隊在奧克拉科克島上一同飲酒作樂，據說狂歡長達一週之久。

1. 1718年4月：范恩首度獨立出航，乘著他的單桅縱帆船遊俠號在卡羅來納劫掠了兩艘船。

2. 6月：范恩火攻剛到新普洛維登斯島的羅傑斯總督，趁亂逃離該島。

3. 8月：范恩在查爾斯鎮沿海搶掠幾艘船隻。

4. 9月：范恩在奧克拉科克島巧遇黑鬍子，兩班海盜在那裡狂歡一週。

5. 10月：范恩在長島外海航行時又掠奪了一艘船。

6. 11月：他往南準備避冬，行經向風海峽時遇到法國軍艦後逃走，丟失船長寶座，身邊剩下16名船員和一艘先前搶來的雙桅橫帆船。

7. 12月：他在貝里斯（Belize）沿海航行，往宏都拉斯灣前進。

8. 1719年1月：他立基不明小島巴納科（Barnacko），在附近海域劫掠船舶。

9. 2月：范恩遇上颶風，船沉貝里斯沿海燈塔礁（Lighthouse Reef），剩下他與兩名船員相伴。

10. 4月：范恩等人獲救，卻被認出海盜身分帶到牙買加受審。

11. 11月：他在西班牙鎮因海盜罪遭判死刑，1721年3月被送上絞架。

「棉布傑克」瑞克姆的航線圖

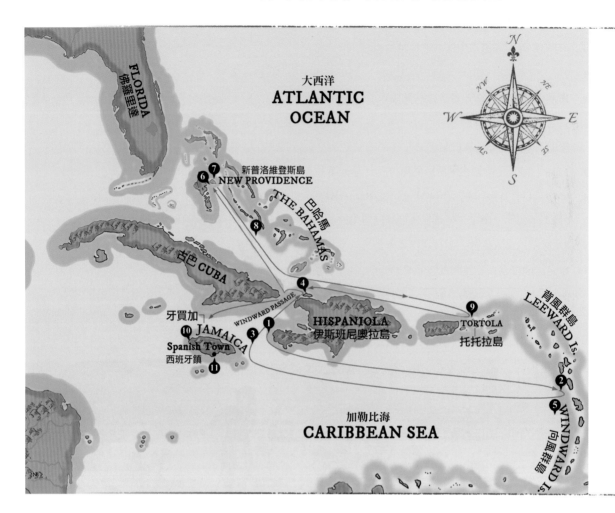

　　到了1719年11月，范恩身陷西班牙鎮囹圄，1721年3月22日開始接受審判，結果可想而知，畢竟他可是拒絕國王特赦又火攻羅傑斯總督的人。范恩最後在可以眺望皇家港的絞架角（Gallows Point）遭到吊死，屍體放在籠子裡公開展示以儆效尤。

　　范恩遇上船難前，手下還有另一艘搶來的單桅縱帆船，指揮官是范恩的得力助手羅伯特·迪爾（Robert Deal），兩船在暴風雨中不幸分散。范恩還在島上求生時，迪爾已經遭到英國軍艦逮捕，與其他船員吊死在絞架角。當然，范恩並非「敢死幫」最後一員，他的宿敵「棉布傑克」瑞克姆還逍遙法外。

航線圖說明

←――― 1718-1719年航線　　←― 1720年航線

1718~1719年

1. 11月：查爾斯·范恩甩開法國軍艦之後遭到遊俠號船員罷免，傑克·瑞克姆獲選為新船長。

2. 12月上旬：瑞克姆在背風群島沿海劫掠幾艘小船。

3. 12月中旬：瑞克姆打劫一艘載著葡萄酒的船，遊俠號船員飲盡船上的酒

4. 12月下旬：遊俠號在伊斯班尼奧拉島北岸保養。

5. 1719年春天：瑞克姆回到西印度群島，但是沒有什麼重大斬穫。

6. 5月：他回到新普洛維登斯島接受伍茲·羅傑斯赦免成為合法的私掠者。

1720年

7. 8月22日：瑞克姆偷走名為「威廉號」（William）的單桅縱帆船，與13名追隨者重操海盜舊業，他的船員包含兩名女海盜——安妮·邦尼（Anne Bonny）與瑪麗·里德（Mary Read）。

8. 9月：他在巴哈馬沿海打劫一支捕魚船隊後往東航行。

9. 10月：他在托托拉島沿海搶掠兩艘單桅縱帆船後往西以防追捕。

10. 11月15日：瑞克姆停靠在牙買加西端，晚上遭到海盜獵人襲擊，單方面挨打。海盜獵人很快攻占威廉號，把船員帶到西班牙鎮受審。

11. 11月26日：瑞克姆與多數船員被定罪後遭處絞刑，兩名女海盜因為懷有身孕而逃過一劫。

「棉布傑克」瑞克姆

　　英國用查爾斯·范恩之死嚴厲嚇阻意圖成為海盜的人，[62]牙買加海軍上校維儂（Vernon）也說：「重罰海盜對於重整風紀的效果極佳」，但是范恩只是敢死幫的掛名領袖。「棉布傑克」瑞克姆1718年11月叛變後成為遊俠號船長，底下多達50名船員，成為敢死幫的新首領。

　　瑞克姆與范恩結夥之前的生活後世不得而知，只知道他的綽號是棉布傑克。這裡的棉布是‘Calico’，那是一種未經漂白的棉花製成的布料，比帆布粗糙、比加工後的棉布便宜許多。1700年，英國為了保護本地棉花產業而禁止進口印度棉花，棉布傑克可能是因走私棉布而得其

62 引用自參考文獻，詳細請查照 324 頁〈內文引用〉章節

「棉布傑克」瑞克姆是個海盜事業失敗的小角色，接受新普洛維登斯島特赦卻很快重操舊業，1720年遭捕後，人們發現他底下13名船員中有兩名女性，瑞克姆因此聲名大噪。

名，但這也僅是猜測而已，真正的原因大概永遠不會有人知道。瑞克姆和范恩分家後來到背風群島海域，掠奪了幾艘船隻，後來在牙買加與聖多米尼克之間又打劫一艘滿載馬德拉酒的船，一夥人2天都在喝酒。他們在伊斯班尼奧拉島的沙灘開派對慶祝聖誕節，之後在向風海峽航行，收穫僅有開往牙買加農園的一艘運囚船。

12月，命運輪盤轉動，英國向西班牙宣戰，再度需要私掠者的協助，伍茲・羅傑斯重新開放接受特赦，瑞克姆和手下得知消息後，決定接受赦免，成為名正言順的私掠者。

瑞克姆的敢死幫降下海盜黑旗、賣掉遊俠號後分潤，受政府之雇成為私掠者。戰爭沒有持續太久，英國1720年2月與西班牙簽署和平條約，私掠者無法繼續靠合法劫掠賺大錢了。瑞克姆在這時候遇見兩名震驚上流社會的女性；8月22日，瑞克姆帶著安妮・邦尼等13名追隨者偷走巴哈馬12門大砲單桅縱帆船威廉號，逃離新普洛維登斯島，後來他們才發現除了邦尼之外還有一名女性扮男裝混在船員之中，那人就是瑪麗・里德。[63] 羅傑斯得知消息後，將兩名女子在內的全數船員都列為海盜。

瑞克姆乘著威廉號往南穿過向風海峽，10月1日在土圖嘉島附近掠奪兩艘單桅縱帆船，又在牙買加沿海搶得另外一艘船，促使牙買加政府派出海盜獵人強納森・巴內特（Jonathan Barnet）船長指揮12門大砲單桅縱帆船「獵鵰號」（Eagle）追捕他們。與此同時，瑞克姆一夥繼續沿著牙買加北海岸，來到牙買加西端的內格里爾角（Negril Point），11月15日上岸喝起蘭姆酒。數小時後，巴內特也從南方接近內格里爾角，聽到重型

63 引用自參考文獻，詳細請查照 324 頁〈內文引用〉章節

上圖
伍茲‧羅傑斯任職巴哈馬總督3年，成功把新普洛維登斯島改頭換面，從海盜巢穴成為奉公守法的英國殖民地。上方為賀加斯1729年所繪之羅傑斯與他的兒子，兩人正在研究新普洛維登斯島的地圖。

下圖
「棉布傑克」瑞克姆、安妮‧邦尼、瑪麗‧里德與其他10名船員於1720年11月在牙買加接受審判，左上為他們的審判公開報告。

滑膛槍的槍響，決定轉換路線調查情勢，恰巧發現威廉號的蹤影，方才的槍聲可能是某個海盜酒醉鳴槍。瑞克姆乘船欲逃，獵鷗號即時追上，可見酒精對航海技術沒什麼太大幫助。巴內特命令海盜束手就擒，海盜報以一發輕型迴旋砲，巴內特以舷射回擊，炸毀了威廉號的帆桿，使得船身方向不受控制、只能隨風搖擺，巴內特也因而能夠輕易上船。此時船上為唯二可以清醒反抗的是邦尼和里德，她們一邊決戰海盜獵人一邊咒罵酒醉的船員，[64]根據強森船長記載，她們「呼叫甲板下的船員出來像男人般戰鬥」，但是她們很快遭到制伏，全船成員都被帶銬押回西班牙鎮。

　　1720年11月16日，英國域外海事法庭將瑞克姆一夥定罪，棉布傑克與其他10人如期在京斯敦外的絞架角吊死，至於兩名女海盜則是引起轟動，大眾對於她們倆的生活感到著迷，直至今日仍舊如此。

64 引用自參考文獻，詳細請查照 324 頁〈內文引用〉章節

THE
TRYALS
OF
Captain John Rackam,
AND OTHER
PIRATES, *Viz.*

Geroge Fetherston,	Noah Harwood,
Richard Corner,	James Dobbins,
John Davies,	Patrick Carty,
John Howell,	Thomas Earl,
Tho. Bourn, *alias* Brown,	John Fenwick, *at'* Fenis

Who were all Condemn'd *for* PIRACY, *at the Town of* St. Jago de
la Vega, *in the Island of* JAMAICA, *on Wednesday and Thursday
the Sixteenth and Seventeenth Days of November 1720.*

AS ALSO, THE
TRYALS of Mary Read *and* Anne Bonny,
alias Bonn, *on Monday the 28th Day of the
said Month of* November, *at* St. Jago
de la Vega *aforesaid.*

And of several Others, who were also condemn'd for PIRACY.

ALSO,

A True Copy of the Act *of Parliament made for the more effectual suppression of Piracy.*

Jamaica : Printed by *Robert Baldwin,* in the Year 1721.

安妮・邦尼與瑪麗・里德

1720年11月28日，邦尼和里德在西班牙鎮接受審判，本來也是遭處絞刑，但是她們聲稱身懷六甲，也有醫師證實，所以死刑延期舉行。孩子的生父是誰無人知曉，有人猜是瑞克姆，甚至說是獄友，也有些人認為懷孕是為了逃避刑責而捏造出來的謊言。里德在獄中五個月後過世，孩子也胎死腹中，[65]邦尼則「繼續關在監獄裡，但是下場不明，只能確定她並未遭到處決」。

不論邦尼與里德真實人生如何，她們兩人引起社會震驚和興奮的程度相當。[66]大家最吃驚的是，她們居然可以成功假扮男人，也因此逃過許多當時社會強加於女性身上的限制。她們作奸犯科、像男人一樣打鬥，也難怪新聞報導都是她們的故事，就算不知道事實也會編出來刊登。然而，邦尼與里德這其實並非史上最先出現女海盜。

1720年，安妮・邦尼與瑪麗・里德遭捕的消息造成社會激憤，因為當時女人不應擔任水手或海盜，也不該捲入打鬥，也因此成為「黃金時代」著名的海盜。

65,66 引用自參考文獻，詳細請查照 324 頁〈內文引用〉章節

14世紀有位布列塔尼的上流女子珍·德柏維勒（Jane de Belleville）率領三艘私掠船在法國沿海掠奪；17世紀有位英格蘭女子夏綠蒂·德柏利（Charlotte de Berry）扮男裝跟著丈夫出海，卻被私掠者俘虜，慘遭船長性侵之後叛變殺害船長；這些都是傳聞，16世紀有愛爾蘭海盜格雷絲·奧馬利，也有克利古夫人（Lady Killigrew）指揮私掠船在英吉利海峽行搶，她們的故事倒是有相關記述佐證。上述都只是零星個案，所以女海盜還是非常新奇的存在。

由於女海盜十分新鮮，所以強森船長的海盜傳記修訂版中，邦尼和里德各自占據一個章節，可惜就算她們的報導在當時鋪天蓋地，後世對她們所知甚少，強森可能也是參考媒體加油添醋，但他的書還是了解邦尼和里德的重要管道。

安妮·邦尼這幅畫像可能還算符合歷史原貌，身上的確是當時水手的常見服裝，只是畫家似乎覺得有必要強調她的性別，刻意把上衣設計成低胸。

強森寫道，安妮·邦尼來自愛爾蘭，是一名律師和女傭的私生女，必須冒充是男孩才能領取兒子才有的生活費，後來她的父親移居卡羅來納，將母親扶正，期許安妮可以嫁個好人家，結果她和「身無一文」的水手私奔，1719年底來到新普洛維登斯島。

當時的人說，這兩名女海盜「穿著男人的夾克和長褲，頭上圍著手帕」。強森寫下許多安妮·邦尼和瑞克姆關係的詳情，他寫道：「她在（新普洛維登斯島）這裡認識海盜瑞克姆，瑞克姆對她展開追求，她也很快開始厭倦丈夫，同意與瑞克姆私奔，扮男裝跟著他出海。」強森認為這發生在瑞克姆接受特赦之前，但他們可能是在瑞克姆1719年初回到新普洛維登斯島後才相識。強森還寫道，瑞克姆重操海盜舊業後，邦尼「比誰都勇猛」，瑞克姆死刑當天早晨，她到牢房探望，表示「她很難過看見他入獄，但如果他肯像男人一樣打鬥的話就不會像狗一樣被吊死」。[67]強森沒怎麼談懷孕的事，但是暗示讀者安妮·邦尼的父親可能和

67 引用自參考文獻，詳細請查照 324 頁〈內文引用〉章節

右圖是上一幅安妮·邦尼畫像作家的另一幅作品，畫中的瑪麗·里德身著當時歐洲水手的服裝。

緩刑有點關係，她出獄後可能跟著父親回家了。

　　強森對瑪麗·里德的著墨更少。瑪麗是英國人，母親的水手丈夫出海後就沒有回家了，上面有一個嫡長子哥哥，但是哥哥在私生女瑪麗出生不久後過世，瑪麗得冒充哥哥的身分，才能從父親家人那裡拿取生活費。這個內容和安妮·邦尼的太過相似，實在令人難以置信。強森的故事取材自兩人接受審判那時的聳動新聞，甚至還說瑪麗青少年時期離家，先後加入海軍和陸軍。

　　故事越來越誇張，據傳瑪麗·里德在陸軍愛上一名法蘭德斯（Flemish）士兵，兩人辭去軍職後結婚，在布雷達（Breda）開了一家餐館。1697年，里德守寡，上了一艘前往西印度群島的船，卻遇到英格蘭海盜打劫，接受海盜邀約成為船員，直到海盜在新普洛維登斯島接受特赦為止，然後在島上遇見邦尼和瑞克姆。

　　仔細想的話這故事有些蹊蹺，海盜船隊不可能逃過追捕20年，而且強森的記載中，里德喪夫時應是20歲出頭，加入瑞克姆船隊時45歲左右，也就代表受審時里德幾乎不可能懷有身孕。

　　若把這故事看作有幾分真實，瑪麗·里德的丈夫應該在1713年左右去世，差不多是西班牙王位繼承戰爭結束之時，並在之後航向西印度。這樣解釋的話，後面短暫的海盜生涯、特赦令、遇見邦尼與瑞克姆的事時間上比較說得通，但強森畢竟是從誇大的新聞文章取材，他的版本可能也只是編造出來的故事罷了。

　　強森寫道，里德平時打扮成水手，只有邦尼知道她是女兒身，瑞克姆還有一名里德愛慕的年輕水手可能也知道。那名男子加入瑞克姆船隊

不到三個月就和船長一同遭處絞刑，懷孕的里德「審判後不久後染上熱病，在獄中病故」，1721年4月21日與未出世的孩子合葬。[68]瑞克姆的一名受害者表示兩名女海盜：「穿著男人的夾克和長褲，頭上圍著手帕」，另一人說她們：「行為不檢，經常口出穢言」，這類的形象正中讀者胃口，當時只要是海盜相關報導就會寫到邦尼和里德，但是她們遭捕之前的生活，大多都是臆測出來的罷了。

68 引用自參考文獻，詳細請查照 324 頁〈內文引用〉章節

這幅19世紀的插圖中，瑪麗・里德與另一名海盜決鬥獲勝，向垂死的對手坦胸，表明女性身分。瑞克姆一夥遭捕後，據傳里德和邦尼兩人是船隊裡唯二稱得上有反擊的人。

黑鬍子崛起

大多現代人想到真正的海盜，腦裡浮現的都會是黑鬍子。強森船長把他描繪得栩栩如生，形象深植人心：[69]我們的主角蒂奇船長取了黑鬍子這個綽號，因為他大量的毛髮像嚇人的流星一樣，蓋住他整張臉，比史上所有彗星還要更令美洲人懼怕。他刻意花心思把黑色的鬍子留到長得誇張，兩邊高到雙眼。蒂奇經常用緞帶把鬍子扭成一條一條的，弄得像拉米伊假髮，再把鬍子辮繞過自己的耳朵。

他打鬥的時候會在肩上掛著一條子彈背帶似的飾帶，三雙手槍插在肩背帶的皮套裡，帽子裡會塞進燃燒中的炸彈引信，引信從兩側冒出，讓他的眼神自然而然看起來更加凶惡野蠻，造就他的形象。再怎麼想像地獄怒神的樣貌，也不會比他更嚇人……若說他長得像地獄怒神，他的脾氣和怒火也能相匹配。

蒂奇很用心替自己建立駭人的形象，因為他發現海盜成功的關鍵是要能觸發恐懼，對方一旦心生畏懼，做什麼都很容易，外貌便是蒂奇的利器。蒂奇踏入海盜界之前的生活和其他海盜一樣，留下來的記錄不多，根據強森船長記載，蒂奇約莫1680年出生在布里斯托，但也有證據顯示他在牙買加出生長大，[70]強森還記述蒂奇：「英法戰爭後期搭著私掠船在以牙買加為根基，航行一陣子，雖然勇猛非凡，但是並未擔任指揮的角色。」

另外也有證據說蒂奇有一小段時間曾是溫莎號船員，他和新普洛維登斯島多數海盜一樣都當過私掠者，後來才成為海盜。蒂奇1716年加入班傑明‧霍寧戈的行列，霍寧戈領略到蒂奇的強大潛能後「讓他指揮一艘搶來的單桅縱帆船，直至霍寧戈投誠之前，兩人都還合作無間。」

1717年3月，蒙地（Munthe）的單桅縱帆船在巴哈馬西邊擱淺，他忙著把船拉出來時和當地漁夫聊過，了解到新普洛維登斯島海盜的情形。

[71]他寫信給卡羅來納的官員，彙報：「五名海盜將新普洛維登斯島的港口當作聚會地點，霍寧戈有艘10門大砲單桅縱帆船與手下約80人，詹寧斯有艘10門大砲單桅縱帆船與手下約100人，博格斯有艘八門大砲單桅縱帆船與手下約80人，懷特有艘小船、30船員與小型武器，蒂奇有艘六門大砲單桅縱帆船與手下約70人」，這段話是蒂奇的第一個正式記載，代表他最晚在1717年春天就有船隻可以指揮了。

69,70,71 引用自參考文獻，詳細請查照 324 頁〈內文引用〉章節

黑鬍子刻意打扮凶惡，用外貌震懾敵人，據說他的帽沿還纏著炸彈引信來讓自己看起來更加駭人。當代這幅腐蝕凹版畫可以看到後頭有黑鬍子的指揮艦「安妮女王復仇號」（Queen Anne's Revenge）。

左上圖

從愛德華‧蒂奇的這張當代畫像可以看出他為何有「黑鬍子」之稱，他長長的濃密黑鬍子讓他看起來特別凶狠。

右上圖

法蘭克‧勳諾福畫的〈煙與火中的黑鬍子〉（Blackbeard in Smoke and Flame）呼應了強森船長對於蒂奇的描述，「再怎麼想像地獄怒神的樣貌，也不會比他更嚇人」。

[72]那時蒂奇還在和霍寧戈一同打拼，但是兩人已經漸漸開始失和。霍寧戈一直自稱是私掠者，只肯掠奪法國或西班牙的船隻，蒂奇卻沒有這層顧忌，所以秋天大家罷黜霍寧戈時他也加入其中。霍寧戈帶著「特赦派」船員回到新普洛維登斯島，蒂奇則出來自立門戶。

1717年9月底，蒂奇在維吉尼亞的查爾斯角（Cape Charles）劫掠並擊沉一艘單桅縱帆船「貝蒂號」（Betty）。

10月中，《波士頓新聞週刊》費城報導，德拉瓦河（Delaware River）河口有艘商船遭到「名為復仇號（Revenge）的12門大砲單桅縱帆船掠奪，船上有150名海盜船員，領頭的人叫蒂奇，從本地港口離開了」。蒂奇出現在費城令人無法理解，推測他可能在附近的商船工作過。報導中還提到同一個海域中另有三次襲擊事件，應是蒂奇往南航行，在維吉尼亞角（Virginia Cape）又奪得三艘船，並且收編其中一艘單桅縱帆船。

[72] 引用自參考文獻，詳細請查照 324 頁〈內文引用〉章節

《波士頓新聞週刊》提及[73]復仇號後接著寫道：「海盜的單桅縱帆船上有貝內特（Bennet）上校，但是他沒有指揮權。」這也沒什麼好意外的，貝內特上校其實是施蒂德·邦尼特，他才是復仇號這艘海盜船的主人，但是他大概在新普洛維登斯島或可能卡羅來納沿海遇見蒂奇，蒂奇表示邦尼特經驗不足，復仇號應該讓蒂奇的船員接手，於是邦尼特被軟禁在自己船上，復仇號也立刻成為蒂奇的指揮艦。

10月底，蒂奇人在紐澤西沿海，那時差不多是海盜往南避冬的季節，所以他出發往背風群島前進，11月17日，他底下兩艘單桅縱帆船距離馬丁尼克西部60英里（97公里）。他們看見一艘大型商船後追上，商船船員略作掙扎後投降，海盜奪得「協和號」（La Concorde）。協和號是一艘體型碩大的200噸法國奴隸船，從南特（Nantes）啟程前往馬丁尼克。蒂奇把協和號開到貝克衛（Bequia）這個僻靜的錨地，改造成他的新指揮艦。

這幅畫像很特別，圖中的黑鬍子身著海盜外套，但是頭戴的不是三角帽，而是18世紀水手冬天會戴的毛帽。

安妮女王復仇號

蒂奇把搶來的槍械貯存在兩艘單桅縱帆船的貨艙，用來將協和號改造成終極海盜船。蒂奇先是拆除協和號的艉段結構與前水手艙，這樣比較適合戰鬥，然後把大砲加到40門，成為美洲海域最強大的船，蒂奇將其重新命名安妮女王復仇號。蒂奇留下復仇號，讓法國俘虜乘著他另外一艘較小且無名的單桅縱帆船去馬丁尼克，也把協和號的奴隸丟在貝克衛，自己出海尋找下一個目標。

1717年11月底，蒂奇的第一筆收穫是一艘小型單桅縱帆船，他將船收歸船隊，接著前往牙買加，途中在聖露西亞（St Lucia）劫掠一艘波士頓商船「大艾倫號」（Great Allen），用一天搜刮所有想要的東西後，放火把船燒掉，然後又奪得三艘較小的船隻之後，並在安圭拉沿海搶得單桅

查爾斯鎮18世紀平面圖，可以看出是個繁盛且防禦堅固的港口城市，但是黑鬍子1718年來訪時，查爾斯鎮的防衛相當不足。

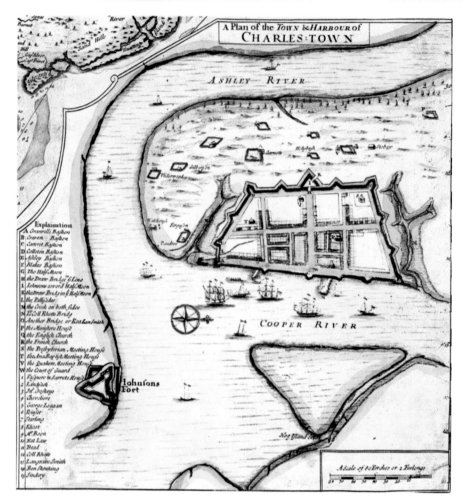

縱帆船「瑪格麗特號」（Margaret）。值得注意的是，瑪格麗特號的船長向政府官員仔細描述蒂奇，説「塔奇船長」（Capt. Tach）是：「又高又瘦的男人，烏黑的鬍子留得非常長。」強森船長根據這段描述把蒂奇寫得有聲有色，蒂奇也因這段敍述得到新稱號，以「黑鬍子」聞名天下。

　　強森的書中還寫到安妮女王復仇號對戰護衛艦「斯卡波羅號」（HMS Scarborough），雖然兩艘船在同一片水域中出現，但這件事情其實沒有發生，而且軍艦出現很可能就是蒂奇離開西印度群島的原因。

　　他在伊斯班尼奧拉島東側的薩馬納灣（Semana Bay）度過聖誕，然後帶著安妮女王復仇號與復仇號來到宏都拉斯灣，在那裡待了一個月，襲擊出沒附近的蘇木運輸船。蒂奇4月底再度往北，途經古巴西端到佛羅里達海峽，在哈瓦那沿海掠奪一艘西班牙的小型單桅縱帆船，然後在寶物船隊1715年遇難之處待了幾天，接著在佛羅里達沿海劫掠一艘雙桅橫帆

船，將其納入自己的船隊。

　　蒂奇現在有四艘船和250名手下，指揮鑑是40門大砲的安妮女王復仇號，強大到彷彿整個大西洋都歸他的地盤，他也打算好好利用這項優勢，在1718年5月22日來到南卡羅來納的查爾斯鎮。由於查爾斯鎮的港口跟海洋之間隔著一線沙洲，只有一道空隙可供船隻出入，所以蒂奇靠占據該地就封鎖了整個港口城市。第一個遭殃的是前往倫敦的大型商船「克勞來號」（Crowley）及其領航船，接下來幾天蒂奇一夥又劫掠了其他船隻，等到沒什麼船可以下手之後，蒂奇決定變本加厲，進一步作為。

　　強森船長如此描述蒂奇的行動：

> [74]醫藥匱乏的蒂奇拘留所有船隻和俘虜，堅持要當地政府交出醫藥箱……他威脅政府必須馬上把醫藥箱交給海盜方派出的代表，不得傷害他們一絲一毫，否則將殺害所有俘虜並把人頭送給總督，也會放火燒毀船隻。

1718年，黑鬍子的支隊停靠查爾斯鎮沿岸，向當地居民索取贖金，法蘭克・勳諾福這幅畫描繪的劫掠的場景，充分帶出當時的氛圍。

　　加勒比海盜猖獗的年代過去後，劫持城鎮要求贖金的事情鮮少發生。南卡羅來納的總督派人求援，但是心知時間對他不利，距離最近的英國皇家海軍戰艦位於維吉尼亞的詹姆斯河（James River），得耗時一週才能趕過來。雖然港口防禦尚稱堅固，但是當地民兵的作戰能力令人存疑，於是最後的發展是：

> [75]（卡羅來納）政府考慮提議的時間不長……他們衡量了必要性，送了內容物價值300至400英鎊的箱子上船，讓海盜平安歸去。

74,75 引用自參考文獻，詳細請查照 324 頁〈內文引用〉章節

劫持查爾斯鎮的事件落幕後，黑鬍子1718年5月北上來到外灘群島，蓄意使安妮女王復仇號擱淺在現今北卡羅來納波福（Beaufort）附近的頂帆灣（Topsail Inlet）。（圖片來源：Diane Cook and Len Jenshel/Getty Images）

蒂奇如願獲得藥品，但是背後的原因未有公認的解釋。安妮女王復仇號船沉地點發現了一支治療性病的注射器，推測船員有人在伊斯班尼奧拉島過聖誕的時候染上了性病。可是他們不久前去宏都拉斯灣，似乎也引爆了黃熱病，實在無法得知蒂奇一夥需要醫藥箱的真正原因，只知道他們顯然把醫藥箱看得比其他戰利品更加重要。當然，海盜們也沒有空手離開，克勞來號的乘客表示損失了價值1500英鎊的銀幣。

蒂奇謹守諾言，解除封城後向北駛離查爾斯鎮。他深知越慢離開，被戰艦逮住的機率就越高，也得找到可以低調行事的地方，以便他與船員分贓的同時計劃下一步怎麼走。伍茲·羅傑斯是不可能特赦黑鬍子

黑旗升起

17世紀加勒比海盜的旗幟通常是國旗或是私掠船的旗子，其中以象徵毫不手軟的紅色最為常見，也有些海盜會用代表死亡或凶兆的符號加以點綴。法國稱這種海盜旗為'La Jolie Roug'，意思是「漂亮的紅色」，英國人譯為'Jolly Roger'。

歷史記錄上，黑旗最早在海盜船上飛揚是1700年，當時法國海盜伊曼紐·韋恩（Emmanuelle Wynne）的黑旗上還有骷髏頭、交叉的骨頭以及一個沙漏。到了「海盜的黃金時代」，黑色已經與海盜密不可分，跟之前的紅旗同樣代表暴力威脅、毫不手軟和危險，每個水手都知道黑旗升起所代表的意義。現在人們都認為海盜旗應該要有一個骷髏頭與交叉的骨頭，但是那時候也很常出現其他變化，例如骷髏頭與交叉的劍、骷髏人、象徵時間緊迫的沙漏與代表向死亡致敬的酒杯，這些死亡的符號強化了黑旗背後的意涵，令海盜的受害者更加畏懼。

符號也可以非常明確，例如「黑色準男爵」羅伯茲就設計了一面旗幟來表達他對巴貝多與馬丁尼克總督的憎恨。羅伯茲曾經受到那兩位總督的阻撓，所以他的旗子是一個海盜兩腳各踩在一顆骷髏頭上，一顆寫著ABH，代表「巴貝多人的頭」，一顆寫著AMH，代表「馬丁尼克人的頭」

了，他也才剛槓上南卡羅來納的總督，北卡羅來納卻願意特赦蒂奇，因為北卡羅來納只是個小小殖民地，不像隔壁的維吉尼亞因為有商人大力遊說而仇視海盜。

羅伯茲主要的旗子是一個海盜握著沙漏，站在拿著標槍的骷髏人旁邊；黑鬍子的旗子是一個骷髏人手拿沙漏和標槍，旁邊有一顆淌血的心臟；「棉布傑克」瑞克姆的旗子是一顆骷髏頭底下有兩把交叉的劍；施蒂德·邦尼特的旗子是一顆骷髏頭，兩側有一顆心臟和一把匕首，底下有一根骨頭。事實上，旗子像傳說中的那樣有顆骷髏頭和交叉骨頭的海盜，只有愛德華·英格蘭（Edward England）一人。

然而，蒂奇接受特赦有個小小的阻礙，那就是他的指揮艦體型太大了，無法航行在加利福尼亞州的狹窄的水路，而且那麼大一艘船也很容易招來英國海軍追捕，所以蒂奇勢必得拋棄安妮女王復仇號。

黑鬍子想到了一個完美的計畫。6月2日，他來到北卡羅來納波福附

1996年，北卡羅來納的波福發現一艘沈船，後來證實是黑鬍子1718年5月失事的安妮女王復仇號。上百物件出土修復後，由波福的北卡羅來納海事博物館（North Carolina Maritime Museum）展出，圖中的錨即為其中一個物件。（圖片來源：Robert Willett/ Raleigh News & Observer/ MCT via Getty Images）

1718年11月，黑鬍子的單桅縱帆船停泊在奧克拉科克島西邊的錨地，也就是圖中的「Thatches Hole」（茅草洞）。那裡是個很特別的地方，從外海要進去必須通過狹窄的奧克拉科克灣（Ocracoke Inlet）才能在島嶼南方靠岸。

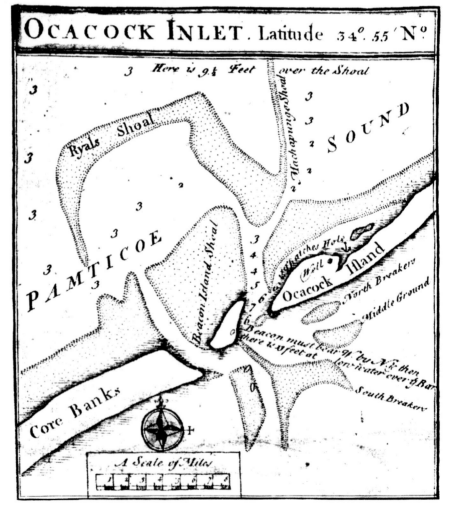

近的頂帆灣，當時那地方有幾座漁夫的小屋，水路僅300碼（274公尺）寬，非常難進出，安妮女王復仇號的舵手行經半路急轉彎導致船擱淺。

黑鬍子於是請「冒險號」（Adventure）的指揮官伊斯萊爾·漢茲（Israel Hands）幫忙把安妮女王復仇號拖出來，結果冒險號也擱淺了，幾乎可以確定他們倆是預謀沈船。冒險號雖然可以修復，但是安妮女王復仇號已經救不回來，正如蒂奇所願。

1996年6月，波福沿海發現了安妮女王復仇號的殘骸，開始有人去那個地方調查，有組織地挖掘文物。出土的有1705年的銅鐘和許多大砲、武器、圓形球砲彈，還有一支可能是劫持查爾斯鎮得來的小型性病注射筒，也有西非奴隸船上常見的金末。這些東西經判定的確是安妮女王復仇號的物件，[76]由波福的北卡羅來納海事博物館展出，也讓該博物館成為海盜文物的寶庫。

外灘群島之王

蒂奇的合法退休計畫下一步是除掉施蒂德·邦尼特，所以他調開邦

[76] 引用自參考文獻，詳細請查照 324 頁〈內文引用〉章節

奧克拉科克島是個障壁島，現為北卡羅來納外灘群島的一部分。該島與大西洋的交通便利，且臨近黑鬍子的合法據點巴斯鎮，1718年為黑鬍子的巢穴。1718年11月，黑鬍子在奧克拉科克島沿海與英國皇家海軍交鋒，戰敗而亡。（圖片來源：wbritten/Getty Images）

1718年後期，維吉尼亞總督亞歷山大·史巴茨伍德（Alexander Spotswood）追著黑鬍子重拾海盜事業的證據不放，甚至願意為此入侵北卡羅來納。

尼特，派他到北卡羅來納舊稱巴斯鎮（Bath Town）的巴斯（Bath）替大家取得臨時特赦，自己則和船員從波福的殘骸中打撈財物，把戰利品移到較小的單桅縱帆船上，然後把邦尼特的船員放逐到鄰近的無人島。

蒂奇拆下復仇號的船帆，搭著單桅縱帆船帶選中的30員離開，丟下剩餘的200名海盜。邦尼特回來之後氣炸了，黑鬍子破壞他的船、拋棄他的船員，還帶著戰利品逃走，這就是他相信海盜的代價。

邦尼特花一週把復仇號整理好，出發追趕蒂奇，但最後沒有成功。那時候蒂奇早就安穩藏身在北卡羅來納的外灘群島，把贓物分完之後就前往巴斯鎮，6月中獲得查爾斯·伊頓（Charles Eden）總督的特赦。黑鬍子方方面面看起來都像是已經改過自新，有幾個月都安分過日，同時在附近的奧克拉科克島建立更加安全的據點。他在巴斯鎮租房子，和一名年輕女子交往，把單桅縱帆船命名為「冒險號」，讓船員開著冒險號在巴斯鎮和奧克拉科克島兩邊跑，9月的時候在島上接待查爾斯·范恩一行人，開始重操舊業。他擴大活動範圍，在德拉瓦灣（Delaware Bay）劫掠兩艘法國商船，但回報給總督的證詞卻説兩艘船本來就被丟棄在那，他上船只是在行使打撈權。黑鬍子遊走法律的邊緣，如果他和海盜沾上邊的消息傳出，就會立刻地失去法律保護。

維吉尼亞總督亞歷山大·史巴茨伍德得知法國商船事件後忍無可忍，不管蒂奇的合法保障，決心在他成為更大的威脅之前斬草除根。史巴茨伍德兵分兩路，主要派出皇家海軍布蘭德（Brand）上校率軍從陸路去到巴斯鎮，並交付布蘭德的副手羅伯特·梅納德（Robert Maynard）上尉登船指揮護衛艦「珍珠號」（HMS Pearl），並引領萊姆號（Lyme），

出海到奧克拉科克島尋找黑鬍子。

　　由於外灘群島的通道太小，珍珠號和萊姆號都過不去，梅納德另外租用小型單桅縱帆船「遊俠號」和「珍恩號」（Jane）執行任務。兩艘船都沒有槍砲，但是船上配置的57名護衛艦人員皆充分武裝。史巴茨伍德為了提振士氣，承諾船員每屠殺或俘虜一個海盜都有獎賞，抓到蒂奇的話還會加碼。

　　1718年11月21日黃昏，海軍的兩艘船抵達奧克拉科克島，梅納德決定歇到隔天一早再進攻。同天下午，一艘單桅縱帆船從鎮上過來，蒂奇與24名海盜傍晚一起喝酒，他的另外24名船員則在巴斯鎮上。11月22日週五天亮之前，梅納德開始行動，因為無風只好用幾艘有槳長船拖著兩艘單桅縱帆船進到水灣。

這幅愛德華・蒂奇的畫像中，畫家加了很多自己的想像進去，雖然畫的是蒂奇在奧克拉科克島的最後一役，但是背景並非北卡羅來納的外灘群島，而是一座熱帶島嶼。

海軍和海盜勢均力敵，雖然梅納德的人數是黑鬍子的兩倍，可是海盜船上有八門大砲。海軍繞過島嶼南端的時候，冒險號的守望員發現長船蹤影，海盜對著最近的船射擊，海軍立刻撤回帆船，雙方開戰。

　　梅納德升起英國國旗，朝海盜前進，幸好沿途海盜沒有再對他們開槍。等到兩方相距100碼時，兩位船長彼此招呼，[77]梅納德將他們的對話紀錄下來：「我們首度互相招呼的時候，他（指黑鬍子）詛咒我和船員，稱我們是膽小狗，說他不會手下留情，叫我們放馬過來。」雙方先用小型武器交火，海盜接著出動大砲，重擊珍恩號，主將殉職五名船員受傷，珍恩號退出戰局，快結束了才重返戰場。海盜對著遊俠號舷炮齊射，六名海軍不幸身亡，10名重傷。

　　梅納德預期海盜會登上海軍的船，所以讓大部分船員先躲在甲板下。[78]兩方船隻撞上彼此，海盜把手榴彈往遊俠號甲板丟去後衝上船，海

77,78 引用自參考文獻，詳細請查照 324 頁〈內文引用〉章節

惡名昭彰黑鬍子的航線圖

軍從甲板下冒出來對戰。雙方交戰激烈，誰也不讓誰。一片混亂之中，
蒂奇和梅納德找到對方，決定單獨對決。「黑鬍子和上尉朝彼此開下第
一槍，黑鬍子受傷，他接著拔出短彎刀刺向梅納德。」

《波士頓新聞週刊》報導：「梅納德和蒂奇揮劍開始決鬥。梅納德
刺出一劍，刀鋒碰到蒂奇的子彈盒，刀身歪至刀柄。蒂奇毀壞梅納德劍
的護手，弄傷他的手指，但是沒有造成大礙。梅納德隨即向後跳開，把
劍丟在一旁，掏出手槍，中傷蒂奇。」挫傷兩次的蒂奇繼續奮戰，趁著
梅納德的劍損壞，向前準備予以致命一擊，此時梅納德的船員插手劃破
他的喉嚨，蒂奇失去重心，倒下的時候已經氣絕身亡。

航線圖說明

◄—— 1717年航線　◄—— 1718年航線　　西班牙船難

1717年

1. 3月：黑鬍子與霍寧戈分道揚鑣，自立門戶在巴哈馬海峽航行。

2. 9月：他在維吉尼亞角和德拉瓦灣航行，劫掠數艘船隻。

3. 10月：黑鬍子遇見邦尼特，將他的船據為己有一同航行，最北到紐澤西，之後往南避冬。

4. 11月7日：他在馬丁尼克沿海劫掠法國奴隸船協和號，將其改造成指揮艦，重新命名為安妮女王復仇號。

5. 12月：他在背風群島外海航行，劫掠數艘船隻。

6. 12月底：黑鬍子駛入伊斯班尼奧拉島東北方的薩馬納灣，保養船隻。

1718年

7. 3月：黑鬍子前往宏都拉斯灣，在那裡待了一個月，劫掠數艘船隻。

8. 4月：他回到北方，在哈瓦那沿海掠奪一艘西班牙單桅縱帆船，又去西班牙寶物船隊失事地洗劫一番，才繼續向北航行。

9. 5月22日：黑鬍子停靠在查爾斯鎮，用安妮女王復仇號以及兩艘單桅縱帆船封鎖港口，在那裡搶掠幾艘船後，向該鎮索取贖金才離開。

10. 6月：安妮女王復仇號在頂帆灣失事，黑鬍子派邦尼特到巴斯鎮向總督尋求特赦，自己丟下多數船員，搭著一艘單桅縱帆船帶著所有戰利品離開。

11. 7月：黑鬍子接受伊頓總督特赦，在巴斯鎮租了房子，同時在附近的奧克拉科克島設立和經營海盜據點。

12. 9月：他在德拉瓦沿海劫掠兩艘法國船。

13. 11月：維吉尼亞總督派出兩艘單桅縱帆船追捕黑鬍子，也派軍循陸路逮捕他在巴斯鎮的海盜同夥。

14. 11月22日：黑鬍子的單桅縱帆船停靠在奧克拉科克島，遭到梅納德上尉帶領的兩艘單桅縱帆船突襲。雙方交鋒時，黑鬍子戰死，倖存的海盜船員被帶到威廉斯堡接受審判。

　　海盜的死傷人數越來越多。根據強森船長記載，黑鬍子預先「派遣一位果敢的男子，也是他所培植的黑人，要是聽到黑鬍子一聲下令，他就會用火柴炸開火藥庫」，所幸他在能夠點燃導火線之前已遭到制伏。海軍與海盜交戰的結果是八名海盜身亡，剩下的不是受重傷就是試圖游回島上，但是水裡的海盜最後都和留在冒險號上的五名海盜一起遭捕。雖然海軍獲勝，但是他們的代價也不小。梅納德失去11名手下，22名也因此受傷。

　　他們在奧克拉科克島繼續待了三天，忙著修復帆船、埋葬死者、治療傷口以及捉拿逃跑的海盜。海軍先到巴斯鎮再回到維吉尼亞，船首斜

這幅插畫出自霍華德·派爾之手，描繪了黑鬍子海盜生涯瘋狂的最後時光，也就是和皇家海軍最後一戰的模樣。梅納德背對著畫，抵抗蒂奇和他的船員。

椇還掛著黑鬍子的人首。

　　巴斯鎮那頭，布蘭德上校也成功圍剿海盜餘黨，把他們押至威廉斯堡。北卡羅來納的總督伊頓怒不可遏，因為布蘭德的舉動等同是殖民地侵略殖民地，雖然兩地之間的訴訟會持續多年，但是史巴茨伍德很高興管轄地附近的海盜已經根除。1719年3月12日，倖存的海盜在威廉斯堡接受審判，裁定結果可想而知，除了一人獲得緩刑，其餘15人一律處以死刑。那一人是巴斯鎮的單桅縱帆船船主，只是剛好在不對的時間出現在不對的地點。集體絞刑前一刻，舵手伊斯萊爾·漢茲也獲得緩刑，他宣稱蒂奇用槍射中他的膝蓋，所以他沒有參與劫掠法國船，法院採信他的說詞就讓放他自由了。剩下的人幾天之內，上了威廉斯堡和詹姆士敦（Jamestown）之間的一排絞刑架。

　　黑鬍子雖然名聲兇惡，奇怪的是沒有證據可以證明他真的殺過人。強森船長筆下的黑鬍子因為弄傷漢茲等事蹟而建立令人生畏的形象。有次黑鬍子和漢茲與賓客玩牌，黑鬍子用暗藏的手槍射中漢茲的膝蓋，強森寫道，有人問黑鬍子為何這麼做，他說「若他沒有偶爾殺個手下，他們就會忘記他是什麼人」。

梅納德上尉戰勝黑鬍子、捕獲他的餘黨後駛回維吉尼亞，船首斜椇還掛著黑鬍子的人首。

　　黑鬍子深植現代人心的是他的外貌和殘暴性格，而非實際作為。他的形象比同時期的其他海盜更為浮誇，後來甚至發展成幾乎是誇大到荒謬的海盜角色。強森船長的海盜傳記讓讀者知道，愛德華·蒂奇戲劇般的真實生活以及海盜事業比起近代傳說來得更加引人入勝。

「紳士海盜」施蒂德・邦尼特

大部分時候，我們對於海盜成為海盜之前的生活所知甚少，但施蒂德・邦尼特是個例外，他為自己的生活留下了不少足跡。事實上，他的個人背景還曾引起社會轟動，導致受審的時候報紙滿是他的人生故事。大家覺得新奇的是，他根本沒有當海盜的必要，因為他本來是個紳士，是殖民地上流社會的重要成員。[79]審判他的法官形容他：「有條件接受博雅教育，一般都認為他是個文人」，這個論述根本上沒有錯。邦尼特出生英格蘭，1700年代早期搬遷到巴貝多，在橋鎮附近買下一座甘蔗園，1717年已成了經營農園有道的富人。他備受尊崇、婚姻美滿，還是巴貝多民兵團體的的上校，可是他卻拋下一切成為海盜。

背後的理由眾說紛紜，還有人說他「精神失調」。無論原因為何，邦尼特的確決定成為罪犯，開始的方式也很獨特。他張羅了一艘10門大砲的單桅縱帆船，命其為復仇號，有了最理想的海盜船之後，他在橋鎮四處網羅船員。一般海盜都找自願者加入，只有邦尼特一人是付薪雇用船員，復仇號的70名船員大概是史上唯一定期領薪的海盜了。

邦尼特怕被認出來而避開在西印度群島活動，選擇前往美洲殖民地，在1717年夏初抵達目的地。他在維吉尼亞角附近航行一個月，劫掠四艘商船，其中一艘來自他的家鄉巴貝多，那是艘名為「圖伯特號」（Turbet）的單桅縱帆船。邦尼特為了多少掩蓋證據，搶奪船上貨物並讓船員上岸之後，把圖伯特號燒個精光。接著，他乘著復仇號回到巴哈馬，很可能就是在那裡或是卡羅來納沿海遇上黑鬍子。10月24日，《波士頓新聞週刊》費城報導黑鬍子出沒在德拉瓦灣，船名正是復仇號。報導中這樣寫：

施蒂德・邦尼特是來自巴貝多的農園經營者，雖然沒有海事經驗，還是決定在1717年成為海盜，不久後結識黑鬍子，基本上成為了他的俘虜。兩人分道揚鑣之後，他獨力度過一段短暫的海盜生活，1718年末遭到逮捕處刑。

[80]海盜的單桅縱帆船上有貝內特上校，但是他沒有指揮權。他穿著晨袍散步，走到船上藏書豐沛的書房閱讀。他之前和一艘西班牙戰艦交鋒的傷口尚未復原，那場戰役的死傷人數大約30至40人。他們抵達海盜聚集地普洛維登斯島後，讓前述的蒂奇船長登上這艘船。

貝內特上校很明顯就是施蒂德・邦尼特，但是西班牙的史料並未提及他和西班牙戰艦交手過。邦尼特可能真的去過新普洛維登斯島，不是在那裡碰見蒂奇，就是不久後在海上才相遇。穿著「晨袍」的部分則符合強森筆下兩名海盜的關係：

之前說過，上校不是水手，因為缺乏足夠的海事知識，同航期間被迫屈服於許多事情……對他（指黑鬍子）而言，邦尼特的船員加入了他的團隊，雖然船是邦尼特的，但他本人卻被晾在一旁。

1718年6月，蒂奇終止邦尼特八個月的軟禁，派他到巴斯鎮向伊頓總督請求特赦。特赦令原本不能赦免黑鬍子等人（包含邦尼特）在宏都拉斯灣以及查爾斯鎮的行徑，但是各地總督可以視情況通融。

80 引用自參考文獻，詳細請查照 324 頁〈內文引用〉章節

南卡羅來納的查爾斯頓是個迷人勝地，以美國內戰前的建築聞名，但是1718年，查爾斯頓還是查爾斯鎮的時候，該地遭到黑鬍子封鎖，之後又成為施蒂德・邦尼特一幫海盜的審判地點，他們也在不遠處遭處絞刑。（圖片來源：Visions of America/UIG via Getty Images）

蒂奇希望伊頓先看到邦尼特後會因此對自己更加寬仁大度，事實上也的確如此，邦尼特回到頂帆灣的時候已經拿到特赦令了，[81]他卻發現黑鬍子帶著全部的戰利品消失無蹤。

邦尼特救回被蒂奇放逐的船員後，重新招募復仇號的船員，修整復仇號準備出海，復仇號真的要去復仇了。他本來有機會從海盜安全下莊，但是他氣到沒有意識到復仇號一下水，之前請求特赦等同白跑一趟。他聽到蒂奇在奧克拉科克島的消息就趕忙乘船追上，一切回不了頭了。邦尼特沒有找到蒂奇，後來帶著船員往北到維吉尼亞繼續當海盜，殊不知黑鬍子正在巴斯鎮接受特赦。

這是18世紀初大幅報紙裡的插圖，把美洲殖民地畫成衣不蔽體的高壯婦女，藉著有利的風向，透過緝捕和處死海盜來捍衛商業活動。

邦尼特劫掠的第一艘船是滿載蘭姆酒的單桅縱帆船，酒都進到船員腹中了。他接下來又搶掠了四艘船，在德拉瓦灣打劫載運毛皮的單桅縱帆船，都是些不值得放棄特赦的小收獲。值得一提的是，他7月的時候在德拉瓦河口劫掠五艘船舶，將其中兩艘收歸己有。他預期自己的行動會招來海軍注意，所以再度往南航行。

畏角河之戰

復仇號需要維修，所以邦尼特把船開到畏角河，在那裡待了兩個月。9月中，船修好之後有了一個新名字，叫做「皇家詹姆斯號」（Royal James）。黑鬍子封鎖查爾斯鎮事件過後，當地總督派出武裝單桅縱帆船「亨利號」（Henry）與「水仙號」（Sea Nymph）追捕蒂奇。兩船的指揮官為威廉·瑞特（William Rhett）上將，他主要的目標是蒂奇和范恩，但邦尼特也在他的名單之中。

81 引用自參考文獻，詳細請查照 324 頁〈內文引用〉章節

單桅縱帆船大概是當時最常見的海盜船類型，航行速度快、吃水線淺，幾乎可以說是完美的海盜船。圖中為英國的單桅縱帆船，背後是波士頓燈塔，時間背景為1718年。

　　9月26日，瑞特的船進到畏角河，強森寫道：「看到海岬另一頭有三艘單桅縱帆船停靠港邊，正是貝內特上校原本以及搶掠而得的船隻。」瑞特預計在黎明漲潮時進攻，邦尼特一夥也發現海軍的蹤影，所以當晚兩方都在備戰。

雙桅帆船是18世紀美洲海域最受歡迎的商船船型，因此在當時相當常見，而且這種船也可以改造成武裝海盜船。

海盜司法

　　政府在「黃金時代」對付海盜採用胡蘿蔔與棍子的政策，除了提供特赦之外，也會緝捕罪犯，將他們審判後處死。防止水手轉行當海盜最有效的方法就是殺雞儆猴，讓他們知道當海盜一點也不划算。

　　海盜遭捕後，審判過程都會鬧得沸沸揚揚，定罪之後就會被處以絞刑。英國的審判基礎為海事法，所以沒有陪審團，由一組官員參審，被告必須自證清白。然而，大部分的被告幾乎是文盲程度，這種審判方式的目的更像是在報復海盜，而非落實公平正義。

　　海盜定罪之後，死刑刑場通常都在海事法院管轄區域內的海灘，所以絞刑架會設在濱水區，倫敦瓦濱（Wapping）的刑場碼頭就是一例。海盜臨刑前可以交代遺言並禱告，之後屍體會掛在絞架上一天半，會有人剪斷絞繩把屍體埋葬在無名墓底下，但是多數時候，海盜根本沒有無福消受這種尊嚴。為了因應殺雞儆猴的政策方向，許多海盜的屍體都會懸在籠裡對著海洋，警惕路過的船隻，意圖強化當海盜不划算的觀念。

　　日出之前，皇家詹姆斯號悄悄順著河流航行，砲班人員都處於備戰狀態。邦尼特只有45名船員，人數是海軍的三分之一，只能採取攻其不備的戰術，趁經過敵方時舷砲齊射，自己再逃到外海。皇家詹姆斯號朝海盜獵人前進時，在海軍前方狠狠觸礁；亨利號和水仙號開始行動，卻也因撞上隱藏的沙丘而擱淺。三艘單桅縱帆船動彈不得的畫面非常滑稽，他們得等到漲潮才能脫困。

　　船不能動所以大砲不管用，雙方用重型滑膛槍朝對方射擊，纏鬥五小時，那時瑞特已經折損12人。後來亨利號首先脫困，船長把船開過皇家詹姆士號的船頭，讓船體落在零距離射程內，勝負已定，邦尼特只剩下投降一個選擇。瑞特那天剩下的時間都在圍捕犯人和照顧自己的傷口，最後啟航返回查爾斯鎮的時候後頭還跟著三艘俘獲的船隻。

　　船隊10月3日抵達港口，海盜則進了大牢。雖然邦尼特有罪在身，但他畢竟身分還是紳士，所以住的是當地高官的私人宅邸，他的兩位高階手下也在幾天後加入。宅邸的戒備不算森嚴，10月24日邦尼特和他的領航員半夜脫逃，成為不論生死的懸賞對象。12天後，一位巡邏兵發現他

們躲在沼澤，一陣扭打後領航員喪命，邦尼特被上銬帶回去和其他船員一起坐牢。

邦尼特回來的時候，審判已經進行一週，只有兩名海盜認罪，但是鐵證如山，33名被告中有29名被判處死刑，邦尼特則因為紳士身分而擁有單獨審判的特殊待遇。11月8日破曉，24名海盜被押到查爾斯鎮的南端，在大庭廣眾下受處絞刑。11月10日，審判重啟，兩天後邦尼特被定罪，[82]13日，前上校與紳士海盜施蒂德‧邦尼特在白角（White Point）與剩下最後五名船員遭到吊死。

「黑山姆」貝勒米

班傑明‧霍寧戈是巴哈馬海盜之祖，幾位海盜船長都是從他旗下開始犯罪生涯，除卻黑鬍子，山姆‧貝勒米（'Black Sam' Bellamy）是其中最為成功的一人。貝勒米約莫1689年出生在英國的得文（Devon），早期生活紀錄不多，但是他加入霍寧戈船隊時已經有豐富海事經驗，也有船長風範。他和新普洛維登斯島許多海盜一樣，曾任私掠者，以皇家港為基地。根據鱈魚角（Cape Cod）民間傳說，他愛上來自麻薩諸塞（Massachusetts）的瑪麗亞‧哈勒特（Maria Hallett），可是他只是個窮水手，得不到瑪麗亞長輩的首肯，所以出海尋找發財的機會。無論傳說真偽，能確定的是1715年亨利‧詹寧斯襲擊佛羅里達的西班牙救難營地時，貝勒米也參與其中，後來跟著詹寧斯一夥去到巴哈馬。1716年，貝勒米以霍寧戈船員的身分成為黑鬍子手下，出沒在新普洛維登斯島。

1716年夏天，貝勒米跟隨霍寧戈航行，獲得一艘搶來的單桅縱帆船指揮權，船名為「瑪麗安號」（Mary Anne）。不久後的夏末，貝勒米道別霍寧戈，與人稱「禿鷹」的法國海盜奧利維爾‧勒瓦瑟（Olivier le Vasseur）結盟，在維京群島海域航行，劫掠幾艘小船後，1717年初回到新普洛維登斯島。

同年夏天，勒瓦瑟改與海盜克里斯多福‧穆迪（Christopher Moody）合作。穆迪之後得到伍茲‧羅傑斯總督的特赦，幾個月後重操舊業，1719年初再度與勒瓦瑟結盟，在西非沿海活動。

另一方面，貝勒米把劫獲的商船「蘇丹王妃號」（Sultana）改造成

24門大砲的海盜船，把原先的單桅縱帆船交由舵手帕爾格雷夫·威廉斯（Palgrave Williams）指揮，讓兩船共同航行。1717年2月，貝勒米又換了一艘船，換成他在巴哈馬海峽劫掠而來的英國奴隸船，取名「維達號」（Whydah Galley），即西非沿岸奴隸交易港口的名稱。維達號航行速度快，船身結實，重達300噸，據說原本船上的貨物包括蘭姆酒、金末和金錢，以海盜來說是很不錯的收穫。

貝勒米將蘇丹王妃號贈予維達號的原主，自己以維達號作為指揮艦，為其配備28門大砲。貝勒米和威廉斯分別乘著維達號和瑪麗安號往北航行，3月在維吉尼亞沿海掠奪四艘船。

強森船長記錄了貝勒米和其中一位受害船長的對話，他抱怨社會體制的話語感覺像是杜撰而成，卻無疑代表當時海盜的想法。貝勒米說：

海盜山姆·貝勒米指揮的維達號於1717年4月在麻薩諸塞的鱈魚角失事。1984年，後人發現其殘骸，許多文物也隨之出土。圖片中的槍枝即是其中一項物件，展出在主題為維達號與其船員的巡迴展上。（圖片來源：John Ewing/Portland Press Herald via Getty Images）

山姆・貝勒米的航線圖

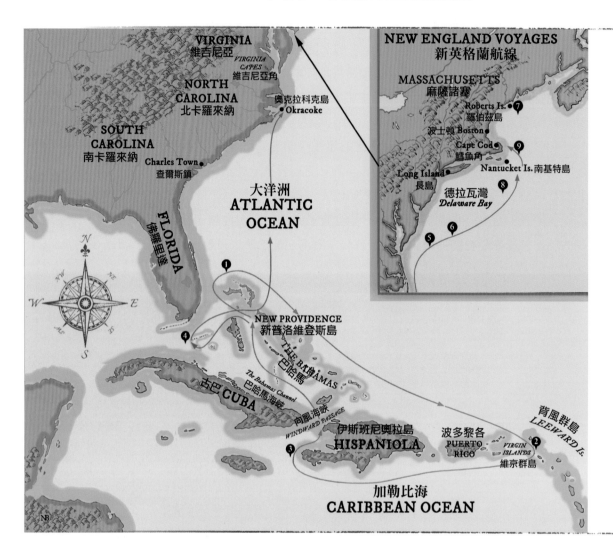

[83]他們汙衊我們，那些混帳。我們之間只有一個分別，他們劫貧，靠的是法律的保護；我們劫富，憑的是勇氣的加持。與其向他們討工作，加入我們不是更好嗎？

商船船長表示不同意，聽說貝勒米是這麼駁斥的：

你這個邪惡的背德無賴，我是個自由的王子，我的勢力足以和世界抗衡，如同有100艘船和10萬員的人一般。我心知肚明，同這些喪家犬爭執

83 引用自參考文獻，詳細請查照 324 頁〈內文引用〉章節

航線圖說明

◄──── 1716年航線　◄──── 1717年航線

1716年

1. 8月：班傑明‧霍寧戈讓山姆‧貝勒米指揮一艘搶掠而來的單桅縱帆船瑪麗安號，之後貝勒米與他的貴人分別獨立航行。

2. 9月：貝勒米與法國海盜奧利維爾‧勒瓦瑟航行於背風群島，劫掠數艘船隻。

3. 11月：他在向風海峽虜獲一艘英國商船蘇丹王妃號，爾後將其占為己有。

1717年

4. 2月：貝勒米斬獲英國奴隸船維達號，將其改造成自己的指揮艦，讓俘虜駕駛蘇丹王妃號離去。

5. 3月：維達號和瑪麗安號在維吉尼亞角掠奪數艘商船。

6. 4月上旬：暴風將貝勒米往北吹向新英格蘭，兩艘海盜船失散。

7. 傳聞貝勒米打算在緬因沿海的羅伯茲島建立海盜據地。

8. 4月中旬：他在南特基島沿海劫掠一艘載著葡萄酒的船，與船員飲盡戰利品。

9. 4月26日：維達號在鱈魚角外海遇上颶風，被沖到沙洲上覆沒，僅兩人從船難中倖存。

是沒有用的，他們任由上級隨心所欲踢得在甲板上滿地跑。

　　這段插曲過後，貝勒米一夥碰上暴風雨，維達號和兩艘隨航船被往北吹經長島，暴風雨才趨緩。1717年4月26日，他們來到鱈魚角附近，又遇上暴風雨，貝勒米下令三艘船想辦法往開放海域前行，但是維達號航行速度太慢，被颶風級強風沖上岸，撞擊海灘附近的沙洲而翻了過去，因為不斷湧上的海浪損壞船尾；維達號解體，船上146名海盜四散在浪花裡只有兩人存活。其中一位是威爾斯木匠湯瑪斯‧戴維斯（Thomas Davis），他幾個月前被押上船，船難後在波士頓受審後獲判無罪釋放；另一個倖存者有半個蚊子海岸原住民血統，入監後無任何正式紀錄。

　　至於貝勒米其他船隻的下落，根據附近村莊韋爾弗利特（Wellfleet）的居民表示，海岸線上佈滿了上百具屍體，但是一直沒有人發現貝勒米的屍體。海盜們搶來的單桅縱帆船被沖到岸上，九名倖存者遭到逮捕，其中七名在波士頓接受絞刑。威廉斯指揮的瑪麗安號撐過這次災難，他甚至在過幾天後似乎還回來船難地點查看是否有可以搶救的戰利品，5月時在鱈魚角沿海劫掠兩艘商船，冬天接受特赦，從海盜生涯退休。

　　1984年，殘骸獵人貝瑞‧克里福（Barry Clifford）尋獲維達號殘骸，

貝勒米的維達號以及黑鬍子的安妮女王復仇號遭遇船難，提供後人難能珍貴的機會，得以從殘骸一窺海盜全盛期的世界。舉例而言，圖片中的手榴彈雖然來自維達號，但是黑鬍子一夥1718年晚期在奧克拉科克島上遇到梅納德襲擊時，對著敵船所擲出的手榴彈也是一模一樣。（圖片來源：Kathryn Scott Osler/The Denver Post via Getty Images）

過去20年來他的團隊致力於從中發掘更多物件，麻薩諸塞州的普洛溫斯鎮（Provincetown）則為這些殘骸建造一座海事博物館，展示出土的文物。博物館展出維達號上的銅鐘、奴隸船時期留下的鐐銬，以及武器和部分戰利品。那些戰利品讓維達號船員成為美洲海域短短幾個月期間，數一數二富裕的海盜。

海盜界小角色

　　強森著作《搶劫與謀殺——聲名狼藉的海盜通史》中出現的海盜並非都從巴哈馬起家，也不是所有人都功成名就，很多人只是海盜生涯短暫的小角色，不像其他惡名昭彰的海盜一樣有精彩有趣的故事。

　　理查・沃立（Richard Worley）就是一個例子，他在1718年9月底和八名同夥偷了一艘紐約港口的有槳長船出海，他們往南航行，最後抵達德拉瓦灣，在威明頓南方最近的新堡劫掠一艘前往費城的小帆船，接著又搶掠了一艘小型單桅縱帆船。沃立一夥將單桅縱帆船留作己用，並強行吸收船上船員，把剩下的受害者丟到偷來的有槳長船上送出海漂流。

　　他們下一個收穫是前往英國的單桅縱帆船，這艘船比較大，海盜們

又換了一次船，接著航向巴哈馬。強森表示他們在那附近的海域劫掠一艘單桅縱帆船和一艘雙桅橫帆船，繼續強迫更多人加入他們的團隊。沃立當時是一艘六門大砲單桅縱帆船的船長，手下有25人，其中有許多非自願成員。他們再度往北，1719年1月底來到維吉尼亞角沿海，但是沃立的運氣已經用盡。威廉·瑞特上將麾下的亨利號和水仙號獵捕海盜多年，當時仍在海上執行勤務，2月16日在詹姆斯河河口發現沃立的蹤跡。

[84]強森寫道：「沃立和船員決心奮戰到底，寧死不屈……所以不是戰死就是戰勝。」這完全是杜撰出來的，沃立的船員大多為非自願的海盜，根本沒什麼戰鬥意願。海軍靠近每柱船樑，砲轟舷側，在砲煙壟罩下登船，單方面戰鬥很快結束，只有兩個海盜死亡。沃立傷重，但是活了下來，和其他人被帶到查爾斯鎮接受審判，在施蒂德·邦尼特四個月前的絞刑地點遭到處刑。

另一個海盜界小角色是約翰·伊凡斯（John Evans），他是出身威爾斯的領航員，1721年9月在皇家港待業，集結三位友人偷了一艘大獨木舟，開始沿牙買加北岸入宅強盜，不久後斬獲一艘小型的四門大砲單桅縱帆船，重新命名為「搜索號」（Scowerer）。現在他們只缺船員，於是往東來到波多黎各沿海，劫掠了一艘新英格蘭商船「鴿子號」（Dove），吸收船上四名船員。

接著，他們在瓜德羅普打劫了一艘商船又兩艘單桅縱

下圖為在倫敦瓦濱的沙灘的海盜絞刑畫面，那些絞架都是專門為了處刑設置。海事法規定海盜絞刑必須在低於滿潮線的地方。

帆船。目前為止他們的海上事業看來非常成功。

　　伊凡斯航向大開曼島，和水手長失和，打算用槍劍一決勝負。豈料，水手長臨陣拒絕決鬥，逼得伊凡斯拿棍子打人，水手長便掏出手槍射死伊凡斯。他跳船想游到陸地，但是其他船員追上後把他殺了。大夥到海灘上埋葬伊凡斯，搜索號上只留下一名商船俘虜來的船員和打雜的男孩，他倆私自把船開到牙買加，岸上的船員只能怒喊要報仇。

下方是賀加斯的版畫《怠惰的見習生》，圖中的年輕人出海時，其他船員正在拿他如果當海盜會有的可怕後果來嘲弄他。

精神變態的愛德華・洛渥

　　愛德華・洛渥（Edward Low）成為違法亂紀的海盜，開始的方式也差不多。他本來在倫敦當扒手，後來到美洲殖民地重新生活，以當水手維生。1721年底，他加入砍伐蘇木的團隊，搭上單桅縱帆船前往宏都拉斯灣。抵達目的地後，他發動叛變，可惜手法拙劣，被迫和12名同夥坐著船載小艇逃走。強森寫道：「隔天他們偷了一艘小船，登船後自製海盜黑旗，向全世界宣戰。」12月，洛渥一夥出沒在開曼群島，遇見喬治・勞瑟（George Lowther）的海盜團，並加入他們。洛渥後來成為勞瑟的舵手，兩人聯手五個月，直到1722年5月28日，勞瑟在紐澤西沿海劫獲一艘波士頓的雙桅帆船「瑞貝卡號」（Rebecca）。

　　勞瑟把瑞貝卡號的指揮權交給洛渥，洛渥把船改造成海盜船，和勞瑟分道揚鑣。他在長島沿海第一次成功劫掠船隻，之後又在羅德島掠奪兩艘船。羅德島總督派出兩位海盜獵人，但洛渥躲過他們，來到麻薩諸塞的馬波黑德（Marblehead）。強森說洛渥劫掠了幾艘船舶，收編多桅縱帆船，重新命其為「幻想號」（Fancy）。強森的敘述並無史料佐證，但是洛渥的確從某處獲得一艘新英格蘭的多桅縱帆船，把雙桅橫帆船交給舵手查爾斯・哈里斯（Charles Harris），自己指揮10門大砲的幻想號。

　　洛渥發現新英格蘭的沿海對他來說越來越危險，所以轉向西印度群島，與哈里斯8月底抵達那裡，不巧遇上颶風，幸好幻想號和瑞貝卡號都挺過了這次災難。洛渥將船修整完畢後決定穿越大西洋，9月底來到聖米格爾（São Miguel）沿岸，在蓬達德爾加達（Ponta Delgada）掠奪並摧毀幾艘商船，只為海盜船隊添增了一艘單桅縱帆船「玫瑰號」（Rose）。

　　洛渥接著又劫掠一艘法國商船，將其洗劫一空後放逐海上，要是有人抵抗就會被劈成兩半或凌虐，強森甚至描述他們「劈人和砍人的方式非常野蠻」。更可怕的是，海盜幾週之後又劫掠一艘船，法國船上的廚師被押來替他作飯。

這個時期的多桅縱帆船可能有單帆或雙帆，到了18世紀中，三帆的多桅縱帆船更為常見。這種船因為是縱帆所以是很受歡迎的商船船型，所以也很常慘遭海盜毒手。

　　洛渥不滿他的廚藝，本來以為那個「肥膩的傢伙很會下廚」，氣得把廚師綁到主桅上連同船一起燒掉。洛渥一夥在維德角群島沿海繼續掠奪了幾艘船隻，才回到大西洋。

　　1722年末，洛渥和哈里斯出現在巴西沿岸，哈里斯的雙桅橫帆船沉沒，船員靠幻想號救援撿回一命。洛渥與一艘葡萄牙單桅縱帆船的交會，讓他的殘忍事蹟又添一樁。據說他得知該船船長將錢財丟進海裡時，下令割下對方雙唇，「在他眼前火烤舌頭，爾後殺死船長和他的船員」。

　　洛渥任命安東尼・史匹格茲（Anthony Spriggs）指揮新的單桅縱帆船，和幻想號繼續往宏都拉斯灣航行，在那裡戰勝一艘西班牙巡邏艦，屠殺其船員。後來不知道為何，哈里斯取代史匹格茲再度成為指揮，把船重新命名為「遊俠號」。海盜們往北航行，1723年5月底來到卡羅來納，掠奪兩艘船舶，其中一艘船的船長被洛渥凌虐殺死。

　　6月21日，海盜在長島沿海發現了一艘船，那艘船居然是英國海軍配備的單桅縱帆船「灰獵犬號」（HMS　Greyhound）。洛渥乘著幻想號逃走，丟下哈里斯獨力奮戰，雙方交鋒兩小時後，遊俠號遭到俘虜。7月19日，哈里斯和24名船員在羅德島的紐波特遭處絞刑。洛渥依然逍遙法外，他往北逃，還劫掠一艘南基特島的小型單桅縱帆船，「該船領航員裸身在甲板上被海盜殘忍鞭笞得到處跑。海盜以凌虐他為消遣，割下他的耳朵，最後射穿他的腦袋，把船沉了。」洛渥對其他船船長這種殘酷至極的行徑顯示他可能是精神變態，也讓當權者厭惡不已。

這幅19世紀的插畫中，海盜正把俘虜「操出汗來」，用乾草叉和登船矛戳向他，驅策他繞著主桅奔跑。這名俘虜可能是剛掠奪來的商船船長。

這幅19世紀的畫描繪出海盜的殘暴，圖中的海盜用俘虜來練習打靶。奴隸船「可達根號」（Cadogan）船長史金納（Skinner）就曾親身經歷，海盜對著他扔空蘭姆酒瓶，最後才把他射死。

　　7月底，洛渥斬獲一艘大型商船「聖誕快樂號」（Merry Christmas），將其改造成34門大砲的指揮艦。他自稱「上將」，乘著聖誕快樂號越過大西洋，在亞述群島沿海掠奪一艘單桅縱帆船，吊死其半數船員。他在維德角群島徘徊一陣子，來到西非海岸的獅子山，在那裡又劫掠了一艘單桅縱帆船。神秘的是，1724年1月就再也沒有洛渥的紀錄了，有一說是他遇上颶風船沉了，但更有可能的是他遭到船員罷免，被放逐到非洲的海岸死去。不論哪個說法才是正確的，剩下的船員推選史匹格茲為新船長，他把指揮艦重新命名為「單身漢歡愉號」（Bachelor's Delight），途經大西洋來到加勒比海。

　　強森記錄史匹格茲的行蹤，他依序去過宏都拉斯灣和西印度群島，最後到開曼群島，沿途劫掠一些小船，落下擅於虐待的名聲。1725年1月，史匹格茲自己也遭到罷黜，被放逐到宏都拉斯灣。菲力普‧林恩（Philip Lyne）成為新任船長，但是他領導無方，海盜們收穫甚少。

荷蘭殖民地古拉索島距離西班牙大陸的海岸40英里（64公里），但是海盜通常都會避而遠之，因為重視商業的荷蘭對海盜零容忍。1726年，海盜最後一次集體絞刑就是在古拉索島上。（Westend61/Getty Images）

1722年，愛德華‧洛渥成為海盜，從新斯科細亞（Nova Scotia）到蘇利南（Surinam）都曾是他的活動範圍。洛渥1724年1月後的紀錄全無，有一說是他的船遇上颶風沉沒了，就和圖中描繪的天災一樣。

1726年3月，林恩的海上生涯到此結束，單身漢歡愉號被兩名荷屬古拉索島的海盜獵人捕獲，海盜被帶到古拉索島接受審判，與19名船員一併如期遭到吊死。這批海盜的絞刑是加勒比海最後一次針對海盜的集體行刑。洛渥一路走來血跡斑斑，現在總算是劃下了句點。

喬治・勞瑟

後世人們對喬治・勞瑟的背景所知甚少，頂多從他的姓大概推測他有蘇格蘭血統。1721年5月，皇家非洲公司（Royal African Company）的16門大砲「甘比亞城堡號」（Gambia Castle）開到甘比亞河（Gambia River）河口的加拉席（Gallassee），也就是現今的班竹（Banjul），為的是替當地的堡壘運送新一批衛戍部隊。部隊的指揮官是約翰・馬希（John Massey），他與加拉席的商人鬧翻，於是結夥船上二副勞瑟接管甘比亞城堡號，叛變成功，兩人成為海盜航向大海。

海盜們把甘比亞城堡號改名為「快樂解脫號」（Happy Deliverance），船上50名船員選出勞瑟當船長。勞瑟決定前往西印度群島，並在那裡第一次成功劫掠船隻，之後又在伊斯班尼奧拉島掠奪了另一艘，但是馬希帶著10人乘著那艘船脫隊，去向牙買加總督自首，卻被送往倫敦。1723年7月，馬希受審定罪，因海盜罪而遭處決。

1721年12月，勞瑟來到開曼群島，與愛德華・洛渥相遇後合夥，洛渥成為勞瑟的舵手，一起航向宏都拉斯灣，1月10日在那裡斬獲波士頓的灰獵犬號。強森寫道：「他們不光洗劫整艘船，還殘忍地鞭笞、毆打、劈砍船上的成員」，這種慘絕人寰的行徑聽起來比較像是洛渥的作風。海盜們繼續在宏都拉斯灣活動，收獲兩艘雙桅橫帆船和四艘單桅縱帆船，把兩艘單桅縱帆船收編海盜船隊。洛渥得到其中一艘船的指揮權，但是勞瑟不願與洛渥拆夥。他們要登陸保養快樂解脫號的時候，營地遇上當地原住民突襲，船也被燒毀，最後只剩下兩艘單桅縱帆船，一艘的船長是羅瑟，他把船改名為遊俠號，另一艘的船長則是洛渥。

喬治・勞瑟在非洲沿岸發動叛變後成為海盜，他的海盜生涯不能說特別成功，三年後在偏遠的加勒比海島死去。

他們在西印度群島找尋獵物，在瓜德羅普打劫了一艘雙桅橫帆船，但是聽聞同片海域有戰艦巡邏，於是往北航行。1722年5月，洛渥與勞瑟在維吉尼亞沿海拆夥。6月3日，勞瑟攻占一艘新英格蘭的大船，往南來到卡羅來納，襲擊了商船「艾美號」（Amy）。艾美號奮力反抗，遊俠號為了躲避艾美號射擊還蓄意擱淺，艾美號無法靠太近只好摸著鼻子離開。歷經磨難的勞瑟讓船重新回到海面上，開到一座隱蔽的小島，[85]用整個冬天迅速把船修好。1723年春天，遊俠號重返大海，在紐芬蘭淺灘劫掠幾艘小船，7月回到西印度群島，但是兩個月內只收獲三艘船。

9月底，勞瑟決定保養遊俠號，所以開船來到委內瑞拉沿海的布蘭基雅島，卸下遊俠號的武裝和備品，把船停在淺灘。不巧，武裝商船獵鷗號在這關鍵時期出現，來到同一片海灣靠岸後，猛烈襲擊了沙灘上毫無防備的遊俠號。勞瑟和10多人逃到島嶼內陸，後頭其他10多名受傷的船員跟不上而遭到俘虜。獵雕號接著又捉到五人，但是勞瑟順利逃過。逃亡不及的海盜在聖克里斯多福島（聖基次島）接受審判，大部分人在同地遭處絞刑。西班牙也派了軍艦來到布蘭基雅島，只抓到四名海盜，未能將勞瑟和剩下的三名船員繩之以法，但是據推測他們最後可能在荒島上餓死了。

85 引用自參考文獻，詳細請查照 324 頁〈內文引用〉章節

1725年，二流海盜約翰‧高鄔（John Gow）來到家鄉奧克尼群島（Orkney Islands）的斯通內斯（Stromness），意圖假冒商船船長蒙混過關，東窗事發後逃到奧克尼北部一座小島，在那裡遭到逮捕。（圖片來源：J-P Lahall/Getty Images）

約翰・高鄔

　　我們對海盜的浪漫想像是航行在蔚藍的海洋、穿梭在美麗的島嶼，島上還圍繞著一圈棕櫚樹。約翰・高鄔的海盜生涯巔峰時期的確是差不多的景象，只差沒有棕櫚樹，蔚藍的海洋也相當冰冷。他的活動範圍不在西印度群島，反而和蘇格蘭北方的奧克尼群島連結更深。1695年，高鄔出生在奧克尼的斯通內斯附近，和奧克尼許多人一樣選擇出海討生活，1724年簽約成為船員，登上配備24門大砲的有槳帆船「卡洛林號」（Caroline）。他可能一開始就打算「改當海盜」，和幾位同夥慢慢為叛變鋪路，11月3日，高鄔和三個夥伴襲擊船長，朝他開槍再把他丟下海，還殺了兩位長官跟船醫，並威脅船員如果不從就會落得同樣的下場。高鄔把船改名為「復仇號」（Revenge），插上海盜黑旗開始尋找獵物。

　　他們九天之後劫掠了第一艘船，又在直布羅陀沿海搶掠了一艘，一艘是航向西班牙的單桅縱帆船，另一艘則航向義大利，兩船上都載滿了漁貨，海盜打劫後把船沉了。高鄔來到馬德拉（Madeira）準備向當地總督換取備品，但是總督心裡存疑，不願和他們交易，高鄔於是航行到鄰近的聖港島（Ilha de Porto Santo），挾持當地總督以換取所需物品，然後才回到海洋。12月18日，高鄔在葡萄牙南岸捕獲一艘價值不高的木材運載船，運氣還是不怎麼樣。九天後，海盜首度攔截到不錯的船隻，在芬尼斯特雷岩角（Cape Finisterre）打劫一艘法國商船，喝光船上的西班牙酒後讓船自由離去。復仇號繼續往南，1725年1月6日是高鄔最後一次劫掠船隻，而且船上依然是漁貨。他接下來兩個月幾乎毫無收穫，船上貧困的30名手下益發不滿，高鄔決定往南回到家鄉奧克尼，打算藏身於他從小熟悉的群島。他把船名改成「喬治號」（George），偽裝成前往斯德哥爾摩途中遇風暴而受阻的商船，並要求船員使用假名。

　　高鄔1月底抵達斯通內斯，事情開始出了差錯，一點都不令人意外。「瑪格麗特號」（Margaret）的船長瓦特認出喬治號其實就是卡洛林號，也知道以前有兩名船員在卡洛林號效力。他在街上巧遇其中一名船員時，得知事情的來龍去脈，也發現高鄔是海盜的事實，馬上回報官員。高鄔的10名非自願船員搭著船載小艇逃走，三名等到高鄔離開了都還躲在斯通內斯。高鄔放手一搏，押走八人當他的替代船員，其中一名還是他正值青少年的姪子。

　　高鄔的舉動引起騷動，2月10日，他趁著當地居民來不及襲擊喬治號

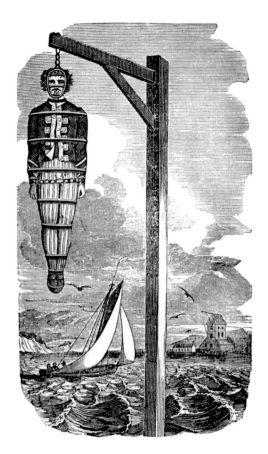

海盜遭到處決後，屍體會懸在鐵籠裡任其腐爛，地點是港口附近顯眼的陸岬，作為對其他水手的警告。

之前，潛逃出海。他得找到更安全的藏身地方能規劃下一步。

曼蘭島（Mainland）將奧克尼分成南北兩塊。高鄒在曼蘭島附近航行，來到北部列島（North Isles）海域繼續航行，前往伊德島（Eday）北端一處錨地。高鄒接近伊德島時把舵交給在當地押來的水手，喬治號很快就狠狠撞上錨地北方的一座小島。如果高鄒有有槳長船，或許還能將喬治號送回大海，但是他的長船被逃走的叛徒偷走了，剩下的小艇拉不動錨，要把船拖出來必須要有一艘船。

伊德島的大地主是克勒士春（Clestrain）的詹姆斯・菲雅（James Fea），他的家可以眺望海灣，名下有全島唯一能拯救海盜的船隻。菲雅目睹整個事件經過，也大概猜到岸邊那些人是誰，命令手下把船毀損到無法供海盜使用，並派一艘漁船出海討救兵。

海盜登陸的時候，菲雅已經準備就緒。他提議海盜到卡夫桑（Calfsound）這個小村莊飲酒，同時邀請水手長回家。水手長前往菲雅家的路上遭到菲雅手下襲擊俘虜，接著菲雅引導部分海盜回到卡夫桑，到了之後四名海盜迅速被制伏。高鄒意識到情勢為何，但是沒有船也逃不走，試圖靠談判脫身，可惜談判過程中他和兩名手下都遭到俘虜，剩下的海盜群龍無首也很快投降。

2月26日，單桅縱帆船鼬鼠號（HMS Weasel）抵達伊德島時，31名海盜已經全數被拘捕，喬治號也再度回到海面上。3月底，高鄒一夥被移送到倫敦的馬歇爾希監獄（Marshalsea Prison），5月26日接受審判，結果可想而知。6月11日，高鄒和六名船員在刑場碼頭遭到處決，一週後又有另一名船員受到絞刑。剩下的人因為證實自己逼不得已才成為海盜而重獲自由，法官很少會這麼寬宏大量，所以他們運氣可以說相當不錯。高鄒一夥的死刑是倫敦最後一次集體絞刑，接下來三年只有兩個海盜小角色遭到處決，倫敦居民再也無法群聚觀看海盜船長和船員一同遭到絞刑的畫面，「海盜的黃金時代」逐漸來到尾聲。

海盜守則

　　海盜選出領導團隊後，通常會建立船上生活的一套守則，這些條文可能最初源自17世紀加勒比海盜的章程。從私掠者轉行海盜的水手也可能會遵循這類規範，明定分配獎金和戰利品的方式，以及不同傷害補償的費用。大部分海盜船都採民主制度選出船長、舵手和其他高階船員，所以領導團隊理所當然無法分配多到不合理的戰利品給自己。曾經當過海盜的巴納比・斯拉許（Barnaby Slush）指出，船長為了證明自己應當得到更多戰利品，必須向船員展現自己的勇氣，[86]「海盜和加勒比海盜上層對（水手）而言如同皇室，但還是要與大家共度磨難和危險，如果船長比同夥的分紅更多，那也是因為每次征戰冒險都是由他帶頭；雖然船長各方面都非常勇猛，但是他也不敢觸犯平等這項習慣法，船上每個成員都有其應得的分紅獎額」。巴索羅謬・羅伯茲和船員1721年擬出的海盜守則為現存最詳細的條例，強森船長全數引用在他的書中。

一、人人皆有投票決定船上事務的權利；除非物資匱乏，大家同意緊縮開支，否則不論何時劫掠來的鮮食和烈酒，所有人皆可享用。

二、依清單順序叫名後，登上掠奪而來船隻的每個人，都可以獲得船上的衣服。若是騙取船上成員的銀條、珠寶或金錢，只有一元也必須遭到放逐。

三、不可玩牌或擲骰賭錢。

四、晚上8點熄燈、熄蠟燭，過這時間還想喝酒的船員必須移駕到露天甲板。

五、武器、手槍和短彎刀必須保持清潔，保持隨時可以上陣的狀態。

六、不准男孩或女人上船，若有人色誘婦女或將其混入船上，將處死刑。

七、鬥爭中棄船或棄營地而逃者將處死刑或遭到放逐。

八、不准在船上打鬥，任何紛爭應在陸上用槍劍解決。若有船員爭吵不休，舵手應陪同他們上岸，提供自認適當的協助，將兩方背對彼此。兩人聽到一聲令下，應轉過頭來立刻開火，否則武器會從手上被打下來。若兩人射擊皆失準，則用短彎刀決勝負，先讓對方見血者獲勝。

九、除非已經幫忙打拚奪得1,000英鎊，否則不准談論出走的事。服務期間因公失去一肢或跛腿者，應從公費得800元，若傷勢不嚴重則依程度得償。

十、船長和舵手的分紅是一般船員的兩倍，領航員、水手長和砲手是一倍半，其他高階船員一又四分之一倍。

十一、船上樂手安息日得以休假，其他六天的日夜若無特殊理由不得告假。

---

86 引用自參考文獻，詳細請查照 324 頁〈內文引用〉章節

霍維爾・戴維斯

　　1718年9月，「山謬號」（Samuel）和「巴克號」（Buck）單桅縱帆船來到伊斯班尼奧拉島北岸。他們的目的是貿易，但是船上成員大多是接受特赦的海盜，所以巴克號的船長布里斯克（Brisk）不信任船員的忠誠度。布里斯克的多疑不無道理，因他的船員在某天傍晚叛變，兩艘船揚長而去，帶頭的都是曾為海盜的人——沃特・甘迺迪（Walter Kennedy）、湯瑪斯・安提斯（Thomas Anstis）、克里斯多福・穆迪以及霍維爾・戴維斯（Howell Davis）。叛變之後，戴維斯獲選為船長。

　　根據強森船長記述，戴維斯出生在威爾斯彭布羅克郡（Pembrokeshire）的米爾福德港（Milford Haven）。1718年，他成為布里斯托奴隸船可達根號的大副，後來這艘船在非洲沿海遭到愛德華・英格蘭劫掠，英格蘭覺得戴維斯很不錯，把可達根號的指揮權交給他，要他到巴西賣掉奴隸和可達根號。然而，可達根號原先的船員制伏了戴維斯，把船開到巴貝多。戴維斯進了大牢三個月，出獄後去到新普洛維登斯島，加入巴克號。

上圖為強森船長1724年《搶劫與謀殺——聲名狼藉的海盜通史》中，為了書而特地繪製的霍維爾・戴維斯人像畫。畫中的他正在進攻皇家非洲公司在甘比亞河河口的堡壘。

　　山謬號和巴克號的叛變成功後，兩船船長還有其他不願成為海盜的船員得以搭乘山謬號回到新普洛維登斯島，所以戴維斯剩一艘六門大砲的單桅縱帆船和60名手下。他到古巴東岸的卡克森霍（Coxon's Hole）保養巴克號，接著在向風海峽航行，劫掠兩艘法國商船、一艘費城的船和幾艘單桅縱帆船，但他不敢久留，因為伍茲・羅傑斯必會派兵追捕，所以決定跨大西洋到西非海域闖蕩。

　　西非的「海灣」是18世紀初大部分奴隸船載送奴隸的地方，可能是透過既有的交易站，或是在維達（Whydah或Ouidah）和卡拉巴（Calabar）等城鎮直接和非洲當地統治者往來。

　　比起加勒比海，戴維斯更熟悉西非這片海域。海盜們來到維德角群島，偽裝成英國私掠者，在那裡待了一週。

　　1719年2月，海盜們在英吉利港（Porto Inglês）劫掠了一艘配備26門大砲的「誠商號」（Loyal Merchant），戴維斯將其改名為「皇家詹姆斯號」（Royal James），取代巴克號。2月23日，他們來到甘比亞河河口的加拉席，那裡有一座皇家非洲公司的堡壘，但是當時才蓋到一半，堡壘的指揮官住在停靠港邊的公司船「皇家安號」（Royal Ann）。戴維斯偽裝成商人蒙混過關，趁夜幕降臨後襲擊皇家安號，迅速取得勝利，然後占據興建中的堡壘和整個加拉席，讓加拉席成為數日的海盜的巢穴。就在此時，一艘14門大砲雙桅橫帆船出現了，船上正是人稱禿鷹的法國海盜奧利維爾‧勒瓦瑟。兩幫海盜在加拉席歡慶一週後，結夥往南航行，並與24門大砲「毛倫號」（Mourroon）船長湯瑪斯‧卡克林（Thomas Cocklyn）結盟，戴維斯現在是強大海盜船隊的一分子了。

　　1717年，卡克林和勒瓦瑟都曾是克里斯多福‧穆迪的船員。當時穆迪活動範圍在新普洛維登斯島，他認為卡克林心理變態，很樂意放他自由，給他有槳帆船「日昇號」（Rising Sun）的指揮權，也就是後來的毛倫號。後來穆迪被船員罷免，勒瓦瑟就任新船長，穆迪則成為巴克號叛變事件的元老成員，這三人重新結夥，大概毫無互信可言。

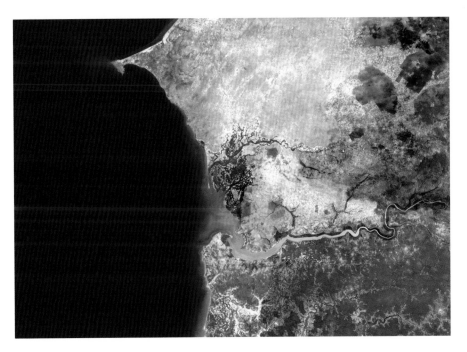

非洲西岸的甘比亞河河口是奴隸船經常停駐的地方。1718年末，霍維爾‧戴維斯在那裡尋找獵物，劫掠了一座興建中的堡壘，把加拉席改造成海盜的臨時聚集地。（圖片來源：Planet Observer/Getty Images）

霍維爾・戴維斯的航線圖

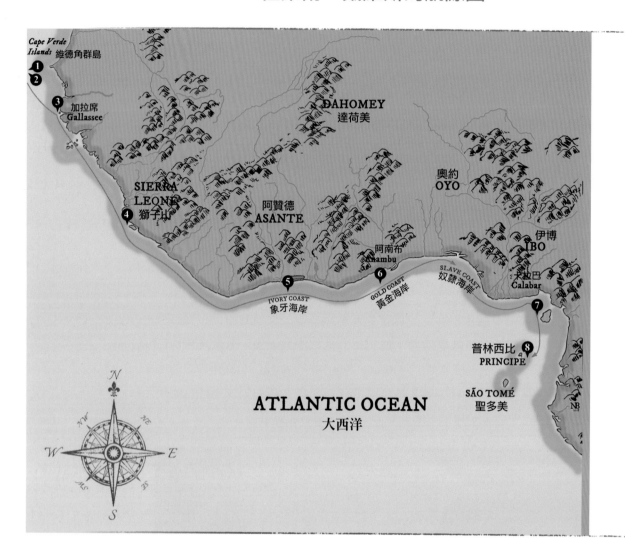

然而，勒瓦瑟和卡克林表態讓戴維斯擔任船隊的「准將」，他們一致決定到獅子山沿海的奔斯島（Bunce Island）攻擊皇家非洲公司的另一座堡壘，但真正的目標槍砲保護下的六艘商船。海盜們登陸後發動襲擊，奔斯島駐軍耗盡砲彈後束手就擒。海盜慶祝此次勝利的時候，「烈酒激起他們對立的情緒」，團隊不歡而散，奔斯島之戰成為他們唯一一次的合作經驗。

三組海盜分道揚鑣，根據強森記述，戴維斯向昔日夥伴道別時這樣說：「請聽我說，卡克林和禿鷹，我發現助長你們的勢力，等於將棍子交給你們來抽打我，但我還是有能力自衛；然而，既然我們好聚，也讓我

1. 1719年1月：霍維爾‧戴維斯搭乘單桅縱帆船巴克號抵達維德角群島，偽裝成海盜獵人在該處待了一個月。

2. 2月：戴維斯襲擊英吉利港，劫掠誠商號後收歸己有，改名為皇家詹姆斯號，取代了巴克號。

3. 3月：戴維斯來到非洲沿岸的加拉席，攻陷皇家非洲公司的堡壘，後來與法國海盜結盟。

4. 4月：海盜聯盟在奔斯島沿海劫掠六艘船，其中一艘由戴維斯收編，改名為皇家漫遊號。

5. 5月：海盜們沿著海岸航行、尋找獵物，但是避開海岸角堡。

6. 6月：戴維斯在現為阿諾瑪布（Anomabu）的阿南布掠奪三艘奴隸船，吸收其中部分船員，包含巴索羅謬‧羅伯茲。

7. 6月下旬：皇家詹姆斯號腐壞後被丟棄在卡拉巴附近，戴維斯用皇家漫遊號航行到普林西比。

8. 7月：戴維斯在普林西比假扮成海盜獵人，葡萄牙人發覺真相之後襲擊戴維斯，他和一些船員因而死去，倖存的人則搭著皇家漫遊號逃到海上。

們好散，我發現三人合作永遠無法達成共識。」戴維斯除了和其他兩位船長產生嫌隙，更糟的是，一群自封「王爵」的人以他助手自居，認為自己比其他船員還要高等。戴維斯搭乘皇家詹姆斯號向南，沿途劫掠兩艘英國奴隸船，並對戰一艘拒絕投降的荷蘭奴隸船。戴維斯久戰得勝，將荷蘭船改名為「皇家漫遊號」（Royal Rover），把皇家詹姆斯號的指揮權交給沃特‧甘迺迪。

　　接下來的時間，兩艘船盡可能避開戰力高強的海岸角堡，但是停泊在附近的奴隸貿易錨地阿南布。那裡停靠著三艘英國奴隸船，三艘船以及船上不多的金末、金錢和貨物都成了海盜的戰利品。有些水手加入戴維斯的行列，其中一人為出身威爾斯的巴索羅謬‧羅伯茲，他原本是奴隸船上的二副，後來成為了「黃金時代」最成功的海盜。

兩艘海盜船繼續往東，但是皇家詹姆斯號嚴重進水，船員不得已只好在卡拉布附近報廢船隻，所有人都擠上皇家漫遊號，往南航向葡屬普林西比。戴維斯再度假冒英國私掠船船長，一開始還騙過大家，受到總督歡迎，得以用兩週時間修補船隻、補充儲備。

然而，戴維斯的偽裝在7月初露餡。當時一名會說葡萄牙語的奴隸逃出皇家漫遊號，把海盜的真實身分告訴總督，也透露了戴維斯要綁架總督勒索贖金的計畫。隔天早上，戴維斯照常和10名「王爵」上岸，接受總督邀約拜訪他的宅邸，走進了陷阱。這次換戴維斯嚐到被欺騙的滋味了，他遭到突襲，島上的民兵砍倒了這群海盜，戴維斯受到重傷，試圖拖著身子離開，但是來不及逃走就死了。剩下的船員只有沃特‧甘迺迪和另外一人躲過埋伏，搭上夥伴支援的皇家漫遊號小艇。

倖存海盜要順利逃離普林西比，須通過港口的砲兵攻擊。甘迺迪對著堡壘和城鎮開火，幾分鐘就讓駐軍丟盔棄甲，海盜成功出海，拋下燃燒的城鎮、毀損的堡壘，及他們死去的船長。

「黑色準男爵」崛起

「黑色準男爵」巴索羅謬‧羅伯茲雖然不如黑鬍子那般家喻戶曉，但是他其實更為成功，帶來的威脅也更大。羅伯茲是「黃金時代」的末代海盜，同年代的人稱他是「偉大海盜」，他最後在西非沿海遭到圍剿死去，象徵了那個年代的終結。

羅伯茲1680年代初出生於威爾斯衛魚港（Abergwaun）的村莊小新堡（Castell Newydd Bach），原名為約翰‧羅伯特（John Robert），當海盜才自己把名字改成巴索羅謬‧羅伯茲。「黑色準男爵」的稱號則是

　　因為他的膚色較深，大家都說他以當時審美標準而言相當英俊。

　　1719年5月底，英國奴隸船「公主號」（Princess）遭到海盜掠奪，羅伯茲是船上的二副，馬上加入霍維爾‧戴維斯的海盜團。戴維斯在普林西比遇襲後，順利逃走的海盜必須選出新船長。

　　根據強森船長記述，由於「王爵」不得人心，「羅伯茲因此選上船長，縱使他才加入不到六週」。

　　7月26日，他們在羅培茲角（Cape Lopez）首度成功劫掠船隻，那是一艘荷蘭奴隸船，後來就被海盜放走了。隔天，海盜占領一艘英國奴隸船，強迫船員在海盜船上工作，其領航員湯瑪斯・格蘭特（Thomas Grant）說海盜們拿走了50磅（23公斤）的金末，船員被迫當了六個月的海盜。接下來羅伯茲一夥又斬獲兩艘船，一切看似相當順利，但是羅伯茲卻決定離開非洲沿海。

　　船員從巴西和印度洋二擇一，決定往西，花一個月橫跨大西洋，來到巴西沿海，但是在那裡待了兩個月之後毫無收穫。11月底，海盜們往現為薩爾瓦多的巴伊亞前進，天色漸暗時到了港口入口，發現那裡滿滿的全是里斯本船隊的船，也就是葡萄牙的小型寶物船隊。羅伯茲見狀決定發動攻擊。

　　他將皇家漫遊號偽裝成商船，趁著夜色進入錨地，停靠在一艘貨船隔壁，一聲不響地攻陷那艘貨船。羅伯茲逼問船長哪艘船最值錢，船長指向全副武裝的「聖家號」（Sagrada Familia）。羅伯茲攻向新獵物，但是聖家號船長也不是傻子，早就喚醒船員備戰。羅伯茲發現突襲這條路行不通，乾脆正面迎戰、舷砲齊射，把船開近目標。海盜登上聖家號，一番激戰後很快攻下了這艘船。天將亮，里斯本船隊準備反擊。羅伯茲拖著聖家號要出海的時候，一艘葡萄牙軍艦切到皇家漫遊號前面，羅伯茲繞過軍艦，成功出港，切斷皇家漫遊號和聖家號之間的連結，兩船逍遙離去，把葡萄牙人甩在後頭。

　　海盜在巴伊亞大獲全勝，聖家號船上貨物價值高達24萬巴里爾，還有原本要獻給葡萄牙國王的鑲鑽十字架。羅伯茲後來出發前往惡魔島（Île du Diable），也就是現在的法屬蓋亞那（Guiana），途中斬獲一艘雙桅橫帆船，命其為富幸號（Fortune），納入海盜船隊。到達惡魔島之後，他把鑲鑽十字架獻給當地總督，換取幾週庇護。有天傍晚，羅伯茲的守望員發現附近有艘船，羅伯茲決定搭富幸號前去攔截，但是天色太暗跟丟了獵物，還遇上暴風雨而偏離惡魔島，回來的時候發現皇家漫遊號和聖家號不翼而飛。原來海盜之中出了內賊，羅伯特・甘酒迪（Robert Kennedy）帶著所有戰利品逃走了，羅伯茲和其他船員怒火中燒，但也莫可奈何。

這幅巴索羅謬‧羅伯茲
的畫像出自強森船長
1724年出版的《搶劫
與謀殺──聲名狼藉的
海盜通史》，他脖子掛
的珠寶十字架據說是從
葡萄牙寶物貨船聖家號
搶來的。

背風群島上將

　　巴索羅謬‧羅伯茲靠著富幸號這艘10門大砲單桅縱帆船，繼續他的
海盜生涯。為了避免再出內賊，他制訂一套規範，用罰責凝聚人心、提
升紀律。

　　1720年1月，羅伯茲往北航行，在托巴哥（Tobago）洗劫單桅縱帆船
「菲力帕號」（Philippa），又在巴貝多沿海掠奪兩艘單桅縱帆船和一艘
雙桅橫帆船。他的舉動引起政府當局的注意，派出兩艘海盜獵船追捕，

一艘是準備雪恨、重新武裝過後的菲力帕號，一艘是體型更大的「薩莫塞特號」（Somerset）。

兩船共載120人員，是富幸號的三倍之多，但是羅伯茲也有新夥伴加入，他在巴貝多沿海與法國海盜蒙堤尼・德巴里斯（Montigny de Palisse）結盟了。

海盜們發現兩船靠近，迎頭趕上後才發現是海盜獵船。德巴里斯當機立斷逃走，富幸號和薩莫塞特號則互相開戰，菲力帕號好像沒什麼貢獻。羅伯茲拉開距離，發現己方處於劣勢，調頭往北。薩莫塞特號想追擊，但是根據強森記述：「海盜拋棄槍砲和過重的貨物，減輕船的重量」，成功逃走。

紐芬蘭的漁場和大淺灘可謂巴索羅謬・羅伯茲的獵場，他在那裡收穫豐碩，劫掠不少船隻。

羅伯茲逃過一劫後，到多米尼克保養富幸號，遇見13名遭法國人放逐的水手，他們全數自願加入羅伯茲的行列。馬丁尼克總督得知附近出

A View of a Stage & also of y manner of Fishing for, Curing & Drying Cod at NEW FOUND LAND.
A. The Habit of y Fishermen. B. The Line. C. The manner of Fishing. D. The Dressers of y Fish. E. The Trough into which they throw y Cod when Dressed. F. Salt Boxes. G. The manner of Carrying y Cod. H. The Cleansing y Cod. I. A Press extract y Oyl from y Cods Livers. K. Casks to receive y Water & Blood that comes from y Livers. L. Another Cask to receive e Oyl. M. The manner of Drying y Cod.

現海盜船後，派出海軍巡邏，海盜們接下來幾週都在躲避偵查。這讓羅伯茲決定重新設計海盜旗幟，新的旗面上是他一手拿劍、一手拿沙漏，兩腳各踩在一顆骷髏頭上，一顆寫著 'ABH'，代表「巴貝多人的頭」，一顆寫著 'AMH'，代表「馬丁尼克人的頭」。

　　西印度群島顯然不能久留，所以羅伯茲往北航行，計劃襲擊紐芬蘭的漁船和捕鯨船隊。漁業和捕鯨業在1720年特別有利可圖，海盜們也期待可以大豐收。富幸號6月來到紐芬蘭東北部，攻擊翠帕夕（Trepassey）的大型捕撈場。6月21日，海盜們「黑旗飄揚、擂鼓喧天、喇叭響徹」，高調入港。警戒艦「比德福號」（Bideford）的船員聞聲不但沒有奮戰到底，還奔逃上岸，港口因此門戶洞開。

　　強森寫道：「海盜掀起的混亂說也說不清，他們把所有船舶燒毀、沉沒，只留下一艘布里斯托的有槳帆船，漁場和農園主人的浮動碼頭遭

海盜不能去一般船塢或修船廠，如果發現海藻纏住船身導致船速減慢，他們會開到偏遠的海灘，把船拖上岸刮去船殼的附著物。圖中托托拉島的一處海灘就是當時公認適合上岸保養船隻的地方。

巴索羅謬‧羅伯茲的航線圖

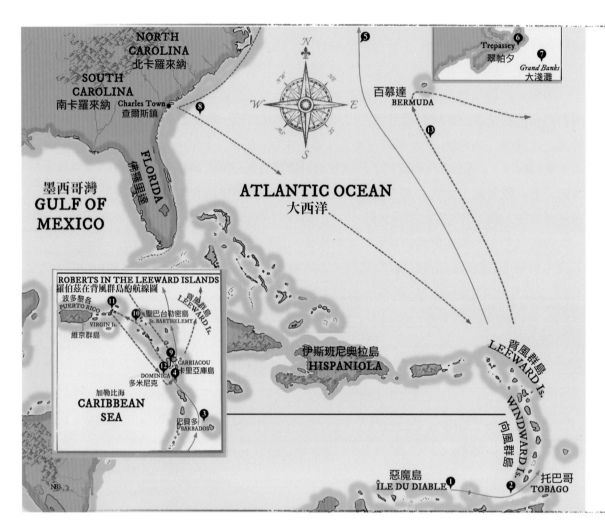

到破壞，他們卻毫無悔意。」那天約有22艘船與250艘小漁船成為海盜的
囊中物。

　　羅伯茲拋下耗損嚴重的富幸號，換成了16門大砲的布里斯托有槳
帆船，帶著船員在紐芬蘭淺灘航行，又劫掠了10艘船。大部分都是法國
船，其中一艘是26門大砲的商船，威力強大，所以羅伯茲收歸己用，改
其名為「極度富幸號」（Good Fortune），將原本的布里斯托有槳帆船交
予船員。此時，德巴里斯乘著單桅縱帆船「海王號」（Sea King）出現，
對於之前在巴貝多臨陣脫逃的事情道歉，兩幫海盜再度合夥，很快又掠
奪了不少船隻。

　　羅伯茲在紐芬蘭的收穫豐碩，總共有40多艘船和上百艘小艇，但是

航線圖說明

◀───　往加勒比海去程　　◀---　從紐芬蘭出發的回程

1.　1719年11月：巴索羅謬‧羅伯茲停靠在惡魔島，分贓先前斬獲的葡萄牙寶物貨船上之戰利品，後來發現附近有船隻可當獵物，出海追趕。他的副手羅伯特‧甘迺迪趁機偷走寶物貨船離去。

2.　1720年1月：羅伯茲搭乘剩下的單桅縱帆船來到托巴哥，劫掠了一艘船。

3.　2月：他在巴貝多沿海掠奪三艘船，並與法國海盜蒙堤尼‧德巴里斯結盟，但是遇上巴貝多海盜獵人而拆夥。

4.　3月：羅伯茲在多米尼克保養他的單桅縱帆船，但是因海盜獵人不得已離開向風群島。

5.　5月：他往北到紐芬蘭，尋找更易下手的目標。

6.　6月21日：他襲擊紐芬蘭翠帕夕的捕撈場，收編一艘船，摧毀到手的其他22艘。

7.　7月：他與德巴里斯再度合作，在大淺灘沿海劫掠數艘船隻，然後往南。

8.　8月：羅伯茲在查爾斯鎮沿海打劫一艘船，準備前往西印度群島。

9.　9月上旬：到了西印度群島後，他將船開到卡里亞庫島保養。

10.　9月下旬：他與德巴里斯再度結夥，攻擊巴士地（Basseterre）以及聖巴台勒密島（St Barthelemy），也奪得兩艘船。

11.　10月上旬：羅伯茲把其中一艘船改名為「皇家富幸號」（Royal Fortune），當作新的指揮艦，在維京群島航行，劫獲一艘雙桅橫帆船，成為新一代皇家富幸號，捨棄原本的船。

12.　10月下旬：羅伯茲在多米尼克沿海收獲一艘荷蘭的大商船，該船成為第三代皇家富幸號。接著，他和德巴里斯聯手摧毀了停泊在那裡的15艘船隻。

13.　11月：羅伯茲離開加勒比海以逃避追捕，拋下德巴里斯往北來到百慕達，又橫渡大西洋到了非洲西岸。

他知道戰艦很快會來到同一片海域，所以決定離開，往南航行。

羅伯茲8月底來到南卡羅來納沿海，掠奪了一艘小船，搶走船上的木板水桶。9月底，他和德巴里斯為了修理他們的海盜船，停靠在現為德西哈得島（La Désirade）的卡里亞庫島（Carricou），位於聖文森島（St Vincent）和格瑞那達島（Grenada）之間。10月，極度富幸號來到聖克里斯多福島（聖基次島）的巴士地，「當地政府不願提供任何救濟和援助，海盜憤恨不平，對著巴士地開火，還順勢燒毀兩艘船」，也從那兩艘船招募到了數名新血。

羅伯茲接著往北航行到法國小島聖巴台勒密島，介於聖克里斯多福島與安圭拉之間，當地總督無力對抗羅伯茲，放任海盜飲蘭姆酒作樂，與島上女人同歡，海盜也得以有恃無恐轉賣贓物。

羅伯茲把極度富幸號改名為皇家富幸號，把極度富幸號的船名送給德巴里斯的單桅縱帆船，還給自己起了個更加響亮的頭銜，據新聞報導：「聖克里斯多福島報導寫道，羅伯茲船長是航遊附近海域最為兇惡的海盜，他現在自稱是背風群島的上將。」報導出來的時候，羅伯茲上將人已經在幾千公里以外的地方，在非洲沿海作威作福。

偉大海盜

離開聖巴台勒密島後，羅伯茲一夥在托托拉沿海劫獲一艘22門大砲雙桅橫帆船，因為船體狀況比他們的船好得多，所以羅伯茲把這艘船改造成新一代的皇家富幸號。10月底，羅伯茲來到聖露西亞，斬獲一艘雙桅橫帆船和一艘單桅縱帆船，把後者留下來當補給船，然後往北到多米尼克，在該地主港口大戰配備42門大砲的荷蘭商船，德巴里斯這次也助了羅伯茲一臂之力。激戰過後，海盜取得勝利、屠殺船員，商船也成為了第三代皇家富幸號。港口其他15艘小船目睹一切後，立即乖乖投降。

羅伯茲在多米尼克表示，美洲海域的所有戰艦都盯上他了，宣布要前往西非比較安全。海盜們11月初來到百慕達，順著信風往東，12月初在維德角群島看見葡萄牙護衛艦隊，追了過去，結果不但沒追到，還遇上逆風根本到不了非洲，只好回到西印度群島。他劫掠幾艘船舶，然後到伊斯班尼奧拉島的薩馬納灣修復海盜船，並射殺一群叛逃的船員，足見當時士氣低迷，羅伯茲需要打幾場轟轟烈烈的勝仗才能振奮人心。

1721年2月18日，皇家富幸號和極度富幸號出沒在聖露西亞沿海，羅伯茲劫獲一艘荷蘭商船，用其假冒奴隸船作為掩護，掠奪數艘當地的單桅縱帆船，順利提振了士氣。他在西印度群島逗留到3月底，然後朝北前往維吉尼亞，德巴里斯則決定與他分道揚鑣。

羅伯茲的船隊剩下兩艘船，決定再試一次往非洲前進，但是4月底在百慕達附近某處，極度富幸號的船長湯瑪斯·安提斯決定自立門戶，羅伯茲僅剩皇家富幸號與約莫228名船員。

羅伯茲5月底抵達維德角群島補充備品，然後總算抵達非洲的塞內加爾河（Senegal River）河口登陸，劫掠了兩艘法國單桅縱帆船，收編成偵察船，命名其中一艘為「遊俠號」。他6月底來到獅子山冷清的錨地，在那裡修船，待了六週，強森還寫到他們在那裡「嫖妓和喝酒」。海盜

圖中人物為巴索羅謬‧羅伯茲，背景是在非洲西岸，他準備在維達沿海劫掠奴隸船隊，後頭是指揮艦皇家富幸號第四代，還有船身較小的「大遊俠號」（Great Ranger）。

們後來接續沿岸航行，在現今賴比瑞亞（Liberia）的塞斯托斯河（Cestos River）河口遇上皇家非洲公司的「昂斯羅號」（Onslow），該船指揮官為吉依（Gee）。羅伯茲一夥出現的時候，昂斯羅號船員幾乎都已經上岸了，很快就被併吞，上頭許多船員甚至自願加入海盜的行列。羅伯茲讓吉依指揮遊俠號，自己指揮40門大砲的昂斯羅號，而昂斯羅號之後也成為最後一代的皇家富幸號。

　　羅伯茲一夥繼續航行，第四代皇家富幸號和游俠號沿著海岸，最遠到現今奈及利亞（Nigeria）的舊卡拉巴（Old Calabar）。他們10月抵達舊卡拉巴，劫掠三艘奴隸船，但是當地居民對他們充滿敵意，所以海盜們很快離開，到羅培茲角稍作歇息後回到阿波羅尼亞角，劫掠兩艘奴隸船，然後1722年1月初來到維達。維達的錨地滿是奴隸船，一看到海盜，全部11

巴索羅謬・羅伯茲在非洲的航線圖

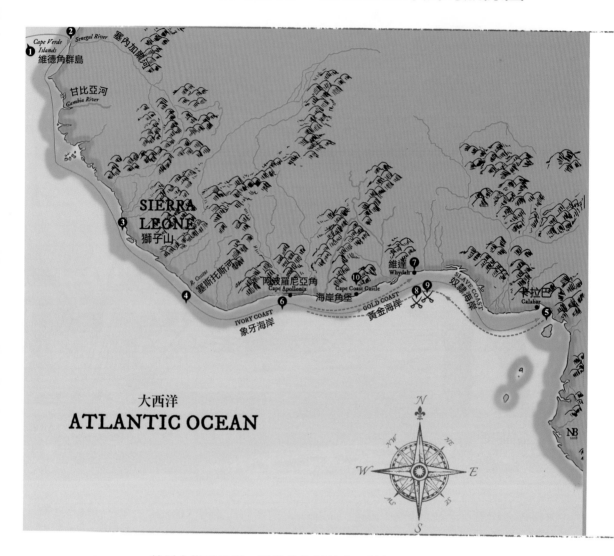

艘馬上拱手投降。羅伯茲收編其中一艘船，成為32門大砲的大遊俠號，原本的單桅縱帆船遊俠號則改名為「小遊俠號」（Little Ranger）。

2月5日清晨，海盜仍逗留維達沿海，守望員發現附近一艘船靠近中，羅伯茲一夥前一晚都在喝酒，那時候正在補眠。那艘船是英國海軍50門大砲燕子號，由查隆那・歐格（Chaloner Ogle）上校指揮。羅伯茲派出大遊俠號追擊，燕子號假裝要逃，其實把海盜帶到遠處，然後減慢速度，等到大遊俠號近到無法及時逃走，燕子號開始「收網」。燕子號舷砲齊射，兩方交戰兩小時，海盜被打了個落花流水，最後只好投降示弱。2月10日，燕子號再度來到維達沿海，這次換羅伯茲本人出面作戰，

航線圖說明

← 1721年航線　◄--- 1722年航線　✂ 交戰

1721年

1. 5月下旬：巴索羅謬‧羅伯茲搭乘皇家富幸號抵達維德角群島，補充給品。

2. 6月：他從塞內加爾河河口登陸非洲，奪得兩艘法國單桅縱帆船，將其中一艘重新命名為遊俠號。

3. 6月下旬：羅伯茲在獅子山沿岸保養船隻，待了六週。

4. 8月：他在塞斯托斯河劫掠皇家非洲公司的奴隸船昂斯羅號，昂斯羅號後來成為第四代也是最後一代的皇家富幸號。

5. 10月：海盜們到達卡拉巴後掠奪了三艘英國奴隸船，本來想保養皇家富幸號，可是當地居民的敵意逼得他們提早離開。

1722年

6. 1月上旬：羅伯茲在阿波羅尼亞角捕獲兩艘奴隸船。

7. 1月11日：羅伯茲在維達斬獲11艘奴隸船，將其中一艘改名為大遊俠號，原本的遊俠號則改名為小遊俠號，另外有艘奴隸船因為船長不願支付保護費而被燒毀。

8. 2月5日：英國護衛艦燕子號出現在維達沿海，羅伯茲不知道那是護衛艦，還派出大遊俠號追趕，燕子號船長歐格繼續誘拐海盜追上，再突然調過頭來反將一軍，捕獲了大遊俠號。

9. 2月10日：燕子號再度出現在維達沿海，羅伯茲出動皇家富幸號對戰。燕子號舷砲齊射擊中羅伯茲。羅伯茲死後其他船員繼續奮戰，最後還是遭到逮捕。

10. 4月：海盜在海岸角堡接受審判，共52名遭到絞刑。

穿上他最體面的衣服，「濃豔的緋紅色錦緞背心和馬褲，帽子插著紅色羽毛，脖子掛著金鍊，金鍊上吊著鑽石十字架。」出海的時候，羅伯茲特地交代海盜黑旗必須升起。

歐格回憶道：「海盜航行得比我們好，領先半程射擊。」他們舷砲齊射，「我們繼續（不間斷）射擊有的槍砲。」羅伯茲第一次齊射就中傷而死，海盜群龍無首，「許多人棄船而逃。」

燕子號並未休戰，「靠著順風和海盜船並排，交戰幾砲之後，海盜主帆大概在1點半被射了下來……2點降旗求饒」。

「偉大海盜」巴索羅謬‧羅伯茲死了，剩下的船員從維達沿著海岸被押到海岸角堡。77名非洲海盜被賣去當奴隸，其他人則接受審判。審

判3月28日開始，持續三週，1722年4月20日，52名海盜獲判死刑，37名
不是被派到海岸角的礦坑服刑多年，就是關在倫敦的監獄。

　　另外79名由於證明是非自願成為海盜而獲得緩刑或無罪釋放，剩下
的人則在獄中因受傷或生病而死。部分歷史學家認為這次集體絞刑象徵
「海盜的黃金時代」終結，但是難免有海盜餘黨逍遙法外，所以海盜還
是會繼續猖獗下去。

1722年2月5日，查隆
那・歐格船長指揮50
門大砲護衛艦燕子號，
在西非海岸追拿巴索羅
謬・羅伯茲。燕子號與
皇家富幸號交鋒，第二
次舷砲齊射時羅伯茲中
傷身亡。

黑色準男爵的「王爵」：
甘迺迪與安提斯

　　沃特‧甘迺迪和湯姆斯‧安提斯都曾在巴索羅謬‧羅伯茲手下工作，兩人後來都自立門戶，在海盜界試圖闖出自己的一片天。甘迺迪1695年出生倫敦，父母都是愛爾蘭人。他的犯罪生涯從當扒手開始，慢慢往強盜發展，後來轉行水手，1718年參與伍茲‧羅傑斯的巴哈馬遠洋航行，同年稍晚加入巴克號，在伊斯班尼奧拉島叛變成功，和霍維爾‧戴維斯同行，之後又成為羅伯茲的船員。1719年11月底，羅伯茲從惡魔島出發追捕獵物，把指揮艦皇家漫遊號交給甘迺迪代管。甘迺迪雖然掌握大權，但是不得人心，也因為不識字而缺乏船長必備的航海技術，全靠殘暴鐵腕治理海盜船。

羅伯茲一夥的人生最後一站是西非黃金海岸的海岸角堡，位於現今的迦納（Ghana）。1722年4月20日，他們其中52名海盜在當地遭處絞刑，另外37名則被派到海岸角堡的礦坑服刑，或是關在倫敦的監獄。（圖片來源：MyLoupe/UIG/Getty Images）

沃特‧甘迺迪的航線圖

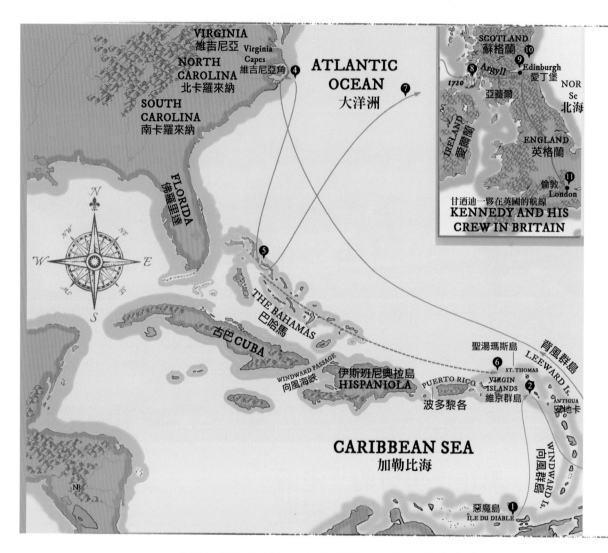

　　甘迺迪強迫船員加入他的行列,把聖家號的貨物搬運到皇家遊俠號,把聖家號交還俘虜,讓俘虜開到安地卡,自己拋下羅伯茲,乘著他的指揮艦離去。12月15日,甘迺迪在巴貝多沿海劫掠一艘小商船,然後往維吉尼亞前進,在乞沙比克(Chesapeake)待了一個月毫無斬獲,最後放棄,往南到比較溫暖的海域。他有次的行動不但收穫甚少,還折損八名手下,那些手下頂著海盜身分,寧可冒險搭上商船也不願繼續追隨甘迺迪,最後有六人行跡敗露,遭處絞刑。

　　1720年2月,甘迺迪駕駛著皇家漫遊號俘虜了商船獵鷗號,將這艘船據為己有。他留下少少幾名船員駕駛破舊的皇家漫遊號,自己乘著來

1. 1719年11月：巴索羅謬‧羅伯茲率領兩艘船靠近惡魔島，還有一艘他虜掠的葡萄牙寶船聖家號。他們看到遠處有船帆，羅伯茲追捕獵物時，沃特‧甘迺迪指揮皇家漫遊號擄走聖家號，帶著戰利品揚長而去。

2. 12月初：到了背風群島某處，甘迺迪把聖家號上的戰利品搬到皇家漫遊號上，與船員分贓。他接著放走囚禁的葡萄牙船員，讓他們駕著被洗劫一空的寶船聖家號到安地卡。

3. 12月15日：甘迺迪在巴貝多外海俘虜雙桅橫帆船水仙號。他手下幾名船員想帶著贓物離開，因此甘迺迪把戰利品交給他們，接著繼續往北方前進。

4. 1720年1月：甘迺迪現身維吉尼亞角，在那裡俘虜一艘小船。他又有幾名手下駕駛這艘船逃走，讓皇家漫遊號的人手短缺。

5. 2月中旬：甘迺迪再次往南航行，在巴哈馬外海俘虜紐約商船獵鷗號。大部分的海盜喝光船上的蘭姆酒後，甘迺迪把他分得的贓物搬到獵鷗號上，帶著48名手下駕船離開。

6. 3月初：剩餘的海盜駕駛皇家漫遊號到背風群島，在聖湯瑪斯島下錨。海盜獵人趁海盜上岸休息的時候，俘虜他們的海盜船。皇家漫遊號原本將由海盜獵人護送至尼維斯島，沒想到卻在途中遭遇暴風雨沉沒。

7. 3月至4月：同一時間，甘迺迪駕駛獵鷗號踏上橫跨大西洋的旅途，打算回到他的出生地愛爾蘭。

8. 5月：但獵鷗號在接近愛爾蘭海岸的時候遇到暴風雨，殘破不堪的獵鷗號在蘇格蘭亞蓋爾西部海岸擱淺。甘迺迪和手下棄船，帶著贓物上岸。

9. 6月：海盜們分道揚鑣。甘迺迪和少數幾個人往南走，其他手下則往愛丁堡前進。但是由於他們的財富來源太可疑，因此他們全部遭到逮捕。

10. 12月：海盜們在愛丁堡受審，其中九人被判處絞刑。

11. 1721年7月：身無分文的甘迺迪在倫敦因為偷竊被逮捕，他的海盜身分被識破，受審之後判處死刑。7月21日，他在瓦濱的刑場碼頭被處以絞刑。

自巴伊亞的獵鷗號離開。皇家漫遊號後來停泊在聖湯瑪斯島，被來自尼維斯島的英國海盜獵人俘虜，但皇家漫遊號還來不及抵達尼維斯島的港口，就在聖克洛伊外海遭遇暴風雨而沉沒。同一時間，甘迺迪駕著獵鷗號橫跨大西洋，但他的船也在暴風雨中損毀，他和手下只好將損壞的獵鷗號棄置在蘇格蘭西部的亞蓋爾海岸。他們兵分兩路，甘迺迪和幾個人往南到英格蘭，其他人則往北到愛丁堡。到愛丁堡的那批手下拿著葡萄牙錢幣買酒喝，啟人疑竇，因此遭到逮捕並接受審判，最後有九人被處以絞刑。至於甘迺迪，他到了倫敦後卻是因為偷竊被逮捕，入獄時被人發現他的海盜身分。1721年7月21日，他在刑場碼頭被絞死。

　　下一個背叛巴索羅謬‧羅伯茲的手下是湯瑪斯‧安提斯，他也是參與1718年巴克號叛變事件的一員。安提斯和甘迺迪一樣都是「王爵」，

也就是霍維爾・戴維斯的親信。戴維斯死後，安提斯效力於羅伯茲，成為他信任的副手，還身負重任指揮配備18門大砲的雙桅橫帆船好運號。然而在1721年4月，他在羅伯茲橫跨大西洋的航程中叛逃，隨後組織了自己的船員。他在西印度群島虜獲幾艘小商船，不巧在馬丁尼克島外海遇上兩艘法國戰艦，只得倉皇逃到坎佩奇灣，在那裡與蒙堤尼・德巴里斯短暫聯手。10月下旬，他攔截了兩艘較大的商船，留下其中一艘「晨星號」（Morning Star）作為隨航船，並派遣手下約翰・芬恩（John Finn）上尉指揮晨星號。

12月時，他們在托巴哥外海發動攻擊，但是接下來在西印度群島的打劫行動皆出師不利，於是這群海盜來到委內瑞拉沿海。時間來到1722年初，大部分的海盜都灰心喪志到了極點。他們罷黜安提斯的船長職位，然後試著討好牙買加的官員，以換取從寬量刑和赦免。然而他們在古巴躲躲藏藏四個月，對方卻遲遲沒有答覆。強森推測他們當時打發時間的方式就是舉辦模擬海盜審判，也就是海盜自己扮演法官和陪審團，審判自己的同夥。到了8月底，他們終於放棄等待，繼續踏上海盜一途。

這一夥海盜航行到古巴南部外海，但沒有遇到值得出手攻擊的好目標。9月下旬，芬恩把晨星號棄置在小開曼島（Little Cayman）。幾小時後，英國的戰艦抵達，雖然好運號僥倖逃過一劫，還是有40多名海盜被抓捕。同年冬天，芬恩駕著好運號行經背風群島，於1723年春天抵達托巴哥。他們在那裡把船傾倒過來維修保養，但5月17日，皇家海軍的「溫切爾西號」（HMS Winchelsea）抵達。好運號再次溜之大吉，不過芬恩和另外五名海盜還是被逮捕，之後都在安地卡受審、處刑。

安提斯試圖恢復船長身分，可惜以失敗告終，幾名叛變的船員趁安提斯在吊床上熟睡時開槍殺死他，把船開往古拉索島。抵達之後，[87]荷蘭政府赦免叛變者，把其餘的船員關起來。荷蘭政府為了蒐集證據而延後審判幾個月，直到1726年才開始審判，18名海盜被定罪，處以絞刑。自巴克號叛變事件之後八年內發生的一連串事件，至此總算告一段落。

將近20名安提斯的船員被處死，這是那段期間規模最大的集體絞刑。此刻就能明白，當海盜顯然不會有好下場。倫敦、波士頓、西非和西印度群島接連地高調處死海盜，以加強殺雞儆猴的作用，於是他們成了末代的「黃金時代」海盜。

87 引用自參考文獻，詳細請查照 324 頁〈內文引用〉章節

　　從那時起，關於海盜的傳說和想像開始不脛而走，逐漸淡化了現實的醜惡。1724年5月24日，強森船長出版第一版《搶劫與謀殺——聲名狼藉的海盜通史》，自此「海盜」不再是令人聞風喪膽的恐怖遇劫經歷，而是從字裡行間得到刺激快感的故事題材。

1722年湯瑪斯·安提斯和手下在尋求赦免的同時，躲在古巴好幾個月等待回音。強森船長推測，他們為了消磨時間而舉行模擬海盜審判，自己扮演法官和陪審團審判船員。

第七章

海盜航線

印度洋的誘惑

　　海盜不只活躍於加勒比海和西非海域，自17世紀末期，海盜的探險範圍開始延伸至印度洋。在印度洋從事海盜活動的一大優勢，就是有載滿寶物的船往返印度或中東和歐洲之間。自從達伽馬（Vasco da Gama）在15世紀晚期開啟通往印度的新航線，歐洲船員就開始把東方香料運回家鄉，以滿足歐洲人對香料的熱烈需求。

　　最初是葡萄牙人壟斷貿易，他們以海路運送這些異國商品，不再經過沙漠，從而打破了阿拉伯人對香料貿易的掌控。因此不論是與印尼香料群島貿易，或是與印度次大陸沿海的大城市往來，都可以大賺一筆。到了17世紀初期，其他歐洲航海國家也開始遠征印度洋

葛摩群島（Comoros Islands）坐落於莫三比克海峽的北端出入口，位居非洲東部與馬達加斯加島之間。葛摩群島不僅是當時路過商船的補給站，也經常引來海盜。圖中的喬哈那島（Johanna Island），也就是現今的安樹昂島（Anjouan），是葛摩群島中最受歡迎的補給站。（圖片來源：John Seaton Callahan/Getty Images）

當時搶得先機者包括成立於1602年的「荷蘭東印度公司」（Dutch East India Company），荷蘭文名稱是 'Vereenigde Oostindische Compagnie'（簡稱VOC）。荷蘭東印度公司隔年就在印尼設立第一個貿易站，到了1640年，荷蘭人便取代葡萄牙人，主導歐洲和東印度地區的貿易活動。

荷蘭東印度公司是當時公認全球最龐大、最富有的私人公司，旗下的船隊擁有超過150位商人，還有將近50艘戰艦。不過，這麼強大的公司還是有對手。1600年，英格蘭的伊莉莎白一世女王頒發特許證，將印度地區的貿易壟斷權交給新興組織「英國東印度公司」（Honourable East India Company，簡稱HEIC）。1617年，該公司與統治印度次大陸的蒙兀兒帝國簽署貿易條約，接下來幾十年間，英國東印度公司對印度貿易的掌控更加鞏固。公司一開始只對棉花、絲綢、靛藍染料和茶葉有興趣，但不久之後也開始涉足香料貿易。

17世紀末期，隨著貿易的大量增加，印度洋顯然已成為海盜的最

位於馬達加斯加島東北方印度洋的聖瑪麗島（Île Sainte-Marie），雖然沒有市場可以販售贓物，仍然在1690年代後的幾十年間成為大受歡迎的海盜據點。（圖片來源：Olivier Cirendini/Getty Images）

佳狩獵場。當然，不論是來自歐
洲或北美殖民地的海盜，都不是
率先在印度洋攻擊船隻的人。印
度、波斯和阿拉伯沿海地區也聚
集了許多小型海盜群。

　　土耳其人固定派遣軍艦巡視
周圍海域，蒙兀兒帝國也一樣，
但是到了17世紀末，他們放棄大
部分的海盜防治措施，只護送重
要的艦隊，此舉造成歐洲人必須
想辦法自保貿易據點和商船。

　　當時的荷蘭人和英格蘭人
正忙於阻止其他歐洲強權奪取利
益，已經筋疲力盡沒有餘力對抗
海盜攻擊。所以當歐洲海盜首次
出現時，已經捉襟見肘的兩大貿
易龍頭公司，沒有多餘的資源與
之對抗，海盜便得以在此享受其
他地方沒有的自由。

　　17世紀末期，正值非洲奴隸
貿易蓬勃發展。100年前，葡萄牙
人已不再壟斷非洲西部沿海的奴

隸貿易，因此英格蘭和法國的奴隸貿易商都可以在非洲西部建立自己的
貿易據點。英格蘭人成立另一個貿易組織「皇家非洲公司」（Royal Af-
rican Company）管理奴隸貿易，這間公司與龐大的東印度公司相同，擁
有自己的堡壘、貿易站和船隊，儘管如此，還是無法阻止海盜前來西非
沿海分一杯羹。不久之後，一部分海盜開始沿著海岸繼續航行抵達好望
角，再往東就是印度洋了。他們的發現簡直就是海盜的夢想——疏於看
守的富裕商船、許多適合躲避追捕者的藏身地點，以及好幾間忙著互相
爭鬥而忽視海盜威脅的歐洲貿易公司。結果就是1690年到1720年代間，
印度洋成為整個世界中海盜最有利可圖的海域，航行印度洋所能獲得的
龐大機會，是其他地區無可比擬的。

大家耳熟能詳的「海盜
奪取大量金幣與各種寶
物」傳說，其實是源自
紅海的航線海盜成功致
富的故事，但是他們並
不會把金幣埋藏起來，
而是與其他船員分贓。

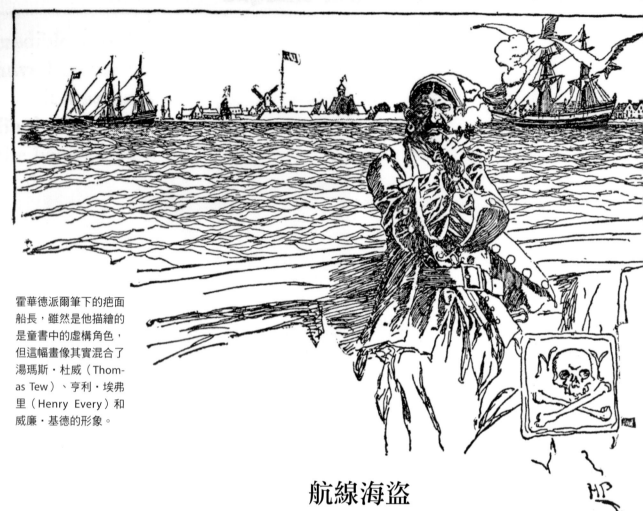

霍華德派爾筆下的疤面船長，雖然是他描繪的是童書中的虛構角色，但這幅畫像其實混合了湯瑪斯・杜威（Thomas Tew）、亨利・埃弗里（Henry Every）和威廉・基德的形象。

航線海盜

　　1690年代肆虐印度洋的海盜勢力，其實是源自百慕達，也就是羅德島紐波特人湯瑪斯・杜威在1692年嶄露頭角的地方。杜威財力雄厚，他在當地買下一艘單桅縱帆船，命名為「友誼號」（Amity）。沒人知道他的財富從哪裡來，但之後一名官員向上呈報：「眾所皆知他曾經當過海盜，這不是什麼光彩的事。」1691年末，一位「杜威船長」掠奪了鱈魚角外海的小島，雖然無法證明他們是同一人，但姓氏剛好相同頗有蹊蹺。1692年正逢大聯盟之戰（1688-97年，法王路易十四為擴張領土引發的戰爭）最激烈時刻，因此杜威說服百慕達總督利希埃（Ritchier）授予他私掠委任狀，准許他去攻擊法國人。杜威打算由西非海岸前進，因此必須橫跨大西洋，同行的還有迪尤船長（Captain Drew）率領的一小群百慕達私掠者。[88]不過，杜威盤算的不只是攻擊法國人而已。

88 引用自參考文獻，詳細請查照 324 頁〈內文引用〉章節

杜威的船員百分之百支持他。兩艘單桅縱帆船之後在西非外海遇上暴風雨而分散，之後友誼號便往好望角前進。抵達印度洋後，他們往北朝紅海前進，來到被稱作「眼淚之門」的曼達布海峽（Bab-el-Mandeb），這是一條17英里（27公里）寬，連接東非和阿拉伯半島的海峽，也是紅海與印度洋的分界點，杜威和他的船員在這裡掠奪了第一個戰利品。

1693年7月，他們看見一艘「高大的船」往北駛進紅海。根據強森的說法，那艘大船載了300名士兵：「但杜威有能耐登上那艘船，然後征服那艘船，他們的戰利品豐富，每個手下都分到將近三千英鎊。」真是滿載而歸。他們的戰利品其實是一艘戰艦，隸屬於蒙兀兒帝國皇帝阿拉姆吉爾一世（Alamgir I），船上滿載寶物、寶石、象牙、香料和絲綢。海盜很快就發現這是一艘護衛船，附近還有其他五艘。杜威想把他們一網打盡，但其他船員只想保護好自己的戰利品，因此拒絕了他。[89]根據強森所述：「意見分歧讓他們心生嫌隙，因此他們決定不再當海盜，而最適合他們落腳的地方就是馬達加斯加島。」

霍華德・派爾筆下的湯瑪斯・杜威，他正與紐約殖民地總督班傑明・弗萊徹（Benjamin Fletcher）相談甚歡，分享他當「紅海航線海盜」的英勇冒險故事。這種跨身分階層的結交，讓人直接聯想到威廉・基德與另一位紐約總督貝爾蒙特伯爵（Earl of Bellomont）的關係。

據說杜威在那裡遇到另一名海盜。詹姆斯・米森船長（James Misson）和他的「勝利號」（Victoire）才抵達不久，這位法國海盜在馬達加斯加西北外海的聖瑪麗島（今為布拉哈島，Nosy Boraha）建立了海盜的殖民地，稱為自由之國（Libertaria）。杜威和他的船員確實在島上待了幾個月，但這個神祕莫測的米森船長，有可能只是強森虛構的角色。

杜威之後決定回到美洲，他的船員則留在馬達加斯加島，1694年4月，他回到羅德島紐波特。由於他的戰利品來自非歐洲國家，因此殖民地總督都把他視為戰績彪炳的私掠者，而非他實際的身分——海盜。杜威發現自己受到英雄般的款待，他先是賣掉手中的贓物，然後應邀參加紐約總督弗萊徹的宴會，因為總督想資助杜威之後的冒險活動。儘管與知名海盜同行讓杜威飽受批評，弗萊徹還是留下文字紀錄稱讚杜威是個有趣的人：「有時候一天的工作結束後，我會和他談一談當作消遣，同時也能增廣見聞。」

89 引用自參考文獻，詳細請查照 325 頁〈內文引用〉章節

湯瑪斯‧杜威的航線圖

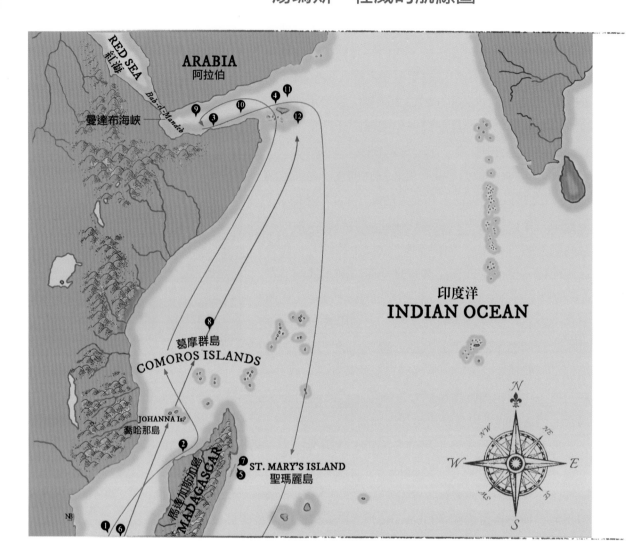

　　當時一位紐約人寫道:「這裡有一大群海盜叫『紅海海盜』,他
們搶了很多阿拉伯人的黃金。」弗萊徹不是唯一的幕後金主,其他殖民
地商人也爭先恐後資助前往紅海的旅程,這條有利可圖的「私掠」航線
之後就被稱為「紅海航線」。杜威在1694年重返紅海,還帶著弗萊徹簽
發的私掠委任狀當護身符。他這次與另外四名英格蘭「私掠者」同行,
他們的船員迫不及待在富裕的東方大肆搜刮。杜威成為這群海盜的「准
將」,強森稱他為「艦隊上將」。抵達印度洋後,亨利‧埃弗里領軍的
「幻想號」(Fancy)也加入行列。

　　1695年6月,海盜船隊回到曼達布海峽。杜威決定攻擊一艘往南行

航線圖說明

◄━━ 1693年的航線　　◄━ 1695年的航線

1693年

1. 5月：湯瑪斯・杜威駕駛單桅縱帆船友誼號進入印度洋。

2. 6月：在馬達加斯加島補給物資後，杜威往北朝紅海前進。

3. 7月：杜威攔劫蒙兀兒帝國的戰艦，收獲價值連城的贓物。

4. 杜威想繼續航行，但他的船員想帶著贓物回家。

5. 杜威可能停靠在聖瑪麗島，成為第一個把這座島當作海盜據點的人。

1695年

6. 5月：杜威重返印度洋，再次向北航行。

7. 據說杜威把聖瑪麗島當作據點與其他海盜會合，但此一說法未經證實。

8. 5月底：杜威在葛摩群島外海遇到亨利・埃弗里，兩大海盜勢力合流。

9. 6月：兩位海盜進入曼達布海峽，也就是紅海變狹窄處，他們認為這是理想的狩獵場。

10. 7月：杜威發現印度船隻後準備打劫。商船「甘吉沙瓦號」（Ganj-i-Sawai）成功逃脫，杜威決定轉而攻擊戰艦「穆罕默德信仰號」（Fateh Mohammed），因為他相信這艘船上也載滿寶藏。

11. 杜威在接下來的交戰中不幸喪命，其餘海盜同夥也被俘虜。

12. 亨利・埃弗里發動攻擊征服穆罕默德信仰號，救出杜威的船員。他接著也征服甘吉沙瓦號，奪得滿船的戰利品。

駛的印度大商船，這支船隊的目的地是蘇拉特（Surat）。他的目標是蒙兀兒帝國的寶船甘吉沙瓦號，負責護送的是武器精良的印度戰艦穆罕默德信仰號。友誼號駛近護送船，對方卻舷砲齊發，破壞力驚人。強森寫道：「雙方交手時，一發子彈打中杜威的腹部邊緣，他只能用手兜住腸子，最後倒地死去。」第一代「紅海航線海盜」就此死亡。[90]這樁悲劇「讓他的船員陷入恐慌，他們被俘虜時甚至完全沒有反擊。」自此「紅海航線海盜」故事的主角就由亨利・埃弗里接手。

埃弗里雖然被捧為最成功的海盜，但是他加入杜威的海盜行列之前發生什麼事，其實我們所知甚少。強森說他出生在得文的普利茅斯，而且「在海洋的哺育下長大」。也有其他說法認為他是普利茅斯一家旅館老闆的兒子，出生於1650年代初期。

還有一件有趣的事，其實他的本名是約翰・埃弗里，但所有留存文

90 引用自參考文獻，詳細請查照 325 頁〈內文引用〉章節

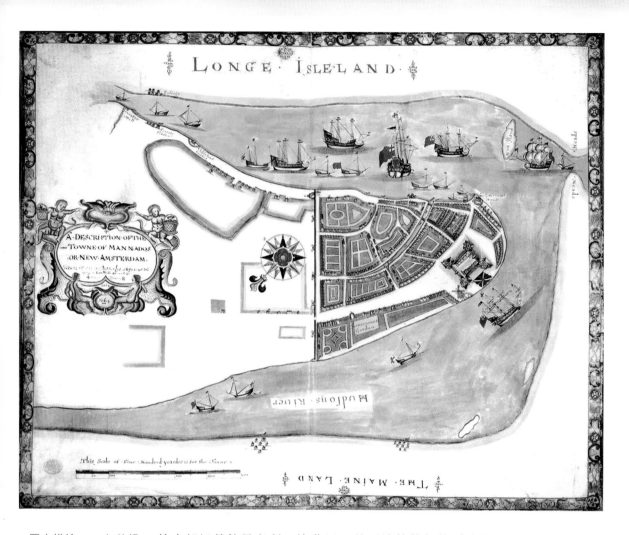

圖中描繪1664年的紐約。英格蘭在這一年從荷蘭手中奪取紐約,把這裡變成英格蘭殖民地。在杜威和基德活躍的年代,紐約市雖然不算大,卻是十分繁忙的港口。自1694年起,紐約市開始快速擴張。

件中都記載他是亨利・埃弗里,甚至連他的親筆手稿也是如此。1680年代晚期,他以蘇木單桅縱帆船船長之姿現身加勒比海。1693年,皇家非洲公司的文件中出現了「大班,又名埃弗里」的字眼,記載他是沒有執照的奴隸貿易商。皇家非洲公司持續壟斷西非海岸的奴隸貿易到17世紀末期,但他們的生意始終受到「大班」等「入侵者」的干擾。直到1698年,公司終於屈服於這些不速之客,允許這些非公司船隻停靠公司的港口,對方則以一部份的利潤作為交換。1694年,埃弗里再次出現,登上擁有46座大砲的私掠船「查理二號」(Charles II),成為大副。同年6月,查理二號從布里斯托出發前往馬丁尼克,船長手握私掠委任狀,因此得以名正言順地掠奪法國船隻。

查理二號抵達西班牙東北部的拉科魯尼亞(La Coruña)時,船員為了各種原因抱怨連連,因此等船長上岸後,埃弗里便集結所有船員發

動叛變。參與叛變的船員推舉埃弗里成為新船長，於是他將這艘私掠船重新命名為幻想號，旋即啟程前往印度洋，尋找機會打劫商船。他們往南行駛，在維德角群島洗劫了三艘英格蘭船和兩艘丹麥船。繞過好望角之後，幻想號停泊在葛摩群島的喬哈那島（今為安樹昂島）補充飲水，埃弗里在這裡俘虜一艘法國私掠船。

亨利・埃弗里成功搶奪大量印度寶物後，把贓物分給船員，又從歷史舞台上消失得無影無蹤，因此常被譽為最成功的海盜。有人認為他後來飢寒交迫而死，也有人認為他最終成為應有盡有的富裕大地主。

埃弗里後來寫了一封公開信，給所有航行印度洋的英格蘭船長。他寫道：「本人下達指令時，從未傷害任何英格蘭或荷蘭人，也從來沒有這種意圖。」看來他還是想營造安分守法的私掠船船長形象，而不是帶領叛眾的海盜頭子，但顯然沒有人買帳。

他在此時與湯瑪斯・杜威相遇，兩股海盜勢力匯流。杜威在攻擊蒙兀兒帝國護衛船時不幸喪命，埃弗里當時也參與那場戰役。在其他海盜船撤退之後，他仍悄悄地跟蹤護衛船隊，直到傍晚，一等到穆罕默德信仰號脫隊，他立刻展開行動。埃弗里悄悄靠近，把這艘戰艦弄斜後帶領船員一擁而上，不出幾分鐘就分出勝負。埃弗里的手下屠殺印度船員，放出牢中的杜威友誼號船員，大肆搜刮船上的奇珍異寶，總共獲得價值五萬英鎊左右的戰利品。這次打劫大獲成功，但是對埃弗里而言，這僅只是開端。他持續追擊護衛艦隊，而這次他的目標是寶船甘吉沙瓦號。

甘吉沙瓦號配備62門大砲、載著500名蒙兀兒帝國士兵，可是個難纏的對手。但幻想號更敏捷靈活，而且配備了46門大砲，190名船員各個貪得無厭。評估情勢後，埃弗里駕船駛向甘吉沙瓦號，雙方開始用舷砲互轟。幻想號幸運地一擊命中寶船的主桅，讓它只能在原處動彈不得。埃弗里致命的一擊讓印度寶船東倒西歪，船上亂成一團，他趁亂駕著幻想號接近寶船，伺機登船打劫。

埃弗里和手下明顯寡不敵眾，讓這次突襲顯得倉促魯莽，但海盜們浴血奮戰，逐漸占了上風。激戰兩小時後，倖存的印度船員終於投降。埃弗里成功奪下甘吉沙瓦號，即使是閱寶無數的貪婪船員，還是被滿船的珍寶震懾得目瞪口呆，金銀財寶、珍希寶石、高級絲綢和其他數不盡的寶物，總共價值約60萬英鎊，其中包括價值50萬的金銀幣。

接下來的兩天，海盜們過起放縱享樂的生活，折磨或強暴富有的印

亨利・埃弗里的航線圖

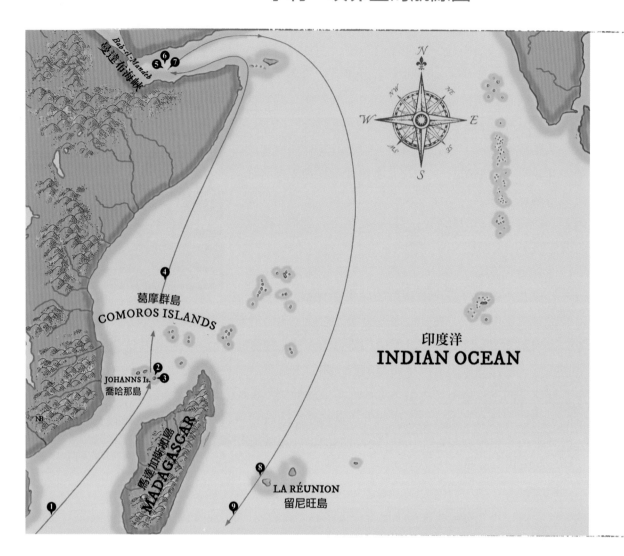

　　度乘客，尋找他們藏起來的財物和珠寶。埃弗里一夥人之後頭也不回地離開，留下驚魂未定的倖存者籠罩在暴力攻擊的恐怖回憶中。

　　埃弗里航向隸屬法國的留尼旺島，將大部分贓物分給船員，每個人還拿到不少寶石當作獎賞。之後他離開印度洋，往西印度前進，停靠在維京群島的聖湯瑪斯島，賣掉一部份贓物。埃弗里到了那裡才發現，他攻擊船隻的消息已經傳到美洲，他因此成為通緝要犯。於是他遣散船員、拋棄幻想號，大家各自分道揚鑣。至於亨利・埃弗里，他搭上單桅縱帆船「以撒號」（Isaac）到愛爾蘭，在1696年夏天靠岸，之後便下落不明。許多人聲稱自己看到他，關於他餘生命運的傳聞更是甚囂塵上。

1. 1695年春天：亨利・埃弗里駕駛搶來的私掠船幻想號進入印度洋。

2. 6月初：他停靠在喬哈那島。

3. 他在喬哈那島俘虜一艘法國船，但之後放走船員，並聲稱自己是安分守法的私掠者，不是海盜。

4. 5月下旬：他遇見湯瑪斯・杜威，兩名海盜一起前往紅海。

5. 7月：他們在曼達布海峽攻擊兩艘船組成的護衛艦隊，杜威在攻擊印度戰艦穆罕默德信仰號時命喪黃泉。

6. 埃弗里持續追擊，一番激戰後俘虜穆罕默德信仰號，接著繼續追捕戰艦護送的印度寶船。

7. 埃弗里攻擊寶船甘吉沙瓦號，登船燒殺擄掠、血流成河後成功俘虜，發現船上珍寶無數。

8. 埃弗里航向留尼旺島（La Réunion）與船員分贓。

9. 他隨後離開印度洋，抵達西印度之後船員各自分道揚鑣，而埃弗里之後的行蹤成謎。

這幅亨利・埃弗里的畫像，出自強森船長1724年出版的《搶劫與謀殺──聲名狼藉的海盜通史》一書，背景描繪的就是他打劫蒙兀兒帝國寶船甘吉沙瓦號的場景。

強森船長表示埃弗里的錢被騙光，之後飢寒交迫而死。但事實是，沒有人知道他究竟怎麼了。亨利·埃弗里在歷史中的定位是「海盜王」，一名總是逃過法網的傳奇海盜，也許他真的成功逃脫了。亨利·埃弗里不像那些後來的追隨者，他懂得急流勇退的道理。或許是因為如此，他才能成為最成功的海盜。

私掠者基德

威廉·基德應該是繼黑鬍子之後最著名的海盜，但是相較於其他海盜，他的運氣實在差了一點。惡名昭彰的他，之所以出名大多是因為最終被處刑的下場，而非當海盜時創下的豐功偉業。他也是最後幾位「紅海航線海盜」，事實上，他到底是不是「海盜」這件事還值得討論，或者他只是一位因判斷錯誤而賠上性命的私掠者。

基德1654年1月出生於蘇格蘭的丹地（Dundee），他的童年生活艱苦，五歲喪父後，母親被迫靠海員慈善救濟會的接濟維生。基德青少年時期就出海，往後幾十年間航行技巧越來越精進。1689年2月，他加入以海地小戈阿沃為據點的法國私掠船「聖玫瑰號」（Sainte Rose）。法國不久後向英格蘭和蘇格蘭兩個王國宣戰，基德當時在法國陣營，對英格蘭的聖克里斯多福島（St Christopher）發動攻勢。趁法國士兵忙著攻打查爾斯堡（Fort Charles）之際，基德與同夥羅伯特·克利福德（Robert Culliford）和其他六名英國人一起打倒守衛，搶走了配備16門大砲的雙桅橫帆船，航向英格蘭殖民的尼維斯島。

一位好心的總督讓基德留下雙桅橫帆船，他將帆船重新命名為「祝福威廉號」（Blessed William）以向國王致敬，此外還拿到了私掠委任狀。但是1690年2月2日，克利福德趁基德登上安地卡島時偷走雙桅帆船，把船長基德留在島上。幾個月後，基德虜獲另一艘法國船，並命名為「安地卡號」（Antigua），他抱著微弱的希望，駕駛著安地卡號前往紐約追趕克利福德。

基德在紐約認識了富有的寡婦莎拉·奧爾特（Sarah Oort），兩人在1691年結婚。現在基德擁有豐厚財產，

霍華德·派爾描繪的基德是私掠者，從背景可以看出他的根據地在紐約。在他最後一次出海私掠而被指控為海盜之前，其實是在紐約社交圈有頭有臉的人物。

他既是頗有聲望的船長，也是紐約社交圈的一員。他之後開著商船往返西印度和紐約，有時還會順便私掠其他船隻。接著他在1695年駕駛安地卡號前往英格蘭，希望拿到涵蓋範圍更廣的私掠委任狀。然而他的海盜事業卻就此開始走下坡。

他在倫敦遇到紐約的舊識理查·利文斯頓（Richard Livingston），利文斯頓輾轉將他介紹給貝爾蒙特伯爵理查·庫特（Richard Coote）。貝爾蒙特伯爵正在建造一艘配備34門大砲的私掠船，命名為「冒險號」（Adventure Galley）。利文斯頓說服伯爵，說他這位來自蘇格蘭的朋友是冒險號最理想的船長人選。貝爾蒙特伯爵同意資助他的航程，更拉了其他政治立場相同的友人加入，包括羅姆尼勳爵（Lord Romney）、索爾茲伯

第一代貝爾蒙特伯爵理查·庫特（1635-1701年），他是威廉·基德的金主，並允諾給予基德政治和法律庇護。但基德被指控為海盜時，貝爾蒙特伯爵和其他達官貴人卻見死不救。

里伯爵（Earl of Salisbury）、約翰·薩默斯勳爵（Lord John Somers）和愛德華·羅素上將（Edward Russell），他們都是輝格政府的一員。基德自此踏入一個陷阱，讓他再也無法脫身。他賣掉安地卡號換取資金，但契約規定即使基德和船員滿載而歸，他們也只能獲得少部分的財物。

基德拿到的私掠委任狀，授權他攻擊法國人和海盜的船隻。他在1696年4月初順著泰晤士河出海，到紐約招募更多船員。[91]總督形容他們是：「一群擁有可觀財富的人」，還附註說明：「如果他們空手而歸，基德可能無法控制那群亡命之徒。」私掠者嚴格執行「沒有收穫，沒有酬勞」原則，假如領不到獎賞，船員必定會心生不滿。同年9月基德啟航前往印度洋，這個決定本身頗有意思，顯然他下定決心追蹤紅海航線的海盜，而非法國商船，因為法國商船大多在西印度活動。

1697年1月28日，冒險號抵達馬達加斯加島外海。他曾考慮攻擊聖瑪麗島的海盜據點，不過他的船上剛好爆發痢疾導致人手不足，聖瑪麗島才幸運逃過一劫，基德不得已改成在馬達加斯加島附近徘徊，希望能遇到海盜船。

一直等到失去耐心後，他便向北前往喬哈那島，在那裡遇到英格蘭商船「斯卡波羅號」（Scarborough）。

91 引用自參考文獻，詳細請查照 325 頁〈內文引用〉章節

基德船長的航線圖

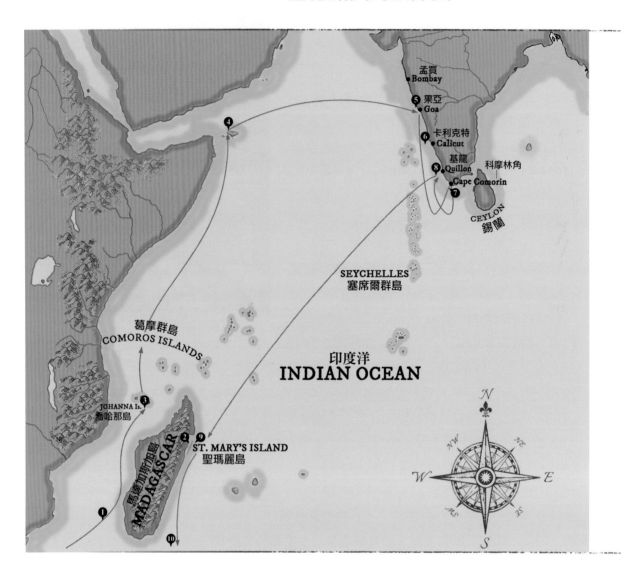

　　基德航向斯卡波羅號，沒想到半路殺出程咬金——東印度公司戰艦「雪莉號」（Shirley）。基德立刻停止前進，但東印度公司戰艦艦長後來向上舉報，表示他確信基德是海盜，至少他有意圖成為海盜。當時冒險號的船員飽受疾病所苦，水手死傷慘重，基德只好在葛摩群島停留兩個月。一直過了7月他才有辦法重新啟航，之後便前往紅海，希望攔截到在曼達布海峽徘徊的海盜船。不過他的船員人數銳減，就連所剩不多的船員如今也開始焦躁不安，因此他急需戰利品。

　　8月15日，冒險號在曼達布海峽與蒙兀兒帝國船隊狹路相逢。基德升

1. 1697年1月：基德駕駛冒險號，遠方的馬達加斯加島映入眼簾。

2. 他打算攻擊聖瑪麗島上的海盜，但他的船員人手不足，只好作罷。

3. 3月：基德在喬哈那島將船翻過來清潔修理，此時他與船員飽受疾病折磨，因此滯留在島上。

4. 8月：基德試圖在紅海入口攻擊印度船隊，但他發現有東印度公司的戰艦護送船隊後，便打消了攻擊的念頭，戰艦艦長則舉報基德已經成為海盜。

5. 10月：基德航向馬拉巴（Malabar）海岸，打劫荷蘭貿易船「魯佩雷號」（Rupparell）。

6. 11月：兩艘葡萄牙戰艦認為基德是海盜而展開攻擊，基德死裡逃生。

7. 1698年1月30日：基德在科摩林角外海攔截持有法國通行證的印度船「奎達商人號」（Quedah Merchant），他用這艘船上搶來的贓物安撫心生叛變的船員。

8. 2月：基德停靠在基龍，也就是現今的柯蘭（Kollam），他在此賣掉一些貨物後停留數週。

9. 4月：基德抵達聖瑪麗島，拋棄冒險號和魯佩雷號，他手下許多船員都選擇離開，成為島上的海盜。

10. 基德駕駛奎達商人號返家。

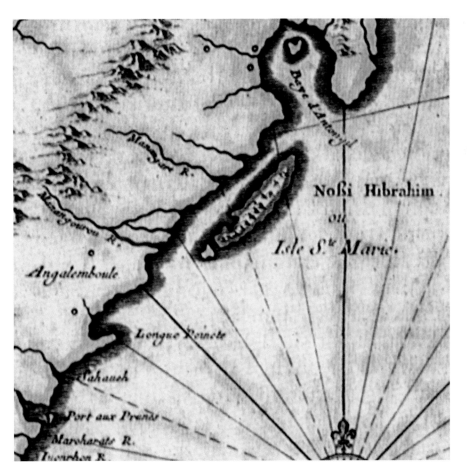

聖瑪麗島距離馬達加斯加島東北海岸不到五英里（八公里），是海盜的最佳避風港。
傳說島上有自由主義者建設的公社，但其實是誇大其辭。

起法國旗幟並展開攻擊，展現十足的海盜作風，但船隊有東印度公司的戰艦「權杖號」（Sceptre）護送，基德完全不知道蒙兀兒帝國皇帝雇用東印度公司保護船隊。基德一看到戰艦就立刻轉向，但為時已晚，在東印度公司眼中，基德已然是一名海盜。

海盜基德

　　基德的船員蠢蠢欲動準備叛變，此時的他陷入絕境。他轉而前往馬拉巴海岸，在果亞（Goa）附近徘徊，希望遇見沒有艦隊護送的印度商船。基德虜獲一艘小阿拉伯商船，逃過兩艘葡萄牙戰艦的攻擊，但還是沒遇到價值連城的大商船。他知道自己的船員快要失去耐性，所以一聽說船上的砲手威廉・摩爾（William Moore）蠢蠢欲動，基德便決定殺雞儆猴。[92]基德和摩爾互相咒罵一陣，最後基德抄起一個木桶，砸向摩爾的頭，砲手摩爾隔天便一命嗚呼。這次事件和11月時打劫到小荷蘭商船魯佩雷號，都幫助基德成功化解叛變。

　　基德滿心渴望的大好機會終於在1698年1月30日到來，冒險號航行到印度南端，他們遇上準備前往遠東的印度商船奎達商人號，基德升起法國旗幟，下令對方頂風緩航。奎達商人號的英格蘭船長立刻照辦，基德便率領手下登船洗劫，接著把船開往基龍（今為柯蘭）的葡萄牙港口。基德賣掉一些貨物，把賺來的錢付給船員，雖然不多，但這筆錢足以換來船員的忠心，讓基德得以平安返家。基德打算把剩下的戰利品交給金主，雖然他也承諾船員回到紐約後會給他們應得的獎勵。最棒的是，奎達商人號的通行證證明其接受法國保護，因此對基德而言，奎達商人號是合理合法的攻擊目標。

　　現在他擁有三艘船：冒險號、魯佩雷號和奎達商人號，戰利品來得恰是時候，因為他的指揮艦在印度洋航行一年後，已經腐朽不堪。基德在4月1日造訪聖瑪麗島，從這一點可以看出基德身分的微妙轉變，他現在可以航行到海盜的巢穴，卻不用怕遭到攻擊。

　　聖瑪麗島港口停泊了一艘名為「復仇號」（Revenge）的海盜船，船長是羅伯特・克利福德，正是當年偷走基德第一艘船的水手。基德大部分的手下都選擇叛逃，所剩無幾的船員差點讓他無法駕船返家。基德當

對頁
威廉・基德船長是成功的私掠者，但是他1697年至1698年於印度洋的種種行為，恐怕跨越了私掠與海盜的界線。不論如何，基德接受了一場草率又偏頗的審判，最終在1701年被指控為海盜並處以絞刑。

92 引用自參考文獻，詳細請查照 325 頁〈內文引用〉章節

時想必氣瘋了，但他寡不敵眾。冒險號損壞到無法修理，基德只好把冒險號和魯佩雷號遺棄在聖瑪麗島，於11月駕駛奎達商人號返家。

基德必然料想得到，返家後自己會遭到群起圍攻。他希望那些權勢滔天的金主會支持他，知道他的海盜行為都是被心生叛變的船員逼迫的。當他抵達伊斯班尼奧拉島時，基德發現自己被當成了海盜，不過好消息是他的金主貝爾蒙特伯爵是現任紐約總督。於是他決定把奎達商人號留在安地卡，帶著一大批剩下的貨物往北前進。基德來到長島南端外海的加德納島（Gardiner's Island），他深怕得不到貝爾蒙特伯爵的支持，為保險起見，便把手邊那批財寶埋藏在島上，接著寫信向擔任總督的伯爵求救。貝爾蒙特伯爵當時人在波士頓，所以基德返家探望家人後立刻啟程，於1699年7月1日抵達波士頓。如果他還指望得到伯爵的熱烈歡迎，可就要大失所望了。伯爵拒絕接見他，五天之後，基德就被逮捕。

回到紐約前，基德就意識到自己會被指控為海盜，所以把一大批贓物埋在長島外海的加德納島。基德被逮捕後，貝爾蒙特伯爵和殖民政府官員找到寶藏。

基德供出埋藏寶藏的地點，貝爾蒙特伯爵幾週後找到藏寶位置，發現價值1萬4000英鎊左右的財寶。基德四處航行期間政壇已經風雲變色，他卻渾然不知，這就是他落得這般下場的原因。英格蘭和法國已經停戰，私掠者也被全數召回，此舉無疑造成海盜活動更加猖獗，因此政府的立場變得更強硬。只要與任何海盜有牽扯，都可能危害貝爾蒙特伯爵和其他金主的政治生涯。換言之，基德被當做替罪羔羊了。比起基德船長的海盜事蹟，他接受審判的故事更廣為人知。基德1700年3月一踏上英格蘭的土地，立刻成為政治風暴的中心點。

基德被關在新門監獄（Newgate Prison）的兩個月間，在野的托利黨命令基德供出他的輝格黨金主，貝爾蒙特伯爵陣營則毀掉所有與基德相關的證據，逃過一場政治醜聞。基德還是相信自己可以獲判無罪，因此在兩場國會聽證會上都保持緘默。審判從5月8日開始，基德被控犯下五項海盜罪，以及殺害砲手威廉‧摩爾的謀殺罪。由於此次審判採用海事

法程序，因此基德被迫自行辯護。

　　然而證明奎達商人號是合法攻擊對象的文件，恰好不見了。少了證明他所言屬實的證據，再加上東印度公司和政府先前的強力譴責，基德的下場毫無懸念，海盜罪和謀殺罪名成立。

　　[93]整場審判只花三天就結束，審判的真正目的是避免政治醜聞擴大，而不是為了伸張正義。法官判決兩週後執行絞刑，基德大概還巴望著可以撤銷或暫緩執行，但金主們卻對他不聞不問。1701年5月23日星期五，一輛囚車載著威廉・基德前往瓦濱的刑場碼頭，走在隊伍最前端的官員，手上拿著象徵海軍權威的銀質船槳。據說獄方允許基德在前一晚用蘭姆酒消愁，因此囚車上的基德宿醉未醒。河岸的泥灘架起了絞刑架，圍觀群眾一邊嘲笑，一邊看著基德走上絞刑架，牧師則在一旁為他的靈魂祈禱。他含糊地喃喃自語，辯稱自己的清白，隨著詩歌響起，他腳下站的梯子被踢開，基德的一生就此劃下句點。

　　但基德的悲慘命運還沒結束。他的屍首被裝進籠子裡，高掛在泰晤士河上用以殺雞儆猴，威嚇其他想當海盜的人。隨之而來的是貝爾蒙特

基德埋藏寶藏的故事，引發了長達四百年的尋寶風潮，1929年發現推測應該屬於基德的藏寶圖後，又大大助長這股風氣。雖然這些事情可能都是假的，還是無法阻止大家繼續尋找基德埋藏的寶物。

基德埋藏寶藏的故事，引發長達四百年的尋寶風潮，1929年發現推測應該屬於基德的藏寶圖後，又大大助長這股風氣。雖然這些事情可能都是假的，還是無法阻止大家繼續尋找基德埋藏的寶物。

伯爵、政府和海軍的三方角力，相互譴責、爭奪，宣稱自己應當擁有基德的贓物。他們的寶藏之爭始終無法得到皆大歡喜的結果。

　　接下來還有羅伯特・克利福德的問題。1698年9月，他企圖擄掠蒙兀兒帝國寶船「大穆罕默德號」（Great Mohammed）。一看見整隊英格蘭戰艦現身，他立刻退回聖瑪麗島，但還是遭到逮捕。克利福德接受審判，但不知為何被撤銷死刑，最後重獲自由。據說他提供了假證據幫忙定基德的罪，以此換取自由。威廉・基德和他的勁敵羅伯特・克利福德，都稱得上是最後的「紅海航線海盜」。他們離世之後，東印度公司強勢接管印度洋的活動，防止任何攻擊行為發生。雖然聖瑪麗島還是海盜巢穴，但後來這些不起眼的小海盜，不再有機會像杜威、埃弗里或基德一樣享有優勢。

馬達加斯加海盜

　　從強森船長的故事可知，聖瑪麗島上建立詩情畫意的海盜避風港「自由之國」，其實只是傳說。據他表示大約1695年左右，法國海盜米森船長在聖瑪麗島上建立了殖民地「自由之國」。聖瑪麗島的主要錨地佛班斯灣（Baie des Forbans）可以保護船隻不受暴風侵襲，而且島上原本就有豐沛的糧食和飲水，當地居民也不介意時常有船員造訪。馬達加斯加島地處由歐洲前往東方世界的航線上，位置非常優越。換言之，聖瑪麗島就是海盜的避風港，[94]因此被描繪成海盜的烏托邦世界也不意外了。

　　米森船長的傳奇故事，就是理想主義者的神話。詹姆斯・米森應該是普羅旺斯人，據說曾在法國皇家海軍服役，因此結識了卡拉喬利神父（Father Caraccioli）。這位不按傳統行事的神父主張建立人人平等的公社，公社中所有成員不論種族、階級或信仰，通通一視同仁。除了強森撰寫的書之外，其他地方都找不到關於激進神父和海盜船長實現理想公社的記載，因此這更像文學作品杜撰的情節。

　　換句話說，當時海盜的社會結構已經非常自由開放，如同社會實驗的理想公社，只不過是以民主方式經營的海盜殖民地，人們所遵循的是廣受接納的海盜法典。強森的敘述只是迎合廣為流傳的海盜王國故事，再加上歐洲人對於航行印度洋可以獲得金銀財寶的想像，加油添醋讓這些故事生色不少。除了聖瑪麗島，附近還有幾個知名的海盜據點，例如蘭特灣（Ranter Bay），也就是現在的安通伊勒灣（Baie d'Antongil），以及聖奧古斯丁灣（Saint Augustine's Bay），這兩個地方都在馬達加斯加島東岸，再往東還有留尼旺島和模里西斯島（Mauritius），西北方則有喬哈那島，當地居民似乎都很歡迎海盜前來。實際上，這個海盜烏托邦社會就是眾人交流之地，只是受到海盜法典中的教條規範。

葛摩群島的喬哈那島，位於馬達加斯加島與東非海岸之間，是海盜與合法船員都喜歡的熱門補給點。此幅島嶼素描繪於1670年代。

94 引用自參考文獻，詳細請查照 325 頁〈內文引用〉章節

這個地方與烏托邦社會相差甚遠，充其量只是為了有效管理法外之徒而想出的務實方法。另有一說認為強森的故事只是偽裝成海盜史的政治論述，不贊同者提出，強森是根據1640年代晚期英格蘭平等派提出的「人人平等」理念，模擬描繪出的海盜社會。制定出這樣的教條規範，聽起來似乎是為了管理一群海上惡棍和罪犯，但事實上，這裡顯然和其他罪犯社會一樣，總有人會爬上最高位。1690年代晚期，海盜亞伯拉罕・山謬（Abraham Samuel）自稱為「海豚港之王」，他所謂的海豚港其實是皇太子堡（Fort Dauphin），也就是今日馬達加斯加島南部的陶拉納魯（Taolanaro）。賦予自己稱號的不只他一人，另一名海盜詹姆斯・普蘭坦（James Plantain）則自封為「蘭特灣之王」。

由此可見，聖瑪麗島和其他錨地曾經有一段時間是海盜的安全避風港。最近在聖瑪麗島佛班斯灣的探勘行動中，不只發現了可能是冒險號的沉船，也發現其他疑似海盜船的殘骸，可能與基德的船一樣因為腐朽損壞而被拋棄。1699年，一支皇家海軍艦隊抵達佛班斯灣，馬達加斯加島作為海盜庇護所的鼎盛時期就此宣告結束。許多海盜接受了赦免條件，有一些人則是放棄海盜生活定居該處。伍茲・羅傑斯在1711年造訪好望角時，認識兩位來自聖瑪麗島的前海盜，他們說現在馬達加斯加島的海盜只剩下不到60或70名，而且「他們大多窮困潦倒，連當地人都覺得他們很可悲」。

看來自18世紀初期起，印度洋的海盜已所剩無幾，不過海盜還是會回到印度洋，最後一次登上歷史舞台，要從約翰・霍西（John Halsey）開始。他是名轉為海盜的美國私掠者，在1706年抵達聖瑪麗島，接下來兩年多的時間，把風華不再的海盜巢穴當作據點。

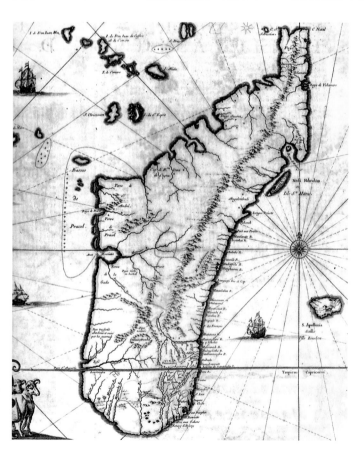

這張1665年由荷蘭人描繪的馬達加斯加島地圖中，可以看見聖瑪麗島在島嶼東側，大約在指南針圖示的正上方。地圖也畫出其他規模較小、存在時間較短的海盜巢穴，大多位於馬達加斯加島上靜僻的海灣內。

1707年8月，他在摩卡（Mocha，今位於葉門）外海虜掠兩艘英國船隻，這是他海盜生涯最大成就，隨後回到船上，兩艘戰利品最後遭颱風摧毀。霍西不久後死在聖瑪麗島上，他的船員也成為島上「窮困又可悲」的一員。

接下來登場的是英格蘭人克里斯多福・康登特（Christopher Condent），他也是在1718年隨查爾斯・范恩逃離新普洛維登斯島的「敢死幫」成員之一。不久之後他與其他人分道揚鑣，在維德角群島外海攔截一艘荷蘭的小單桅縱帆戰船，重新命名為「飛龍號」（Flying Dragon）。他在1719年夏天抵達聖瑪麗島，遇見霍西倖存的手下，向他們討教關於附近環境的資訊，接下來一年都在印度洋四處徘徊尋找獵物。1720年10月，他在孟買（Bombay）外海打劫一艘阿拉伯商船，船上載滿價值連城的寶物，總價值大約15萬英鎊。

霍華德・派爾的圖畫描繪海盜在埋藏寶物時發生衝突。事實上除了基德，我們不曾聽聞有哪位海盜埋藏了贓物。

康登特也是一名懂得急流勇退的海盜。他航行到聖瑪麗島，解散飛龍號的船員。事實上，考古學家認為他們找到了飛龍號的殘骸，就躺在佛班斯灣的海底，距離冒險號沉船不遠。康登特和40名手下前往東邊的法屬留尼旺島，與法國總督交涉後獲得赦免。據說他娶了總督的親戚，最後在不列塔尼的聖馬羅（St Malo）以商人身分退休。

接著出來當海盜碰碰運氣的是愛德華・英格蘭，雖然姓英格蘭，但他其實是愛爾蘭人，原名叫愛德華・席格（Edward Seegar）。西班牙王位繼承戰爭期間（1701-14年），他在牙買加當私掠者，後來因為受到吸引，而在1716年投奔新普洛維登斯島。英格蘭接受伍茲・羅傑斯的赦免條件回去做老本行，他在1719年初來到西非海岸附近，在航行途中可能遇到了霍維爾・戴維斯，因為曾有人目擊兩名海盜一起出沒在幾內亞海邊。此時他拋棄原先的單桅縱帆船，換成更大艘的「珍珠號」。

他留下另一艘劫來的船，重新命名為「勝利號」（Victory），把掌舵權交給他的舵手約翰・泰勒（John Taylor），他也是逃離新普洛維登斯島的一員，他們想去印度洋試試手氣。強森船長表示他們登陸馬達加斯

強森船長所著《搶劫與謀殺──聲名狼藉的海盜通史》一書中，愛爾蘭海盜愛德華・英格蘭早期的畫像。他也是新普洛維登斯島「敢死幫」的一員，但最後還是在印度洋討生活。

加，在那裡「過了好幾週恣意放蕩的生活，剝削當地的黑人女性」，此番描述聽起來像聖瑪麗島的情形。英格蘭和泰勒最終厭倦了島上的娛樂而重返大海，結伴航行到印度西北海岸。英格蘭又打劫一艘船，這次是一艘34門大砲三桅船，他命名為「幻想號」（Fancy）。

1720年8月27日中午過後不久，兩名海盜抵達喬哈那島，上岸補給。但他們並非島上唯一的訪客。兩名海盜發現島上已停靠了三艘船，一艘荷蘭東印度小帆船和兩艘英國東印度大帆船。其中較小的英國船「格林威治號」（Greenwich）和荷蘭船立即切斷船錨逃走，但「東印度卡珊德拉號」（Indiaman Cassandra）的詹姆斯・麥克雷船長（James Macrae）決定留下來應戰。泰勒駕駛勝利號追逐兩艘逃走的船，英格蘭則駕著幻想號朝卡珊德拉號駛去。[95]來自蘇格蘭的麥克雷船長在報告中寫道：「另外兩艘船拋下我們獨自面對野蠻又殘暴的敵人，海盜沾滿血腥的黑色旗幟在我們眼前飄動。」

風力不足讓船隻難以操控，因此兩艘船只能朝對方猛攻。雙方激戰三小時，兩艘船都在近距離用舷側砲攻擊對方，直到船身千瘡百孔、兩敗俱傷。英格蘭曾一度想用長槳讓幻想號與卡珊德拉號平行，但麥克雷記載：「我們幸運地把敵方的船槳炸成碎片，阻止他們轉向，也因此保住我們的性命。」不過，顯然是武器精良的海盜船占了上風，麥克雷船長便決定把殘破不堪的船隻停靠在海灘上。麥克雷的手下倉皇逃到岸上，在島上躲了好幾天後才向海盜投降。

投降之後，船員只能任憑這群惡棍宰割。但出乎麥克雷的意料，英格蘭其實非常親切有禮，而且他保證會釋放麥克雷和他的船員。這讓泰勒氣急敗壞，指責英格蘭心太軟，但英格蘭不為所動，還是讓麥克雷和他的手下駕著破爛的幻想號離開，他們最終平安抵達孟買。這位倔強的蘇格蘭船長被捧為英雄，之後成為馬德拉斯（Madras）的總督。

接著英格蘭和泰勒駕駛勝利號，把岸上的卡珊德拉號拖入海中，打

95 引用自參考文獻，詳細請查照 325 頁〈內文引用〉章節

算把這艘船變成他的新指揮艦。6個月之後的1721年初，心軟的英格蘭和冷酷的泰勒終於出現嫌隙，根據強森的說法：「他（英格蘭）很快就被船員罷黜、趕下海盜船，與另外三人困在模里西斯島上。」英格蘭被自己的手下放逐後，與同樣困在島上的夥伴想方設法乘著「用各種材料東拼西湊的小船」橫跨印度洋，抵達聖瑪麗島，[96]在那裡「靠著海盜弟兄的接濟勉強維生」。據說英格蘭不久之後就去世了。

　　至於約翰・泰勒，他在放逐前任船長後，繼續駕駛勝利號和卡珊德

96 引用自參考文獻，詳細請查照 325 頁〈內文引用〉章節

這幅愛德華・英格蘭肖像畫背景的海戰場景，描繪的是1720年他的海盜船幻想號與東印度卡珊德拉號纏鬥的畫面。兩艘船都在交火中嚴重受損，甚至擱淺，因此這場戰役算是以平手告終。

英格蘭和泰勒的航線圖

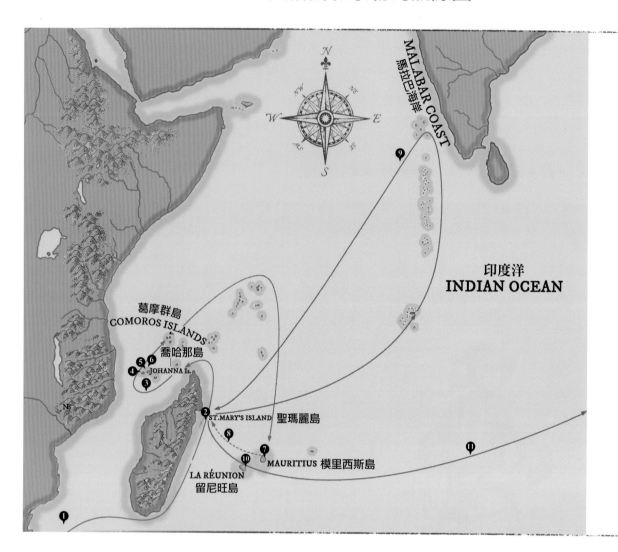

拉號，在印度外海大有斬獲。他回到聖瑪麗島，認識了外號「禿鷹」的法國海盜奧利維爾·勒瓦瑟，他曾經和霍維爾·戴維斯和山姆·貝勒米一起航行。泰勒讓這名經驗豐富的法國海盜指揮勝利號，兩名海盜接著航向留尼旺島，遇到一艘在暴風雨中折損船桅的葡萄牙商船。這艘商船很快就成為海盜的囊中物，他們還發現船上載滿價值連城的貨物，包括一大批要給葡萄牙國王約翰五世（King João V）的鑽石。這些珠寶最終落入海盜們的口袋。

勒瓦瑟用新搶來的船隻取代腐朽的勝利號，並以法文的勝利「Victoire」重新命名，由於有一隊英國戰艦在印度洋四處搜索他們的下落，

航線圖説明

◄─── 英格蘭的航線　　◄- - - 臨時船隻的航線　　◄─── 泰勒的航線

1. 1720年春天：愛德華・英格蘭駕駛單桅縱帆船珍珠號，約翰・泰勒駕駛勝利號，兩人來到印度洋尋找獵物。

2. 兩名海盜在聖瑪麗島逍遙了幾個月。

3. 7月：兩名海盜航行在非洲大陸和馬達加斯加島之間，劫掠了幾艘船。英格蘭留下其中一艘船，改名為幻想號。

4. 8月：他們朝北航行，8月27日抵達喬哈那島上岸補給。

5. 他們在這裡遇到三艘船，一艘荷蘭和兩艘英國東印度帆船。泰勒追逐逃走的兩艘船，英格蘭則對付留下來應戰的東印度卡珊德拉號。經過一番激戰，英格蘭成功拿下卡珊德拉號。

6. 英格蘭放走俘虜，讓他們駕駛幻想號離開，自己留下卡珊德拉號。

7. 1721年3月：泰勒因為英格蘭對俘虜太過仁慈而不滿，兩人拆夥。英格蘭的手下與泰勒站在同一陣線，因此英格蘭和三名支持者被放逐到模里西斯島。

8. 5月：英格蘭造了一艘小船航行到聖瑪麗島，幾個月後在島上過世。

9. 6月：泰勒離開馬拉巴海岸，打劫幾艘船隻，之後回到聖瑪麗島。

10. 泰勒與奧利維爾・勒瓦瑟結盟，兩人合力在留尼旺島外海劫掠一艘葡萄牙商船。

11. 泰勒打算橫跨太平洋回到家鄉英國。在巴拿馬附近上岸後，他的船員帶著戰利品分道揚鑣。

他們只得前往東非海岸避避風頭。兩名海盜之後分道揚鑣，勒瓦瑟在摧毀新的勝利號後便消失，也許是回到法國了。泰勒認為回到聖瑪麗島不是安全之舉，因此往東橫跨太平洋，在1723年5月抵達巴拿馬。雖然西班牙和英國已經停戰，總督還是接受泰勒送上的卡珊德拉號，以赦免和安全通行作交換。泰勒之後的行蹤成謎，沒人知道他後來做了什麼事。

英格蘭、泰勒和勒瓦瑟是最後的馬達加斯加海盜。1721年，追捕泰勒和勒瓦瑟的艦隊，摧毀了馬達加斯加島所剩無幾的海盜巢穴，法國也剿滅模里西斯島和留尼旺島的海盜聚落。這是英國、法國和葡萄牙幾十年來首次和平共處，三國政府還攜手終結印度洋的海盜活動。這是「海盜航線」的最終章，正如加勒比海域和西非沿岸地區一般，印度洋上有組織的海盜活動也成為過去式，事實上這也是偉大的「海盜的黃金時代」走下坡的開端。

第八章

最後的海盜

拉丁美洲的海盜問題

「海盜的黃金時代」走入歷史，不代表海盜攻擊從此消失，只不過海盜發動的攻擊變成個別事件，大規模的海盜活動皆立刻被海上強權的軍隊弭平，其中出力最多的是大英帝國。英國政府的反海盜作戰非常成功，讓船東們個個高枕無憂，看著財富滾滾而來，只可惜人生鮮少如此單純。英國和法國的戰爭一觸即發，因此到18世紀還是需要大量私掠者。

奧地利繼承戰爭，也就是詹金斯耳朵之戰（1740-48年）期間，英國派遣了大量私掠者前往地中海、加勒比海和英吉利海峽，接下來的七年戰爭（1756-63年）期間，英國海軍成為整個大西洋的霸主。法國人一心想復仇，因此他們的私掠者在美國獨立戰爭期間（1775-83年），加入了美國陣營。

海軍准將波特（David Porter）反海盜艦隊的小船攻擊一艘多桅縱帆船，這艘船屬於綽號「小惡魔」（Diabolito）的古巴海盜。在這場發生在1823年的剿滅事件中，超過70名海盜被美國船員和海軍擊斃。

　　法國大革命期間（1792-1802年）路易十六（Louis XVI）被推翻後，英格蘭與法國的矛盾又繼續上演，到了拿破崙戰爭（1805-15年）更加惡化。這當中爆發許多小規模衝突，而其中最重要的就是一連串發生在拉丁美洲的獨立戰爭，以及1812年的英美戰爭（1812-15年）。[97]對船員而言，這些戰爭的意義就是可以靠著私掠大賺一筆，但衝突告一段落後，這種國家贊助的海盜行為就變成一大問題。

　　1815年，當所有戰爭結束後，數千名私掠者就此失業。大部分的人都找到其他工作，剩下的人走投無路，只好轉而當海盜，或者去找不被其他國家承認的反抗政府請求授予私掠委任狀。當然，這種私掠狀的效力有待商榷，而逐漸興起的拉丁美洲各國，成為私掠狀的主要來源。1808年法國大舉進攻西班牙之際，美洲許多西班牙殖民地紛紛把握機會起兵反抗殖民地領主，隨之而來的拉丁美洲獨立戰爭，也在南美洲各處遍地開花，委內瑞拉、哥倫比亞和厄瓜多的軍政府，都利用私掠者來打擊西班牙領主。

　　1826年，祕魯和智利都成為獨立國家，厄瓜多、哥倫比亞和委內瑞拉也成功脫離西班牙掌控。墨西哥在1821年獨立，中美洲其他地區則仍然動盪不安。古巴雖然尚未脫離西班牙的掌控，還是飽受游擊兵的砲火

97 引用自參考文獻，詳細請查照 325 頁〈內文引用〉章節

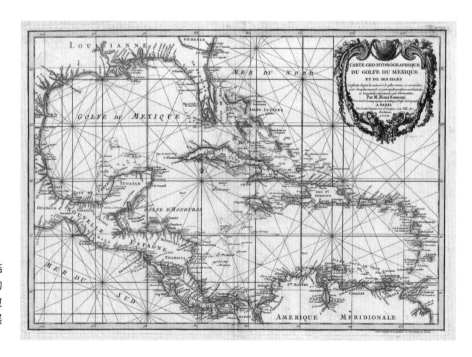

1815年拿破崙戰爭結束，隨著西班牙帝國的分崩離析，海盜趁著政治動盪，在加勒比海展開新一波海盜活動。

摧殘。私掠者造成的問題沒有隨著國家獨立而結束，許多人聲稱他們手上握有私掠委任狀，繼續攻擊西班牙船隻，而委任狀的頒布者正是那些還在為獨立奮鬥的軍政府，還有一些人跨越私掠者與海盜的界線，隨心所欲攻擊船隻。不過，不是所有海盜都可以遠渡公海，有些「海盜」充其量只是漁民或土匪，為了增加收入而攻擊路過的船隻。曾經權勢滔天的集權政府倒台後，加勒比海成為半無政府狀態的危險地區，軍閥、革命軍政府和零零星星的統治者各自占地為王。

　　這與戰後海運行業蓬勃發展有關。隨著歐洲和美國從戰爭經濟轉為製造業，工業革命後對原物料的需求直線上升，因此全球海路的貨物運輸量也大幅攀升。商船大多時候都能暢行無阻，但航行加勒比海等海盜盤據地的船隻不免身陷危險，美國雙桅橫帆船「華盛頓號」（Washington）就是其中一個例子，這艘船1822年在古巴外海遭到海盜洗劫。據蘭德船長（Captain Lander）回報表示，西班牙海盜蜂擁而上，盜走船上的食物、廚具、衣物和一個羅盤，還有16美元現金。

武器精良的商船擊退一艘小海盜船。1815年之後商船數量急遽增加，同時間許多私掠者紛紛轉為海盜，使得犯罪率不斷提升。

停泊在西班牙港口外的船隻受到海盜攻擊，這幅圖畫可能描繪得過於誇張，但確實反映出1810年代該區域日益猖獗的海盜活動。

　　這就是加勒比海地區典型的伺機行動海盜攻擊，蘭德船長很幸運地保住一命，海盜有時候會屠殺船員，畢竟有句古老的海盜俗諺：「死無對證」。

　　在某些情況下，海盜會在公海遠距離攻擊船隻，但現在的不同於100多年前海盜活動量急遽竄升的情形，這些公海海盜沒有遵守公約，而且現在的海軍戰力更強，也願意互相合作將海盜繩之以法。此時攻擊海盜的主力以皇家海軍為主。美國在1783年成功獨立之後，成為海上貿易一大主力，到了1820年，美國船隻已主宰加勒比海的海運貿易，這也意味著海盜越是活躍，美國船隻遭受攻擊的機會越高。

　　隨著海盜攻擊事件增加，海事保險費也大幅上升，因此美國船主要求政府想出因應之策。自1820年起，美國海軍和皇家海軍聯袂開始大動作掃蕩加勒比海的海盜。海軍的因應之道包含三個重要階段，首先是在主要航道巡邏，例如佛羅里達海峽和巴哈馬海峽。接下來是在海盜活躍區域展開一連串積極取締行動，所有海盜船不論大小都被捉拿摧毀。最後一步是攻擊已知的海盜基地，其中以墨西哥灣和古巴北海岸兩地為主。攻擊行動背後有外交機構撐腰，古巴的西班牙政權和中南美洲的新興國家，都受到鼓舞積極打擊領土內的海盜勢力。其成果就是到了1820年代晚期，海盜幾乎銷聲匿跡，加勒比海又重新成為安全的海運航線。大型海上保險公司倫敦勞埃德保險社，於1829年取消往返加勒比海船隻的特殊保險費，可見這次剿滅海盜大獲成功。

這幅19世紀初期的畫作雖然作畫娛人的成分較多，但呈現了各時代海盜經常採用的計謀，那就是偽裝成一艘普通的商船，吸引他們的獵物靠近。

加勒比海最後的海盜

　　海盜活動成為棘手的問題。根據1823年美國《奈爾斯週報》的報導，1815年到1823年間，墨西哥灣和加勒比海區域發生超過3000起海盜攻擊。1820年，光是佛羅里達海峽就發生52起海盜攻擊，其中27起案件的受害者是美國船隻。1812年英美戰爭期間，英國和美國經常派遣私掠者攻擊對方船隻，保險費因此變得昂貴，沒想到到了1820年保險費更是飛漲。

　　當時報紙頭條充斥著駭人聽聞的故事，[98]例如1819年2月的《波士頓每日廣告報》刊登了一則美國雙桅橫帆船「艾瑪蘇菲亞號」（Emma So-phia）的報導：

　　（1818年12月）19日星期六，我們在巴哈馬淺堆（Bahama Bank）和薩爾淺灘（Key Sal）之間，遇到一艘約30噸重的小型多桅縱帆船，樞軸上裝備一門大砲，船上有30人。我們被對方挾持，他們派了12個人看守我們，其中有西班牙人、法國人、日耳曼人和美國人，他們把我們載往佛羅里達海岸……每個人都揮舞著一呎長的刀，嚷嚷著如果拿不到錢或更有價值的東西，就要殺光我們。

98 引用自參考文獻，詳細請查照 325 頁〈內文引用〉章節

當時其中一名不起眼的法國海盜是路易-米歇・歐黑（Louis-Michel Aury），他在拉丁美洲獨立戰爭期間以卡塔赫納為據點，成為私掠者的一員。1815年西班牙重新佔領卡塔赫納後，他便轉為海盜，不分國籍攻擊所有遇到的船隻。

1817年，他來到佛羅里達東北方的艾蜜莉亞島（Amelia Island），那裡當時發生反抗西班牙政權的叛亂。他把那座島變成海盜巢穴，將奴隸非法販賣給佛羅里達的買家。兩個月後美國海軍抵達，包圍海盜，終結歐黑在艾蜜莉亞島的統治。一年之後，美國併吞了佛羅里達。

另一個飽受海盜侵擾的地方是墨西哥灣，其中最惡名昭彰的一位就是尚・拉菲特（Jean Lafitte），他從走私犯變成海盜，因為在紐奧良活動頻繁而成為當地傳說。現代人多把拉菲特視為幫他們從英國人手中奪回城市、帶有神話色彩的英雄。事實不盡然如此，人們普遍認為他1780年左右出生於法國南部的貝約納（Bayonne），法國大革命的時候離開家鄉，1809年時和兄弟皮耶（Pierre）到了紐奧良。據說兄弟倆在當地開了一間打鐵舖，不過若這間打鐵舖真的存在，應該也只是幌子，藉以掩蓋他們的走私生意。

1810年，官方文件記載尚・拉菲特為「巴拉塔利亞王國」的走私集團領導人，那個地點在密西西比河三角洲西側的海灣，就在紐奧良南方。1812年，兩兄弟遭到逮捕，以走私罪被起訴，但是海盜罪名因為證據不足而未起訴成功，兩人交保釋放後逃到巴拉塔利亞，繼續他們的走私活動。根據一則家喻戶曉的紐奧良傳說，當時新上任的路易斯安納總督威廉・克萊本（William Claiborne）用500美金懸賞尚・拉菲特的首級，而拉菲特不甘示弱，反以10倍的賞金懸賞總督的人頭，但可惜的是這些賞金最終都沒送出去。

巴拉塔利亞灣和密西西比河之間由許多小河流串聯，拉菲特和他的同夥利用這些水路往返墨西哥灣和紐奧良城運送貨品，若是遇到官差前來搜捕，他們會利用這些水路逃跑。拉菲特的主要基地位在大地島（Grand Terre），奴隸買主和商人都會從城裡來到這座堰洲島，直接和拉菲特與他的手下交易。官差在1814年9月突襲這座島，雖然尚成功逃脫，他的兄弟皮耶卻被逮捕，基地也慘遭摧毀。三個月後英國人抵達此地，派遣軍隊準備侵略紐奧良。這次拉菲特和手下則是與美國政府站在同一陣線，於1815年的紐奧良戰役中擊退英軍。

現在回頭來看，拉菲特似乎是站錯邊了。美國拿下勝利後，安德魯・傑克森將軍（Andrew Jackson）和克萊本總督拒絕與他協商，逼得尚・拉菲特在兩年內逃離路易斯安納。他逃到現今德州的加爾維斯敦港（Galveston，也就是後來的坎佩奇），由於地處墨西哥的西班牙領地邊緣，這裡成為拓荒者、奴隸貿易商、海盜和墨西哥商人頻繁交流的市場。其中一位名叫吉姆・鮑伊（Jim Bowie）的奴隸貿易商，後來因為一刀砍死對手的事蹟和阿拉莫戰役（Alamo）而聲名大噪。據說到了1818年，已有20艘海盜船在港口活動，其中包括拉菲特的船。同年下半年，一場颶風把港口掃為平地，拉菲特的事業遭到重創。

當時雖然沒有專門掃蕩海盜的艦隊，但海盜頻頻在紐奧良外海攻擊美國船隻，於是美國海軍派遣克爾尼上尉（Kearney）率領航空母艦「企業號」（USS Enterprise）解決海盜。企業號是一艘裝備14門大砲的雙桅橫帆船，1821年5月，克爾尼威脅海盜，若他們不撤離就要砲轟港口，海盜則大動作反擊。克爾尼記錄：「[99]拉菲特火燒坎佩奇，企業號上的士兵看著坎佩奇陷入火海。黎明上岸時，那裡只剩下斷垣殘壁，拉菲特的船隻逃走了……」尚・拉菲特之後下落不明。

這幅戲劇化的景象，應該是描繪尚・拉菲特當海盜時，用大砲指著不肯屈服他的英國東印度船員，反抗者不久之後便投降。可惜沒有其他紀錄佐證這起事件是否屬實。

[99] 引用自參考文獻，詳細請查照 325 頁〈內文引用〉章節

尚·拉菲特的航線圖

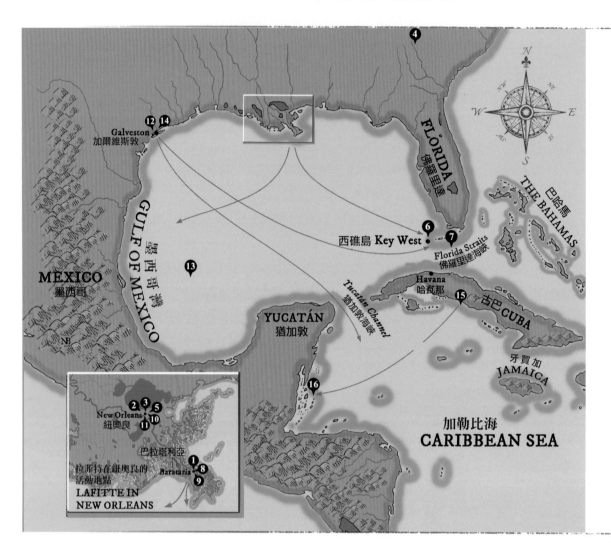

1821年10月，航母企業號擄獲羅德島人查爾斯·吉布斯（Charles Gibbs）的船隊，吉布斯原先也是私掠者，現在則是古巴海岸最臭名昭著的海盜。雖然吉布斯和手下往岸上逃去，克爾尼還是成功抓住並摧毀他的海盜船隊。但不論這次剿滅多麼成功，仍然只是個案，他們需要更有組織地打擊美洲海域的海盜集團。

接著在1822年11月，美國海軍多桅縱帆船「鱷魚號」（Alligator）的船長，在衝突中被古巴海盜多明哥（Domingo）殺害，這個消息在美國引起譁然。因此四週之後，門羅總統下令派遣一支剿滅海盜的艦隊，目標就是徹底消弭古巴和墨西哥灣水域的海盜。

1. 1809年：尚‧拉菲特以紐奧良南方的大地島為根據地，建立他的走私事業。

2. 1810年：他以走私犯身分出現在官方文件中，但政府無法阻止他運貨到紐奧良。

3. 1812年：尚和他的兄弟皮耶開始從事非法奴隸貿易。

4. 1812年6月：美國與英國開戰。

5. 10月：拉菲特申請私掠委任狀遭到拒絕。

6. 1813年春天：拉菲特參與海盜攻擊，在西礁島外海劫掠一艘西班牙奴隸船。

7. 夏天：佛羅里達海峽和墨西哥灣發生更多海盜攻擊事件。

8. 1814年9月：路易斯安納國民衛隊摧毀尚在大地島的據點，並逮捕皮耶。

9. 9月：尚‧拉菲特拒絕協助英國人攻擊紐奧良。

10. 1815年1月：英國人攻打紐奧良，拉菲特和手下與美軍戰站在同一陣線反抗。

11. 2月：拉菲特兄弟獲得赦免，但必須離開路易斯安納。

12. 1817年：拉菲特在現今的德州加爾維斯敦（後來的坎佩奇）建立新據點。

13. 1818年：拉菲特拿著偽造的私掠委任狀，持續在墨西哥灣進行海盜攻擊。

14. 1821年5月：航空母艦企業號砲轟加爾維斯敦，徹底摧毀海盜據點，拉菲特兄弟逃過一劫。

15. 1822年：據傳尚‧拉菲特在古巴南方的海岸建立新據點。

16. 1823年2月：據稱拉菲特在宏都拉斯灣攻擊西班牙船隻時被殺害，但這個説法從未得到證實。

　　這是美國海軍在非戰爭時期組織過最龐大的艦隊，艦隊由大衛‧波特准將指揮，他曾經參加過1812年英美戰爭，也征討過巴巴里海盜。在西礁島集合的船隊，足以勝任打擊海盜的任務。

　　「快艇艦隊」（Mosquito Fleet）由許多艘體型較小、船身較淺、速度較快的雙桅帆船組成，另外還有槳輪蒸汽船支援，甚至有配備大砲的商船當作誘餌。波特在1823年4月展開行動，幾天後就傳來捷報，他手下兩艘雙桅帆船在古巴的馬坦薩斯外海抓到海盜船。不到一個月，波特就寫信回報海軍部長道：「我現在可以胸有成竹地説，古巴這一帶的海域絕對看不到比舢版還大的海盜船了。」但他沒有説的是，其實是英國人捉住了惡名昭彰的古巴海盜小惡魔的指揮艦。

　　由於西班牙不滿美國，再加上各地政府對海盜的縱容，讓古巴的剿滅海盜行動困難重重。根據美國領事回報，馬坦薩斯和開巴連（Cai-barién）港區的西班牙首長，乃至於皮納里約（Pinar del Rio）的總督都與

1821年，專門抓捕海盜的航母企業號來到古巴外海，目標鎖定令人頭痛的海盜查爾斯・吉布斯，攻擊並摧毀了他的艦隊。諸如此類的掃蕩活動，消滅了加勒比海的海盜勢力。

海盜同流合汙，這兩個區域都靠近海運繁忙的佛羅里達海峽。

查爾斯・吉布斯等海盜，顯然都是靠著與當地政府機關分贓以換取政治庇護。還有一個大問題，那就是難以區分海盜和當地漁民。不過，當波特的船隊占上風之後，古巴的商人紛紛開始遊說西班牙政權出兵協助波特。1823年12月，門羅總統發表他的「門羅主義」時，就提到「古巴政府積極參與合作」打擊海盜。

然而，不久之後西班牙人開始抱怨，因為波特的掃蕩太成功，海盜紛紛離開海上，上了陸地後轉而在古巴當起盜賊。其中一位就是查爾斯・吉布斯，所剩無幾古巴海盜之一。吉布斯被波特逼上岸後，成為頗有勢力的盜賊。1830年，他回到海上，但之後因為搶劫船隻失敗而遭到逮捕，被送到紐約受審，他承認自己殺死超過400人，隔年初在艾利斯島（Ellis Island）接受絞刑，從那一刻開始，海盜成為過去式。事實上古巴海域在1825年初就已鮮少發生海盜攻擊事件，國際航運船隻航行佛羅里達海峽時，終於不用再心懷恐懼了。

黑色玩笑號

　　雖然海盜危機已成往事，但是加勒比海和大西洋還是發生了零星的海盜攻擊事件。由於這類事件甚少發生，所以一旦發生就更令人驚恐，原本名不見經傳的小海盜，也因為逍遙法外而惡名遠播。其中最惡名昭彰的當屬貝尼托・德索托（Benito de Soto），他原先是一名出生於西班牙的船員，後來唆使同船水手一起成為海盜。1827年底，他在阿根廷奴隸船「佩德羅防衛號」（Defense de Pedro）工作，他們從巴西航行到西非海岸，在安哥拉的盧安達（Luanda）下錨。在大副的協助下，德索托把一心叛變的船員組織起來，成功奪下這艘雙桅帆船，刺殺船長及效忠船長的船員後將他們扔下船。[100]德索托將這艘船改名為「黑色玩笑號」（Burla Negra），其實帶有嘲諷的意味。

1827年出生在西班牙的貝尼托・德索托叛變奪船，展開嗜血狂暴的海盜生涯。三年後，他的生涯在直布羅陀的絞刑架上劃下句點。

　　這一夥海盜繼續航向加勒比海，將船上的奴隸帶到聖多明哥的奴隸市場販售。他們接著往南行駛，來到小安地列斯群島，劫持他們遇到的每一艘船，每虜掠一艘船就殺光船員，把奪來的船隻燒毀或擊沉，這表示沒有倖存者可以報案，或指認是誰攻擊他們，黑色玩笑號留下的唯一線索，就是一連串失蹤的船隻。

　　抵達千里達後，他們持續往南，沿著南美洲海岸航行，朝船員的家鄉巴西和阿根廷前進。此時官方已經知道發生了什麼事，消息也傳到拉丁美洲的各個港口，警告商船不要獨自航行。事實上，巴西政府為了對抗這艘小小的海盜船，已經開始組織艦隊護送船隻。

　　德索托發現海上都沒有船隻，於是他決定沿著橫跨大西洋的航線，從巴西往好望角前進。在大航海時代（Age of Sail），從非洲航行到印度洋的船隻，會行駛到更遠的南大西洋，以便借助信風的風力，使船隻被風吹到往巴西的海岸靠近。進了西風帶之後，船隻會往東南方移動，朝非洲南端前進。另外，前往歐洲的船隻航行方法也很類似，他們會選擇另一條靠近非洲海岸的路線，不過是在離岸邊較遠的地方航行。只要行駛在兩條貿易航線的交會處，黑色玩笑號就能占盡位置優勢，不僅更容易攔截船隻，還能遠離陸地。

　　隨著越來越多船隻消失在大西洋中部，各國海事單位逐漸注意到那

100 引用自參考文獻，詳細請查照 325 頁〈內文引用〉章節

一帶可能有海盜出沒。與此同時，準備返航的英國東印度船接獲命令，在聖赫勒納（St Helena）等待海軍護衛艦，護送他們前往安全的海域。

　　1832年2月21日，德索托遇到準備從錫蘭（Ceylon）返鄉的英國多桅橫帆船「晨星號」（Morning Star）。黑色玩笑號近距離朝這艘商船開火，殺死幾名船員後逼迫晨星號頂風緩航。德索托命令晨星號的船長划小船過來，船長過來後卻被德索托用短彎刀砍

德索托的招牌手法就是殺光俘虜，這樣就沒人能指認他的海盜攻擊罪行。這張圖描繪他和手下殺害英國商船晨星號的船長，之後將倖存者鎖在貨艙內，再放火燒毀船隻。

死，因為他覺得船長拖太久才服從他的命令。根據報紙報導，德索托殺死船長時大喊著：「這就是不聽從貝尼托‧德索托的下場！」殺死船長後，這群海盜搭著他划來的小船登上晨星號，在船上大肆燒殺虜掠，殺死幾名男子、強暴女乘客，再把倖存者鎖在貨艙裡，其中包括幾名受了傷，準備退伍回家的英國士兵。搜刮洗劫完畢後，海盜破壞晨星號，趕在沉船前揚長而去。德索托故技重施，留下晨星號在原處緩緩下沉。

　　但他這次卻失手了。船員想方設法脫困之後，阻止了船隻繼續下沉。隔天，另一艘英國商船出現，所有倖存的乘客和船員都平安獲救，這是首次有證人活下來指證德索托。

　　德索托侵犯了女性乘客，之後把晨星號所有乘客和船員鎖在貨艙。倖存的女性乘客說出德索托的暴行引發眾怒，促使海軍決心打擊這一波新興的海盜活動。

貝尼托‧德索托的船黑色玩笑號追擊英國小商船晨星號。事後證明這次攻擊是德索托的一大敗筆，他們揚長而去之後，受困的船員從貨艙中逃出，成功阻止船隻繼續下沉，最後活下來指證德索托的身分和他的罪行。

　　晨星號遭受攻擊的消息傳到英國，德索托在船上侵犯女乘客、殺害受傷士兵的暴行引起大眾譁然、群情激憤，德索托和他的手下隔天就成為通緝要犯。當然，這群海盜毫不知情，他們以為船員和乘客都淹死了，沒有人可以指認他們。

　　接著出現了令人意想不到的巧合。晨星號上倖存的受傷士兵在直布羅陀下船，到當地的大型軍醫院就醫。此時已經是4月初，黑色玩笑號來到西班牙的卡迪斯港（Port of Cadiz），海盜們打算在這裡販賣搶來的絲綢和香料。接著一場暴風來襲，黑色玩笑號被暴風颳到下風岸，德索托和大部分的手下躲過暴風後，決定前往附近的直布羅陀港，找機會掠奪一艘出港的船。一名受傷的士兵在路上與海盜們碰個正著，德索托的身分被識破後遭到逮捕，總督同意將犯人引渡至卡迪斯，他們最後在那裡接受審判、定罪，處以絞刑。西班牙人的處刑方式十分特別，他們用馬車將死刑犯帶往刑場時，會讓他們坐在自己的棺材上。套脖繩索綁緊後，將馬車開走，死刑犯自然而然被吊死。

　　19世紀初還有一名聲名大噪的海盜，他就是「閣下」佩德羅・吉伯特（'Don' Pedro Gibert），不過他的海盜生涯明顯不如德索托成功。巧合的是，兩名海盜皆犯下相同錯誤，他們都留下倖存者導致自己的不利。據說佩德羅・吉伯特是西班牙貴族的兒子，但「閣下」是吉伯特自己冠上的頭銜，不是他家族的官銜。吉伯特一度是私掠者，為統治哥倫比亞的軍政府工作，專門在加勒比海劫掠西班牙船隻。

　　不過1820年代晚期，當私掠者的時代成為過去式，他便轉而以走私客和非法奴隸商的身分重新出發。他的船「幫派號」（Panda）是一艘150噸的快速多桅縱帆船，非常適合走私和非法貿易，船上還有12名為了賺錢不擇手段的船員。

　　1830年代初期，佩德羅・吉伯特決定試試看走上海盜一途。他已經有據點，也就是佛羅里達東部海岸某個與世隔絕的小港灣，也許靠近聖露西河（Saint Lucie River）或就在河上，因此可以輕易通往巴哈馬海峽。1832年9月20日，美國雙桅橫帆船「墨西哥號」（Mexican）從麻薩諸塞的塞勒姆（Salem）出發，穿過佛羅里達海峽，預計前往阿根廷的布宜諾斯艾利斯。船長以撒・巴特曼（Isaac Butman），看見一艘多桅縱帆船駛出佛羅里達礁島群，似乎打算攔截他們的船，他立刻下令轉向並保持距離。那艘神祕的帆船馬上開始追逐，墨西哥號最終還是被追上。巴特曼船長試著開砲，但砲彈的尺寸卻與砲管不符。船長發現已無力可回天，因此走到甲板下，把裝了兩萬美元金幣的箱子藏起來，打算用這筆錢買一批新貨物。

　　那艘神祕的帆船正是幫派號。吉伯特和手下登上墨西哥號後，就把船員鎖在前水手艙，在船上四處搜括。海盜在船上遍尋不著錢財，他們便把船長拖出水手艙嚴刑拷打，直到他說出寶箱藏在哪裡。吉伯特拿到想要的東西後，準備回到幫派號。根據船長的說法，其中一名手下請示吉伯特該如何處置俘虜，吉伯特回答：「死貓不會叫，你知道該怎麼做。」但手下沒有直接殺死俘虜，而是把他們鎖在船艙，然後放火燒船。接著海盜們揚長而去，讓這群美國船員坐以待斃。

　　幸好一名船員設法擠出狹窄的天窗，成功逃脫。他幫助其他夥伴脫困，所有人合力控制住火勢，他們不知道用了什麼方法滅火，但巴特曼還是設法留了一點火繼續燒，這樣產生的濃煙會讓海盜以為墨西哥號還在燃燒。海盜船消失在海平面上後，船員才將火勢完全撲滅，把船修好之後繼續往北航行，遠離幫派號。墨西哥號經歷一番波折後終於返鄉，他們遭到攻擊的消息讓美國民眾群情激憤。不久之後，「閣下」吉伯特和他手下的海盜就成為全球通緝要犯。

　　吉伯特無法回到佛羅里達，因此決定到大西洋另一頭碰碰運氣。八個月後，也就是1833年6月初，吉伯特來到西非海岸的羅培茲角，打算在這裡抓一群加彭人奴隸。

　　雖然當時官方已經禁止奴隸貿易，但非法貿易活動依然猖獗，因此英國海軍會在這一帶巡邏取締奴隸貿易，派遣戰艦搜索像吉伯特這樣的非法貿易商。當然，官方已經注意到吉伯特和他的行徑，英國海軍也已通知各船長小心海盜出沒。由亨利・特羅特上校（Henry Trotter）指揮、配備10門大砲的雙桅橫帆船「杓鷸號」（HMS Curlew），已經在此巡邏取締奴隸貿易三年，所以水手一發現幫派號在拿撒勒河（Nazareth River）下錨，就知道他是非法奴隸商。拿撒勒河為現今奧利巴塔（Olibatta）一帶，位在加彭奧哥威河（Ogowe River）北邊河口。儘管大部分海盜都逃上岸，吉伯特和10餘名海盜還是被逮個正著。

　　特羅特很快就發覺自己抓到一條大魚。後來幫派號意外被炸毀，海盜們被帶回英國，逮捕海盜的消息也回報給美國大使。雙桅橫帆船「無情號」（HMS Savage）押解犯人前往麻薩諸塞，他們在1834年11月受審。當初被海盜丟下等死的墨西哥號船員逃過一劫，在波士頓的法庭裡指控海盜的暴行。審判結果毫無懸念，兩名海盜被宣判無罪，六人被判長年服刑，吉伯特和另外三人則被判處死刑。1835年6月11日，吉伯特和他的手下被絞死，他們是最後一批在美國領土被處決的海盜。這群海盜發起的攻擊實屬個案，因此他們死後，至少美洲海域的海盜攻擊事件便不復存在。但是別忘了，隨著19世紀海運貿易大幅擴張，代表商船會將開始頻繁航行到更遠、而且相對不太安全的海域。

1832年，美國雙桅橫帆船墨西哥號被多桅縱帆船幫派號追捕攔截，攻擊他們的正是當時為數不多的海盜之一佩德羅・吉伯特。雖然船隻著火，墨西哥號的船員還是活下來，等海盜走遠，他們立刻撲滅火勢，因此得以作證指控吉伯特和手下的罪行。

布魯克和馬來海盜

雖然全球都有海盜活動，但海盜鮮少對全世界造成影響。海盜的劫掠行動通常僅止於某些區域，等到該地區的海軍找到應對方法，海盜活動便會銷聲匿跡。然而，18世紀海運貿易量大幅成長，代表歐洲和美洲商人開始建立橫跨全球的貿易航線，也讓他們有機會遇上各個區域的海盜，在此之前，這些海盜的影響力都侷限於他們的地盤。那些海盜原先都安於在海上過著平靜的生活，直到這些外國船隻出現，成了他們眼中令人垂涎的獵物。

舉例來說，18世紀初期統治印度西岸的安格列王朝，若不是因為瞄準歐洲東印度公司的船隻掠奪，根本不會引起非印度歷史學家的注意。英國因此在1750年代發動大規模的安格列海盜掃蕩行動，摧毀他們的艦隊和基地。同樣的，活躍於紅海和波斯灣的海盜，原先也沒有對其他地區的人造成太大影響，直到歐洲商人成為海盜攻擊對象才引起關注。結果就是導致歐洲人發起一連串征討行動，在拿破崙戰爭結束的幾年後，英國人對阿拉伯海盜發動大規模攻擊，自此終結當地的海盜活動。

19世紀時，各國與中國的貿易往來頻繁，這表示在東印度的香料群島北方又開闢了好幾條新的貿易航線。

詹姆斯·布魯克（James Brooke）在1838年以商人身分抵達婆羅洲砂拉越（Sarawak），很快就成為這個靠海小州的統治者。身為砂拉越拉惹，他參與了打擊達亞海盜的漫長戰爭。

這也讓歐洲和美洲商船面臨一群他們從沒遇過，出沒在南海、菲律賓群島和馬來群島（現今的印尼）的海盜。他們大多屬於海岸海盜，活動範圍十分狹小，但是在航線的某些區域，例如馬來半島和蘇門答臘之間的馬六甲海峽（Malacca Strait），或婆羅洲（Borneo）和蘇拉威西島（Celebes）之間的望加錫海峽（Makassar Straits），這些水域比較狹窄，所以歐洲商船路過時都會靠著岸邊行駛，因此成為馬來海盜眼中的待宰肥羊。

英國博物學家艾福德·羅素·華萊士（Alfred Russell Wallace）1850年代晚期旅行到馬來群島時，[101]這樣描述他遇到的當地海盜：

> 在我們對面，沿著巴吉（Batchian）海岸的地方，有一整排無人居住的美麗島嶼。每次我問起為何島上無人居住，得到的回答總是「害怕馬京達瑙（Maguindanao）海盜」。群島上的瘟神每年都會往某個方向航

101 引用自參考文獻，詳細請查照 325 頁〈內文引用〉章節

行，在幾座無人島上建立巢穴，讓附近的居民人心惶惶……

海盜總能用精湛的技術駕駛狹長的叭喇唬船順風疾駛，躲避其他船隻的追擊，汽船升起的煙總是事先提醒了他們，讓他們得以躲進淺水灣、狹窄的河道或林蔭遮蔽的港灣，直到威脅離開。

他在另一段寫道：

[102]一艘被海盜攻擊的小叭喇唬船駛過來，船上的人受傷了……這些匪徒攻擊村莊，燒殺擄掠，綁走婦女和孩童當奴隸時，當地人理所當然地驚慌失措……四艘巨大的海盜戰船駛近時火槍齊發，還派出小船發動攻擊。另外兩艘叭喇唬船也遭到洗劫，船員慘遭殺害。

1843年5月，詹姆斯・布魯克在「戴多號」（HMS Dido）的水手和士兵協助下，攻擊婆羅洲西南部砂里巴河（Saribas River）的海盜據點，最後成功摧毀海盜基地。

[103]婆羅洲海岸、蘇拉威西島、蘇門答臘、爪哇和菲律賓都是理想的海盜巢穴，這些地方不僅沒有中央政權管轄，還能快速前往狹窄航道，因此海盜活動日益猖獗。不受海盜侵擾的地區非常少，有些是小塊的歐洲殖民地，例如荷蘭人建立的貿易站，有些則是因為當地部族的領袖夠強悍，讓海盜只能在海灣按兵不動。會獵人頭的婆羅洲達亞人（Dyaks或Dayaks），是這個區域公認最恐怖的海盜，他們正是華萊士筆下描寫的殘暴匪徒。他們的足跡遍布整個區域，因為攻擊往返婆羅洲和馬來半島的歐洲船隻而惡名遠播。

除此之外，菲律賓的伊拉農人（Ilanun）也會襲擊航行於菲律賓水域的西班牙船隻。他們會擄走附近的居民，把俘虜帶去東印度的奴隸市場賣掉。另外一群讓人聞風喪膽的匪徒，是盤踞在婆羅洲北部、也就是現今沙巴（Sabah）的峇拉尼尼人（Balanini）或蘇祿人（Sulu）海盜。

102,103 引用自參考文獻，詳細請查照 325 頁〈內文引用〉章節

1846年，英國砲船「鳶尾花號」（Iris）和「火焰河號」（Phlegethon）征討婆羅洲的達亞海盜，水手和士兵搭乘船載的小艇和獨木舟時遭到海盜突襲。

　　他們的主要據點在婆羅洲北部蘇祿群島的荷洛島（Jolo），但他們的活動軌跡遍布整片區域。[104]其他的海盜聚落還包括蘇拉威西島的布吉人（Bugis），他們既會出海貿易，也會出海搶劫，華萊士說他們是「最貪得無厭、嗜血冷酷的種族」。源自蘇門答臘的亞齊（Atjeh或Achin）和廖內（Riau）海盜，則是頻繁出沒於島嶼兩側具備戰略優勢的馬六甲海峽和巽他海峽（Sunda Straits）。這些海盜大多駕駛吃水較淺的叭喇唬船（，當然也會使用其他船隻，例如可拉可拉船（corocoro）。

　　荷蘭只要自己的船隻未受攻擊，就對海盜睜一隻眼閉一隻眼、姑息養奸，相較之下，英國就十分積極打擊海盜。當時最受稱頌的歐洲海盜獵人就是詹姆斯・布魯克爵士（1803-68年），也就是「砂拉越的白人拉惹」。

104 引用自參考文獻，詳細請查照 325 頁〈內文引用〉章節

身為馬來群島其中一個小州的實質統治者，布魯克在1840年代和1850年代多次向達亞海盜宣戰，期間偶爾得到皇家海軍和荷蘭人的支援。不過，一直到1861年英國和荷蘭派出聯合軍隊來到馬來群島，再加上西班牙的討伐勢力，他們才終於成功制伏海盜。雖然海盜攻擊仍然存在，但是對歐洲船隻而言已經不再是嚴重威脅。兇猛的馬來海盜原本就是歐洲外來者的心頭大患，現在他們終於鬆了一口氣。

19世紀初期歐洲版畫描繪的婆羅洲達亞勇士。他們由數十個亞族組成，某些是航海的部族，19世紀時靠著當海盜維持生計。

1845年7月，詹姆斯・布魯克引領皇家海軍討伐艦隊，進入婆羅洲北部的馬魯都灣（Maru-du Bay）攻擊達亞海盜的據點。根據英國砲船「復仇女神號」（Nemesis）和「冥神號」（Pluto）船員的報告，這幅攻防戰圖畫是由一名隨隊外科醫生所繪。

第九章

中國海盜

南海的中國海盜

幾個世紀以來，全球各地的海盜勢力跌宕起伏，隨著局勢變化、政府與海軍的強弱，時而出現時而消失。然而，中國周邊海域的海盜威脅，已經困擾靠海維生的人超過千年，甚至更久。南海海盜活動的記載最早出現於西元589年，當時隋文帝剛一統天下建立隋朝。但可以確定的是，早在這之前海盜就已十分活躍，因為群雄割據的政治情勢非常適合海盜生存。當時中國沿海一帶是由勢力不強的軍閥統治，他們的船隻既可以行商，也可以搶劫或從事海盜活動，直到隋文帝建立起中央政權，軍閥的勢力才暫時受到壓制。

廈門市外海鼓浪嶼的地岬上，矗立一尊高大的鄭成功塑像。對明朝忠心耿耿的鄭成功，手下掌管龐大的海盜與貿易帝國。在中國周邊海域，貿易、政治和海盜通常是密不可分的。（圖片來源：Zhang Peng/LightRocket via Getty Images）

但之後幾百年，朝廷對沿海軍閥的管控能力還是有限，一直到13和14世紀的明朝，朝廷的勢力範圍才徹底延伸到沿海地區。雖然軍閥都向皇帝俯首稱臣，但是不代表他們的海盜行為就此打住。這段時間可說是中國的貿易黃金時期，商船最遠到達印度洋，但同樣地也是海盜猖獗的時代。一直到15世紀，朝廷才想到比較有效的解決方式，也就是招安當地軍閥，讓他們自己打擊周邊水域的海盜。由於許多軍閥本身就是海盜，這個政策至少發揮了部份作用，因此中國朝廷在接下來的五百年都採取這套實用策略。

事實上，中國的海盜活動與世界各地都不同，他們一開始就很有組織。中國海盜鮮少單打獨鬥，而是會集結形成更大的艦隊。中國海盜的據點也不小，他們通常都會在海岸占據一大片區域。有些海盜頭子甚至是當地的大地主或官員，因此他們也會接受朝廷委託，在自己的領地打擊海盜。當然他們依舊我行我素繼續幹海盜的勾當，或者只會叫自己的海盜船隊到遠一點的地方做做樣子。多半時候中國的海盜聯盟都會與政治勢力保持距離，把自己的海盜地盤當作獨立的領地經營。當時不論是地方官員或中央朝廷，都沒有足夠的海軍實力巡視更廣泛的水域，海盜與官方的海上實力落差非常明顯。因此，海盜五百年來都可以逍遙法外，一直到歐洲人乘著蒸氣戰船來到中國，才總算解決海盜問題。

當然，中國不是唯一受到海盜侵擾的東方國家，日本周邊海域同樣遭受海盜侵擾，而且持續到16世紀。另個海盜活動熱點，是現今越南的海岸，越南在10世紀前尚屬於中國版圖，自西元939年起建立自主政權，直到19世紀被法國人占領。

換言之，即使越南建立政權還是要每年進貢中國朝廷，而且整個國家分裂成許多半自主政權，類似中國沿海地區的情況。當地統治者利用海盜活動保護他們的領地，卻苦了鄰近的國家和政權。海盜問題在西山朝（1778-1802年）時達到巔峰，這段時間的越南因為權力下

中國的海盜像是海上的黑手黨，他們會向沿海居民和船員敲詐勒索保護費，有時甚至往內陸擴張勢力。這張圖中的中國海盜正在攻擊拒絕支付保護費的人，海盜身上掛著反抗者的頭顱，藉此恐嚇村民。

放、叛亂四起，即使後來阮朝（1802-1945年）再次統一越南，還是無法壓制這些小海盜王國的影響力。一直到以法國為主的歐洲勢力介入，越南海盜的勢力才瓦解。

第一批歐洲人在16世紀晚期抵達南海，這是歐洲商人和南海海盜的初次照面，歐洲人跟中國和越南的統治者一樣，必須跟海盜建立良好關係才能展開貿易。歐洲人抵達的時間，恰逢第一個大型海盜「帝國」的崛起，而這個海盜帝國的建立者就是以福建省為據點的中國軍閥鄭芝龍（1604-61年）。鄭芝龍身兼多重角色，雖是海盜頭子，但也接受朝廷招安，此外他還是一名商人，更是海防游擊官，他龐大的勢力顯示中國海盜與政治密不可分。他的兒子「國姓爺」鄭成功更將他的海盜帝國擴大，成為南海最強大的海上勢力。

這個局勢一直維持到船堅砲利的歐洲強權，駕著現代戰船進入中國海域為止。19世紀中葉，歐洲人之所以能在鴉片戰爭中保護殖民地和貿易據點，主要是因為他們的海軍實力強大，這些歐洲戰艦之後更留在中國海域，保護歐洲商人抵禦當地軍閥和海盜。由於他們的科技遠勝中國和越南海盜，即使歐洲海軍的規模相對較小，卻仍然可以討伐海盜、破壞海盜王國的海上勢力。由於歐洲人不必時時懼怕海盜攻擊，貿易也得以日漸蓬勃。事實上，正是歐洲殖民政府的力量、船堅砲利的蒸氣戰船和海軍火砲，終結了在南海盤據1000年的海盜勢力。

國姓爺鄭成功

　　中國三大海盜帝國之首以福建省為據點，和臺灣島遙遙相望。[105]　鄭芝龍是一名非常特別的海盜首領。畢竟，與其說他是海上強盜，他更像是商人。鄭芝龍曾追隨武裝海商李旦和顏思齊，活動範圍擴及日本（他因此娶了日本妻子田川氏），荷蘭商人也是他們的貿易對象，因為荷蘭人在福爾摩沙海峽（現臺灣海峽）的澎湖群島（荷蘭人當時稱澎湖為Pescadores，意指漁夫之島）建立了貿易據點。鄭芝龍可能是從1620年代初開始涉獵海盜活動，以荷蘭港口為據點，擔任荷蘭人的私掠者。

　　鄭芝龍的師父顏思齊於1625年過世後，手下的商船隊和護衛戎克戰船便由鄭芝龍接手。他在臺灣建立據地，但是隨著荷蘭人的勢力逐漸壯大，讓他不得不移師廈門港（後來成為鄭成功反清復明的據點「思明州」）和福建其他港口。鄭芝龍的貿易活動一直受到荷蘭人干擾，但荷蘭人畢竟是商人，不是海盜，因此只要鄭芝龍不去攻擊荷蘭船隻，他的海盜船就能不受限制自由貿易。他最大膽的一次劫掠行動，就是在長江河口發動大規模掠奪，這次事件鞏固他的地位，確立他是所向披靡的南海霸主。不到十年的功夫，鄭芝龍手下戎克戰船的勢力就遠達越南海岸和黃海，其他商船必須付保護費給他才能做生意。

人稱「國姓爺」的鄭成功（1624-62年）一生效忠明室，堅決對抗清廷，而荷蘭人不斷威脅他日益擴張的貿易帝國，也因此成為他的敵人。他的敵人稱他為海盜，但事實上他是私掠者，雖然他所效忠的政府那時已經滅亡。

　　不只這些商人付了錢給鄭芝龍。1641年因為流寇叛亂四起，崇禎皇帝朱由檢面對來勢洶洶的叛變勢力，皇位岌岌可危。鄭芝龍接受朝廷招安，皇帝下詔授予海防遊擊一職，命鄭芝龍負責打擊海盜。這名海盜頭子領了三年的朝廷俸祿，直到滿人攻占京師，崇禎皇帝被迫自縊殉國為止。1645年，鄭芝龍扶持唐王朱聿鍵登基，輔佐唐王在福建稱帝延續大明國號，但他在1646年向清朝投降，滿人正式占領福建。他此舉讓苟延殘喘的明朝再也無力抵抗，新建立的清朝則想給予他高官厚祿獎賞他的功勞。

　　鄭芝龍的勢力在福建持續盤據十餘年，

105 引用自參考文獻，詳細請查照 325 頁〈內文引用〉章節

直到1661年奉詔入京。清廷多次招降鄭成功不成，父親鄭芝龍為此賠上性命，一代海盜首領最終被斬首結束一生。鄭芝龍在日本長崎認識妻子，1624年兒子鄭成功出生。鄭成功在福建長大，1640年代晚期加入父親反清復明的行列。1650年開始，他也涉足家族的貿易與海盜事業，讓父親可以專心履行他的官職。

　　鄭成功以海盜首領、臺灣民族英雄和明朝忠臣之姿記載於各種文獻中。即便許多與鄭成功有關的傳說都沒有史實依據，他仍然是反清復明勢力的精神象徵，也是明朝政治文化的捍衛者。其中一則傳說故事是鄭成功從清兵手中奪下泉州後，卻聽聞母親在清軍圍攻時自殺、以死明志的噩耗，[106]據傳鄭成功之後去孔廟焚燒儒衣，拜而立誓曰：「昔為孺子，今為孤臣，向背去留，各行其是，謹謝儒衣，祈先師昭鑒。」與降清的父親劃清界線。

106 引用自參考文獻，詳細請查照 325 頁〈內文引用〉章節

1661年，鄭成功攻打荷蘭在臺灣的據點，隔年便征服熱蘭遮城，將歐洲人趕出臺灣島。此圖描繪的是圍攻的最高潮，鄭成功命令荷蘭傳教士安東尼斯‧漢布魯克（Anthonius Hambroek）去勸降堡壘駐防兵。

戎克船

　　幾百年來，戎克船一直是中國和東南亞海運依靠的船隻，不論是貿易或海盜活動都大量採用這種船。最早是葡萄牙人稱之為「junco」，可能源自印尼語「djong」，但是根據史學家考證，應該是從閩南語的「艍」或「艚」音譯而來。南海海盜使用的戎克船，與馬可・波羅（Marco Polo）幾百年前遇到的戎克船不太一樣，而且現在也還能看到以馬達為動力的現代戎克船。

　　大部分的海盜戎克船都是用商船改裝而成，船上裝配幾門大砲和大量的旋轉槍「蘭塔卡」，可容納多達200名海盜。有些巨型海盜戎克船長度超過30.5公尺，寬度6公尺，總共有三根桅杆。最大的遠航海盜船，貨艙內有寬敞的儲藏空間，一部份用來存放火藥和彈丸。戎克船的甲板下方分成許多小隔艙，萬一不幸被敵方砲火擊中，可以防止船身大量進水，因此戎克船絕對比外觀看起來牢固許多。

　　雖然歐洲人有時會把戎克船形容成原始簡陋的船隻，但是對以海維生的人而言，快速、堅固又寬敞的戎克船，真的非常適合在南海航行。

　　他帶領父親的部下先在福建一帶活動，身為家族海盜船隊的新首領，他一心一意攻擊清人的船隻，他也協助策劃好幾起海上和陸上的抗清行動，無奈清廷兵力太強大，鄭成功難以抵抗，最終被迫撤守福建。鄭成功退守到福建外海的廈門港，清軍對頑強的他也束手無策。鄭軍與清軍對峙僵持十年，鄭成功儼然是反清的一大主力。

　　雙方的對峙在1659年達到高峰，鄭成功率領艦隊進入長江，與其他抗清勢力匯流，包圍南京。但清軍把鄭成功的艦隊困在河上摧毀，因此這次北伐以失敗收場。鄭成功雖然成功逃脫，但是反清大業受到重創。鄭成功反清復明雖有歷史依據，但後世的歷史學家認為他的諸多事蹟都有誇大的疑慮。

　　在中國沿海一帶活動的荷蘭商人，顯然對鄭成功有截然不同的看法。他們口中稱鄭成功是叛賊，但他們認為政治不是他的首要之務。首先，鄭成功就是一名海盜，福建外海的廈門島成為他最理想的據點，雖

然滿州人建立清朝掌控了中國大陸，更奪下他父親的家鄉福建，鄭成功卻是海上的霸主，繼續經營著他的海盜帝國。

　　他延續父親的政策向韓國到越南的商人收取保護費，並且用戎克船攻擊拒絕付錢的人，但與父親鄭芝龍不一樣的是，他準備好與荷蘭人對抗。荷蘭商人曾向阿姆斯特丹的政府回報，鄭成功時常在荷蘭的臺灣殖民地外海攻擊他們的船隻。有超過十年的時間，鄭成功完全把持了湄公河三角洲到長江河口沿岸的水域。

　　1659年南京之役的大敗，表示鄭成功不得不開始採取防禦策略。他的海軍勢力被削弱，而且難保清軍不會全力進攻廈門島，因為廈門島十分靠近大陸，是顯而易見的攻擊目標。1661年，清廷為報復鄭成功而斬首他的父親鄭芝龍，更讓他失去了福建勢力的支援。經過這些事件，鄭成功需要一個更安全穩固的據點。

鄭成功在福建省的廈門建立據點，攻打清軍和荷蘭人。這幅是荷蘭人於1665年繪製的廈門港雕版畫，1665年時，鄭成功已經將基地移往臺灣。

鄭成功的進攻路線

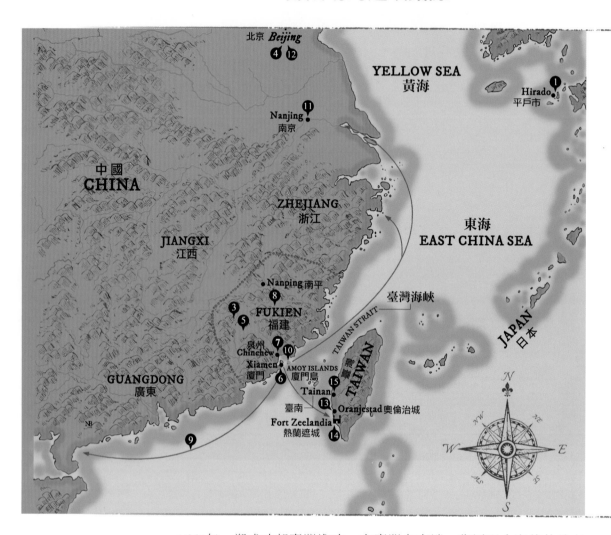

　　1661年，鄭成功朝臺灣進攻，在臺灣島南端、靠近現今高雄的地方登陸。荷蘭人在沙洲上建造了一座堅固的堡壘「熱蘭遮城」，保衛他們主要的殖民地奧倫治城，也就是現今的臺南。4月30日，鄭成功率領400艘戎克船組成的艦隊封鎖奧倫治城，手下的2萬5000人大軍包圍堡壘。鄭軍包圍了9個月，臺灣長官揆一（Frederick Coyett）眼看鄭軍沒有一絲鬆懈跡象，再加上城內的2000名駐城衛兵各個飢渴難耐、疾病纏身，他別無選擇，只好向鄭成功投降。1662年2月1日，荷蘭殖民政府退出臺灣，鄭成功拿下臺灣後以明朝封國自居。

　　攻臺之役對鄭成功而言無疑是一場漂亮的勝仗，但他卻沒怎麼享受到勝仗帶來的喜悅。同年6月，鄭成功就感染瘧疾去世，雖然也有傳說他

航線圖說明

●●●●福建省邊界　◀━━攻擊清軍和荷蘭人的路線　🏰防禦堡壘

1. 1624年：國姓爺鄭成功出生於日本平戶市。

2. 1631年左右：鄭成功的父親鄭芝龍在福建省開始貿易和走私事業。

3. 1641：崇禎皇帝指派鄭芝龍出任海防遊擊。

4. 1644年：清軍入關攻占北京，逼迫崇禎皇帝退位，鄭芝龍效忠明朝，不願降清。

5. 1646年：清軍攻克福建，勸降鄭芝龍。

6. 1647年初：鄭成功拒絕屈服，在廈門建立反清復明的據點，開始攻打清人的船隻和衛兵。

7. 1647年晚期：鄭成功的母親不願降清，在泉州自殺身亡。

8. 1650年：鄭成功接手父親的貿易帝國，壯大海盜和走私事業。

9. 1651年：鄭成功的戎克船在南海各處收取保護費，只有清廷和臺灣的荷蘭殖民政府拒絕支付。

10. 1656年：清軍試圖進攻廈門，但是被鄭成功的軍隊驅逐。

11. 1659年：鄭成功攻打南京，但是被清軍擊退。

12. 1661年：清廷於北京斬首鄭芝龍以警告鄭成功。

13. 1661年4月：鄭成功包圍荷蘭人在奧倫治城（Oranjestad，現今臺南）建造的普羅民遮城。

14. 1662年2月：荷蘭熱蘭遮城的士兵向鄭成功投降，荷蘭殖民政府屈服，鄭成功正式攻下臺灣。

15. 7月：鄭成功於臺南逝世，由兒子接手海盜帝國，持續以海盜身分活躍40年。

是因為與鄭經發生衝突而猝死。時至今日，鄭成功在臺灣和中國大陸都被視為英雄，他一心反清復明的忠臣形象，遠遠勝過他作為海盜和軍閥的惡名。

　　臺灣各地甚至興建了許多鄭成功廟，因此他是唯一一位成為民間信仰對象的海盜。鄭成功逝世後，他的海盜帝國傳到長子鄭經（1642-1681年）手中，繼續在臺灣與清朝對抗20多年。然而鄭經無法掌控龐大的海盜艦隊，因此鄭成功去世後，船隊也隨之分崩離析。如此一來臺灣便難以禦敵，1681年，清軍攻占廈門和澎湖，接著攻打臺灣島。鄭經在清軍入侵時過世，雖然部下在他死後持續與清軍奮戰兩年，最終還是讓清廷拿下臺灣島。

1806年，鄭一手下的紅旗幫海盜攻擊東印度公司的單桅多帆船「泰伊號」（Tay），俘虜了大副約翰・透納（John Turner）和六名拉斯卡船員。透納被監禁了幾個月，之後撰文記錄下這段悲慘的遭遇。

海盜大聯盟

　　鄭成功的海盜帝國覆滅後，中國海域的海盜攻擊也變成零散的個案，沒有一名海盜首領或軍閥可以團結各路海盜，匯集成一個大型集團。這樣的情況持續了一世紀，雖然一省的總督或巡撫可能既是海盜也是商人，但他們的勢力範圍也僅限於其疆界的水域。[107]接著，鄭一出現了，他花了不到十年的功夫，就打造出足以匹敵鄭成功的海盜帝國。

　　鄭一（1765-1807年）的父親是在越南海域活動的海盜，因此鄭一從

107 引用自參考文獻，詳細請查照 325 頁〈內文引用〉章節

小耳濡目染，他的家族已經有好幾代都是海盜。當時正值越南政局動盪不安，西山的起義軍正積極從統治百年的廣南國阮主手中奪權。衝突告一段落後，鄭一的家族趁亂崛起，成為越南的海上強權。不過，隨著新政權建立，他們也成為西山朝君主的眼中釘。1801年，鄭一率領部眾沿著中國海岸往北，來到鴉片貿易的中心廣東。

1804年4月，他封鎖葡萄牙人在澳門的貿易港，甚至打敗了派來驅逐他的葡萄牙小艦隊。他的攻擊逼得英國在船隻前往香港、澳門，以及其他位在中國海岸的貿易據點時，不得不派船護送。

鄭一在海上的威脅與日俱增，1805年，他組織海盜聯盟，集結在南海沿岸活動的海盜成為強大的海盜帝國。他將手下的船隊分成六幫，以黑、白、紅、藍、黃、青六旗區分，每一隊都有其固定行駛的區域和路線，這樣一來各幫之間互不干涉，也不會起衝突。

鄭一對其他海盜船隊只有名義上的管轄權，他自己手下的船隊只有他能指揮。他手下約200艘戎克船所組成的「紅旗幫」，以廣東省首府廣州府為據點。

圖中的海盜雖戴著印度頭巾，但本幅圖畫是描繪1809年中國海盜在廣州攻擊東印度公司商船的場景，他們經常向歐洲船員勒索贖金。

海盜聯盟的航線圖

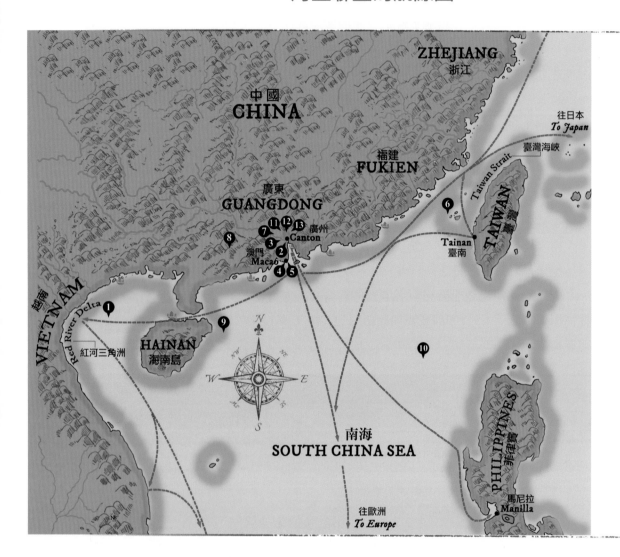

到1807年鄭一過世時，紅旗幫的規模已經成長三倍，有600多艘戎克船，3萬名左右的部眾，成為南海最龐大的海盜船隊。當然，這只是鄭一的部分軍力，因為其他海盜首領都同意互相幫助，所以當他需要時也能得到聯盟中其他海盜的支援，換言之鄭一最多可擁有1,200艘船和15萬人的兵力，這可是史上最龐大的海盜聯盟。海盜會向中國商人和沿岸聚落收取保護費，而鄭一的海盜船似乎能隨心所欲攻擊船隻、勒索保護費，完全不擔心受到制裁。

鄭一之所以能夠逍遙法外，是因為朝廷用以打擊海盜的方式全部以失敗告終。事實上，朝廷的作為更像是以限制歐洲商人貿易為主要目

航線圖說明

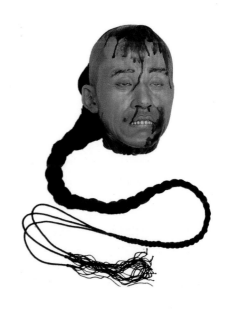

◄───── 貿易路線　　🚢 海盜船隊據點

1. **1801年春天**：鄭一在越南紅河（Red River）繼承父親的海盜船隊。

2. **夏天**：鄭一率領海盜船隊移師廣州。

3. **10月**：鄭一迎娶廣東妓女鄭石氏。

4. **1804年3月**：歐洲人拒絕支付保護費，他手下的船隊封鎖澳門的葡萄牙港口。

5. **9月**：海盜擊退派來驅趕他們的葡萄牙艦隊，葡萄牙人終於屈服，支付保護費。

6. **10月**：鄭一將收取保護費的範圍擴大到福建和臺灣，他的船隊全面掌控黃河到紅河的海岸。

7. **1805年**：鄭一將海盜聯盟分成六幫，以廣州為據點紅旗幫規模最龐大。

8. **1806年**：海盜攻擊廣東沿海村莊，試圖掌控整個沿海地帶。

9. **1807年**：鄭一在海南外海失蹤，他的妻子「鄭一嫂」接手指揮他的紅旗幫。

10. **1808-1809年**：鄭一嫂成為丈夫創立的海盜聯盟的領袖。

11. **1809年9月**：鄭一嫂手下的海盜在廣州外海攻擊英國船隻，俘虜他們的船員，因此引發重大外交事件。

12. **1810年夏天**：歐洲海軍在廣州外海重創紅旗幫船隊，接著又追擊和摧毀海盜聯盟其他船隊。

13. **10月**：鄭一嫂接受朝廷招安，她卸下海盜身分後開始經營其他生意，其中包括走私鴉片。

標，而不是保護自己的貿易航線。

　　朝廷壓制海盜的政策，都需要各省總督或巡撫的配合，但許多官員不是與海盜同流合汙，就是海盜領袖。若朝廷出兵征討海盜，鄭一就會以規模更龐大的船隊迎戰，逼得水師不得不撤退。海盜聯盟的協議是一旦有一幫海盜受到威脅，其他五個旗幫就要前來支援，這表示整個海盜聯盟固若金湯、難以攻克。不過鄭一攻擊葡萄牙人後，就竭力阻止海盜攻擊歐洲商人，畢竟他雖然可以與清廷抗衡，但若是歐洲各國海軍勢力聯合起來，鄭一的海盜聯盟可能完全不是對手。

　　鄭一在1807年過世時，正值事業巔峰期，據傳他是在一場暴風雨中送命。他的妻子鄭石氏，人稱鄭一嫂，

有時也被稱為「鄭寡婦」或「鄭夫人」，接掌了丈夫的紅旗幫，而且讓整個海盜聯盟維持團結。[108]鄭一嫂在張保仔協助下掌權，年輕英俊的張保仔是鄭一的義子，據傳也是她的愛人。鄭一過世後，張保仔便轉而效忠他的妻子，後來與鄭一嫂結為夫妻。根據資料記載，鄭一嫂是在廣州當妓女的時候認識鄭一，之後她搖身一變成為大海盜帝國的領袖。

事實證明，鄭一嫂就是天生的海盜頭子，接下來幾年因為作風殘暴、手段高明而惡名遠播，她將紅旗幫和整個海盜聯盟的軍力擴增到800艘戎克船。接下來的三年時間，她完全掌控了海南沿海一帶，最遠甚至觸及臺灣附近海域。鄭一嫂與丈夫不同的地方在於，她拒絕屈服於歐洲人的威嚇。1809年9月，她攔截一艘在廣州下錨的東印度船隻，俘虜七名英國水手。東印度公司支付贖金後，水手獲釋，其中一名人質理查・格拉斯波（Richard Glasspole）記錄下他的經歷。他描述了鄭一嫂訂定的典章，凡竊盜、不服從指令或強暴他人者，一律處死，若是逃兵等較輕微的罪行，則要切除一耳、一根拇指，甚至切除手腳。根據格拉斯波的說法，如此嚴苛的章法就是為了打造紀律嚴明、堅決果斷又團結一心的部隊。

儘管如此，她的海盜帝國還是開始分崩離析。清朝水師在海上完

東印度公司的明輪戰船復仇女神號，在廣州附近的海盜據點穿鼻摧毀了海盜船隊。船堅砲利的英國蒸氣戰船操作靈活，海盜根本不是他們的對手。

108 引用自參考文獻，詳細請查照 325 頁〈內文引用〉章節

全不是海盜的對手，因此朝廷決定對海盜恩威並濟，首先是「威」的部分，由新上任的兩廣總督百齡執行。百齡對廣州附近的海盜宣戰，並懇求歐洲人協助打擊海盜。他首先將沿海居民遷移到內陸，斷絕海盜的收入和物資來源，在歐洲戰艦協助下，廣東水師當年底就剷除了附近水域的海盜。接下來是「恩」的部分，嘉慶皇帝提供令人心動的豐厚條件招降海盜。張保仔率先接受招安，在1810年初帶領大部分的紅旗幫成員投靠百齡，這對鄭一嫂而言無疑是沉重的打擊，她的世界迅速分崩離析。

　　朝廷為海盜開放有利可圖的貿易管道，許多海盜船長受到招撫條件的吸引，造成海盜聯盟內部亂成一團，更糟糕的是僅存的五旗幫派因為有的接受朝廷招安、有的堅決抵抗，因此內鬥不斷。其中某些海盜，例如張保仔，投誠後加入剿滅海盜的行列，積極追捕曾經同舟共濟的海盜

鄭石氏，或稱鄭一嫂、鄭夫人，可說是最強大的海盜。身為海盜領袖鄭一的妻子，她在丈夫1807年過世後繼承他的紅旗幫船隊，將之整合成300艘船和多達2萬名手下的規模。但是從1810年開始，與葡萄牙人和清軍多次交手之後，她接受朝廷的招安，卸下海盜身分。

盟友，到了1810年末，鄭一嫂也不得不認輸，協議接受招安。

朝廷准許她留下一小隊海盜船和部下，她在廣東一帶的影響力依舊存在。接下來的30年，她成為中國沿海最大的鴉片走私商。至於張保仔，他成為備受重用的水軍副將，雖然也有人臆測他投誠之後仍沒有完全放棄海盜一途。

十五仔

海盜威脅在19世紀初期漸趨緩和，但從來沒有徹底消失。朝廷收買地方官的政策持續看見成效，但鄭一海盜聯盟覆滅後30年，英國和清朝因為英國載運鴉片到中國而爆發戰爭。清廷扣留載運鴉片的商船後，英國決議出兵應對，進而引發著名的第一次鴉片戰爭（1839-42年）。戰爭結果是清朝被迫簽署屈辱的南京條約，開放更多通商口岸給歐洲商人。英國在1841年占領香港島，一年後香港島正式割讓給英國。廣州也是開放的港口之一，到了1843年成為蓬勃活絡的鴉片貿易中心。[109]鴉片從廣

圖中描繪的徐亞保是19世紀大海盜首領十五仔的手下，但他自己手中也握有龐大的海盜船隊。他的據點在香港東邊的大亞灣，那裡一直到20世紀初期都是海盜盤踞地。徐亞保最後在1849年被討伐海盜的英國海軍擊敗，之後被逮捕，死於獄中。

州沿著海岸走私到其他港口，鴉片貿易不只助長走私，也助長了海盜活動，當時許多走私犯閒暇之餘會去當海盜。

雖然清朝水師的兵力應該足以解決這個問題，但不久前才慘敗給英國皇家海軍使他們大受打擊，無心也無力對主要港口附近的海盜宣戰。十五仔就是從走私犯變成的海盜，他的據點在香港以西175英里（282公里），廣東省西南邊的電白。他當走私犯的保鏢，向他們收取保護費，到了1840年代，他收取保護費的範圍擴大到海南島至廣州沿海的船隻。

1849年，他的船隊已經擴增到70艘戎克船，他勒索保護費的對象也遠及越南。但是他犯了一個錯誤，他攻擊了受南京條約保護、載運鴉片到開放通商口岸的歐洲和美國運輸船。

他俘虜一艘美國和三艘英國的鴉片飛剪船，造成通商口岸因為貿易中斷而陷入大亂。若十五仔只攻擊

109 引用自參考文獻，詳細請查照 325 頁〈內文引用〉章節

1849年10月，十五仔的海盜船隊在越南紅河三角洲被摧毀，海軍外科醫生愛德華・克利（Edward Cree）的水彩畫描繪了倖存的海盜，並稱他們為「一整船的惡棍」。

中國船隻、向他們收取保護費，不去招惹歐洲人，這些外國人多半不會理會他。但是攻擊西方船艦，可就是截然不同的情況。

　　1849年，香港的皇家海軍艦隊指揮官奉命進攻海盜巢穴。這次的征討海盜行動，是不斷遭到海盜騷擾的東印度公司提出的請求，於是出生於蘇格蘭的海軍中校約翰・海伊（John Hay）率領蒸氣艦隊進入電白，卻發現海盜早已逃之夭夭。

1849年10月，一支皇家海軍艦隊駛入大亞灣，摧毀徐亞保的海盜船隊。英國海軍也趁勢上岸摧毀海盜巢穴，將倉庫和船塢一併摧毀。

1849年10月，英軍在紅河摧毀十五仔的海盜船隊之後，奪下他的刺繡海盜旗。旗幟上繡的是天后媽祖象，藉以祈求風平浪靜、保佑水手平安，這面海盜旗現藏於格林威治國家航海博物館。

十五仔的海盜船隊在1849年10月被皇家海軍摧毀後，當地居民紛紛攻擊倖存的海盜，報復海盜對他們漁村造成的破壞。此幅圖畫是由參與討伐的英國戰艦「狂暴號」（HMS Fury）上的海軍外科醫生所繪。

　　十五仔接到香港眼線的通風報信，便帶著手下往西逃到安全的越南海防（Haiphong），讓海伊中校除了奪回100艘貿易船之外，別無所獲。

　　根據海事法，他們虜獲的海盜船都歸皇家海軍所有。艦隊凱旋回到香港之後，就在拍賣會上將海盜船賣給出價最高的人。然而出價者不是別人，正是十五仔派遣的暗樁，他輕輕鬆鬆就把海盜船買回來，重建勢力。皇家海軍很快就發現必須展開第二次討伐海盜行動，海伊中校再次奉命出兵。

　　10月下旬，他的艦隊追蹤海盜來到紅河三角洲，也就是越南海防港北方的位置。海伊中校首先封鎖河口以免海盜溜走，接著再派遣部分戰艦與海盜開戰。此次討伐海盜行動，他手下三艘蒸氣戰船（包括東印度公司的武裝槳輪蒸汽船火焰河號）都得到清朝水師的協助。這次突襲讓海盜猝不及防，海伊進攻時，海盜船都還停泊在港灣。皇家海軍勢如破竹，他們最終俘虜了58艘海盜船、殺死1,800名海盜。

　　只有六艘小戎克船倖免於難，十五仔便搭乘其中一艘逃跑。英軍無法往紅河上游持續追擊，十五仔因此逃過一劫，接著清廷採用招撫之策，解決這名逍遙法外的海盜。十五仔最後不僅接受招降，還謀得一個水師官職，協助朝廷打擊周邊海域的海盜。皇家海軍因為這次事件而常駐中國沿海，在接下來幾年間持續與清廷和東印度公司聯手對付海盜。因此到了19世紀中，南海已經大致沒有規模龐大或有組織的海盜，這是結合了清朝實用主義和西方船堅砲利迎來的全面勝利。

1891年在九龍海灘處決海盜之後的場景，由英國士兵執行斬首。

第十章

現代海盜

危險的海域

海盜並非只存在於過去，也不僅僅是史書中一種被浪漫化的犯罪行為。海盜問題仍然每天發生，也不是所有被害者都能活下來訴說他們的遭遇。[110]近年來，海盜攻擊事件屢屢躍上新聞頭條，即使是噸位龐大的超級油輪，也不免慘遭海盜毒手。舉例來說，2018年國際商會（International Chamber of Commerce，以下簡稱ICC）就發布警告，表示奈及利亞「附近所有水域都存在危險」，哈刻特港（Port Harcourt）和邦尼島（Bonny Island）外海「船員遭到攻擊、脅持和綁架的案件數量明顯增加……建議行經這些危險海域的船隻做好額外準備。」

110 引用自參考文獻，詳細請查照 325 頁〈內文引用〉章節

貝南共和國（Benin）的海軍士兵巡邏貝南灣（Bight of Benin），緊盯著兩艘停泊的油輪。西非海岸這一帶逐漸成為主要的海盜出沒點。（圖片來源：jason florio/Corbis via Getty Images）

幾十年來，國際商會等組織一直在監視海盜攻擊，並清楚標示出經常發生攻擊事件的海盜活動熱點。印尼、索馬利亞、孟加拉、西非地區（尤其是奈及利亞）、菲律賓和委內瑞拉周邊海域，都是公認的高風險地區。2017年，全球共發生180起海盜攻擊事件，然而事實上這已經是2010年以來事件數量最少的一年。雖然馬來亞水域和一些地區已經安全無虞，但如今菲律賓等地反而成為頭號海盜熱點。

海盜活動在這些危險海域早就不是什麼新鮮事。19世紀初期，波斯灣海盜猖獗，直到英國東印度公司大刀闊斧地捉拿海盜，才讓海盜威脅銷聲匿跡。20世紀初期的中國也一樣，中央政權垮台讓各地軍閥興起，進而導致海盜人數增長，這個情況在上一章已有著墨。之後，以英國皇家海軍和美國海軍為主的勢力，有效剷除了中國水域的海盜，這兩大勢力也在二戰前消滅了其他主要的海盜出沒地點，例如馬來群島、中美洲和菲律賓。海盜的攻擊多半屬於零星個案，若狀況很嚴重，代表海上的犯罪行為短暫復甦。全球各地記錄了許多海盜罪行：英國貨輪在北非的小港口遭到攻擊、澳洲漁船在南太平洋慘遭洗劫，還有一位落單的美國遊艇船主橫死古巴海岸。雖然發生這些攻擊事件，不代表某些國家政府一定會派遣海軍前往討伐海盜，但必要的時候，海上強權還是會視打擊海盜為己任。

以前最容易遭殃的船隻是遊艇，但現在即使是龐大的船隻，行經危險海域時仍可能遭到攻擊。第二次世界大戰之前，世人幾乎未曾聽聞「現代海盜」，世界各地只發生零星的海盜攻擊，但二戰之後，海盜攻擊事件開始增加。三十年來，回報的海盜攻擊次數大幅增加，究其原因可能有幾個。首先，海軍在二戰後的發展趨勢是規模縮小，而且只巡邏特定海域。過去海上強權會派遣船隻巡邏危險海域，所以總能及時派出戰艦，而現在商船到了公海，就只能靠著自己的裝備自生自滅。許多較小的政權不再擁有巡視領海的資源和正當性，更別說到公海抓捕海盜。如同歷史上其他時代，一旦缺乏強而有力的政府，或政府少了法治系統

菲律賓海盜搭乘舷外浮桿馬達獨木舟，攻擊路過船隻。當地數不盡的島嶼、海灣和沙洲都是他們的藏身之處。

這些以奈及利亞尼日河三角洲（Niger Delta）為據點的海盜，自詡為參與尼日河三角洲解放運動的反政府份子。攻擊次數自2008年起逐漸下降，現在有一部份的MEND攻擊轉移到遠處的幾內亞灣（Gulf of Guinea）。

和海軍的支持，海盜問題就會日益猖獗。

　　現代的海盜盡享科技帶來的方便，例如收音機、雷達、衛星導航、自動武器和高性能船隻。相較於歷史上的海盜前輩，這讓他們更占優勢。最重要的是，公海因為缺乏利益誘因、國際關注和資源，所以一直缺少有效的法規規範，各國軍艦數量銳減也必須負起部分責任。現在全世界的商船大多採用權宜船籍，以懸掛賴比瑞亞、巴拿馬和宏都拉斯的旗幟為主，而不會使用海上大國的商船旗幟，讓權宜船更容易成為海盜下手的目標。

索馬利亞的海盜多半會利用搶來的漁船當作母艦，然後派遣體型較小、操作靈活的快艇前往更遠的印度洋攻擊船隻。圖中的反海盜巡邏艇，在距離索馬利亞海岸120英里（193公里）的外海攔下疑似海盜母艦的船隻。

馬來西亞和菲律賓海盜

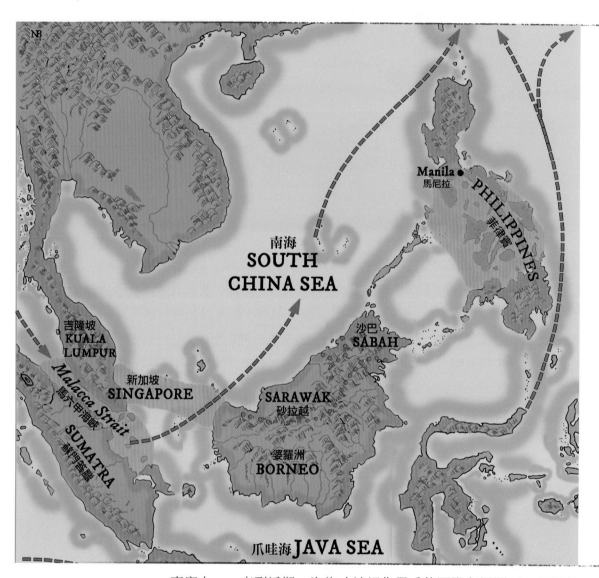

南海
SOUTH
CHINA SEA

Manila ●
馬尼拉

PHILIPPINES
菲律賓

吉隆坡
KUALA
LUMPUR

Malacca Strait
馬六甲海峽

新加坡
SINGAPORE

SUMATRA
蘇門答臘

沙巴
SABAH

SARAWAK
砂拉越

婆羅洲
BORNEO

爪哇海 JAVA SEA

對頁

配備精良武器的年輕海盜，此圖片是記者在馬來半島西岸的海盜祕密巢穴拍攝的。在那之後，隨著海軍巡邏艦增加，馬六甲海峽附近的攻擊事件大幅減少。

事實上，一直到近期，海盜才被視作嚴重的國際犯罪問題，需要各國聯手打擊。然而，與此同時海盜已經發展得越來越壯大。

ICC在1985年第一次記錄到海盜攻擊，當年全世界總共發生了50起海盜攻擊事件。這個數字逐年增加，1998年總共超過200起、1999年300起，並在2003年達到445起的高峰。

接下來因為全球動員打擊海盜，攻擊事件的次數便逐漸下降，到2013年時減少為264起。不過，這些數字只記錄了登記在冊的船隻，並未包含另外幾百起，甚至幾千起遊艇、小漁船或其他小型船隻的攻擊事

航線圖說明

●●●●● 國家疆界　◀ ─ ─ 航運路線　■ 海盜熱點

這個地區長久以來都是海盜常常出沒的地點，到2005年為止，馬六甲海峽一直都有海盜盤據，但經過一次大規模國際海軍清剿行動後，已經消滅大部分的海盜威脅，這片海域至今仍有重兵看守。然而南海南方的馬來西亞群島海盜活動持續成長，因此國際海事局（International Maritime Bureau，IMB）將這一帶視為高風險區域。自2000年起，菲律賓海域的海盜活動日益猖獗，那些海盜大多與反叛份子有關，因為對他們而言，海盜行為和綁架是非常有效的賺錢手段。最近，東南亞數一數二的繁忙港口馬尼拉灣（Manila Bay）頻頻遭到海盜侵襲。

件。10年前，有三分之一的攻擊發生在馬六甲海峽，而現在這片海域只剩下零星事件，印尼反倒成為新的海盜熱點，光是2017年就記錄到38起攻擊事件。

　　不過，也有好消息傳來。過去幾年，攻擊事件持續減少中。[111]根據ICC分支機構國際海事局海盜通報中心（Piracy Reporting Centre）的資料，2004年共發生329起攻擊事件，但10年之後，每年的攻擊事件就穩定維持在250起左右。自2016年起，總數開始下降。國際海事局將攻擊事件減少歸功於國際團結合作，索馬利亞外海和世界各主要海盜出沒地點的國際反海盜巡邏艦尤其功不可沒。

　　現代一旦發生戰爭，在該地區周邊水域航行必然有危險性，先撇開這種狀況不談，直到最近，全世界公認最危險的一段水域就是長度550英里（885公里）、將馬來半島和蘇門答臘島隔開的馬六甲海峽。

111 引用自參考文獻，詳細請查照 325 頁〈內文引用〉章節

　　每年有超過5萬艘船行經這片水域，這裡可以說是全世界最繁忙，同時也是最危險的狹窄海域。穿越海峽的船隻，大多數是噸位龐大的船隻，例如超級油輪和散裝貨船。在這些大船旁邊，就連最大型的遠洋定期船也顯得十分短小。全球每年有四分之一的油輪行經這片海域，相當於每天有1100萬桶原油通過海峽。船隻經過如此繁忙的水域時都會格外謹慎、放慢速度，因此特別容易遭到駕駛敏捷快艇或充氣艇、武裝精良的海盜打劫。

　　所幸，2007年這條繁忙狹窄的航道只發生了11起海盜攻擊事件。2014年，攻擊事件又減少許多，時至今日幾乎見不到海盜攻擊。海盜數量得以銳減，多歸功於全球各國海軍單位的大規模行動和情報蒐集，但是各國政府至今仍無法攜手消滅海盜勢力。當地的海盜似乎在伺機而動，待戰艦離開就要發動新一波攻勢。從這個角度來看，他們跟黃金時代的海盜其實大同小異，二者都會避開海軍巡邏的海域，可能會先去其他地方繼續貿易，或是先從事合法的生意，直到情勢改善。

　　而上述情況招來的效應，就是鄰近的印尼海域海盜攻擊事件明顯攀升，光是2015年就發生108起攻擊事件，這個數字現在來看仍然高得嚇人。不過，印尼海軍迅速出手打擊海盜，攻擊案例隔年就減半了。另一個海盜出沒熱點是孟加拉的吉大港（Chittagong），2006年發生46起攻擊事件。吉大港曾是全世界公認最危險的錨地，但是隨著港口的監視巡邏更加嚴謹，現在每年回報的攻擊事件都不到10起。儘管大部分的攻擊事件都是小海盜見獵心喜偶然發動的，而且他們的武器多半只是刀子和金屬管棒，但新的海盜攻擊趨勢著實令人擔心。根據國際海事局最新報告指出，[112]其他的海盜出沒熱點分別是奈及利亞（33起攻擊）、印度（14起）、馬來西亞（7起）、委內瑞拉（12起）和索馬利亞（5起）海域。

　　另一個排名急速竄升的海盜出沒熱點，就是索馬利亞東部海岸。1989年，德國製的璽寶遊輪「精神號」（Seabourn Spirit）在索馬利亞70英里（113公里）的外海遭到攻擊，這是該區域首次因為海盜攻擊而引起關注。11月5日早上不到6點，兩艘由母艦派遣的快艇悄悄接近遊輪，接著用機關槍和火箭推進榴彈猛烈攻擊遊輪，造成一名船員受傷，幸好訓練有素的船員最終阻止了海盜登船。

　　索馬利亞光是2005年就發生19起重大攻擊事件，因此被視為特別危

112 引用自參考文獻，詳細請查照 325 頁〈內文引用〉章節

2004年，世界各國在馬六甲海峽組織反海盜巡邏艦隊，從那時起，這種小型剛性突擊艇就扮演著極為重要的角色，肩負維護繁忙海域安全之責。

險的區域。索馬利亞處於政治真空期，在沒有政府正常運作的情況下，讓海盜更容易在當地占地為王。

　　其中一起攻擊事件發生在2005年6月27日，被害者是肯亞船隻「山洛號」（MV Semlow），船上裝載了聯合國糧食計畫的稻米，準備去救濟索馬利亞的海嘯災民。山洛號接近哈拉德希爾港（Haradhere）時，索馬利亞海盜趁著月黑風高攻擊和俘虜船隻。山洛號上的10名船員被挾持超過三個月，[113]其中一位船員記錄：「這些海盜比歷史故事中讀到的海盜可怕多了……索馬利亞海盜的武裝更精良，除了船上的貨物之外，他們還想要贖金。」由於索馬利亞的政府形同虛設，因此國際海事單位很難採取實際行動，只能在索馬利亞外的公海巡邏、警告行經的船隻，希望索馬利亞政府終有一天有能力自行維持周邊海域的安全。可惜許多所謂的政府組織，其實本身就是海盜，或是與當地軍閥關係匪淺。2006年11月，10名索馬利亞海盜登上貨輪「維山號」（MV Veesham）大肆劫掠，再將戰利品開到索馬利亞的奧比亞港（Obbia），嚇得貨輪上的船員驚慌失措。到奧比亞港後，一支效忠伊斯蘭法庭聯盟的軍隊在耗費時日幾番槍戰後，終於從海盜手中奪回貨輪還給船主。在索馬利亞這種地方，通常很難界定出誰才是「好人」。

113 引用自參考文獻，詳細請查照 325 頁〈內文引用〉章節

索馬利亞和孟加拉海盜

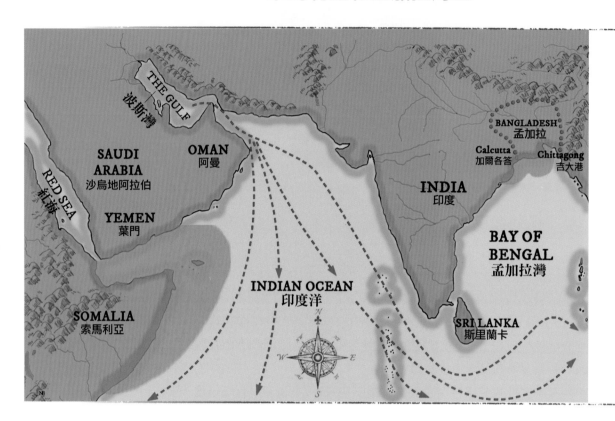

2009年4月，貨船「快桅阿拉巴馬號」（MV Maersk Alabama）在索馬利亞外海240英里（386公里）處遇上海盜打劫。海盜挾持船員勒索贖金，美國海軍後來成功救出人質並逮捕海盜，這起事件後來還拍成電影《怒海劫》，於2013年躍上大銀幕。（圖片來源：RO-BERTO SCHMIDT/AFP/Getty Images）

航線圖說明

•••••國家疆界　　◀ − − 航運路線　　■海盜熱點

[114]自2002年起，亞丁灣（Gulf of Aden）和索馬利亞外海成為全球公認最危險的海域。索馬利亞有超過10年的時間都是全球最大的海盜出沒熱點，攻擊範圍甚至遠達印度洋。不過，國際巡邏艦隊於2009年開始進駐，加上監視衛星的協助，以及武裝小組登上商船保護，種種措施都大幅縮減了海盜攻擊的規模。時至今日，儘管索馬利亞海盜仍然是航運業的一大威脅，但攻擊事件的次數已急遽下降。另一個逐漸興起的海盜出沒熱點是孟加拉沿海，海盜常常攻擊停靠在海岸的船隻，商船熙來攘往的吉大港問題尤其嚴重。世界各國又一次互相配合打擊海盜，國際海事局也密切監督後續進展。

索馬利亞海盜在2009年劫掠快桅阿拉巴馬號，這起事件不僅引起國際關注，更催生了湯姆漢克斯主演的電影《怒海劫》，也讓國際社會提升了對海盜問題的警覺心，分配更多資源和預算來打擊海盜。自此之後，戰艦開始擴大巡邏，商船雇用武裝傭兵，世界各國通力合作壓制當地軍閥勢力，這些措施都收到不錯的成效。到了2012年，每年的海盜攻擊次數已經下滑到10起以下。即便海盜的威脅大幅降低，大部分的水域還是有反海盜巡邏艦駐點巡視，以及時阻止海盜肆虐。這一帶曾經不斷躍上新聞頭條的海運威脅，終於成為過去式。當然，世界各地仍繼續發生海盜攻擊。

戰略和恐怖主義

在《危險海域》（Dangerous Waters）一書中，作者約翰·伯內特（John S. Burnett）點出問題：

海盜和恐怖主義之間的差異一直很模糊。世貿中心和五角大廈遭受攻擊後，全球政府終於意識到早在911事件之前，海上的戰爭就已經打得如火如荼。我們最終必然會得到一個結論：海盜和恐怖主義幾乎沒有差別。國際海事局和海事產業其他成員，都將驅逐艦「柯爾號」（USS Cole）在亞丁港受到的炸彈攻擊定調為海盜攻擊。這起攻擊事件明白告訴我們，不能再無視海盜、姑息養奸，或否認海盜與恐怖主義的密切關聯，否則我們會損失慘重。

114 引用自參考文獻，詳細請查照 325 頁〈內文引用〉章節

2010年聖誕節，臺灣的延繩釣漁船「旭富一號」被索馬利亞海盜俘虜。海盜把漁船拖到岸上，綁架船員勒索贖金，船東支付贖金後，船員總算在2012年獲釋。圖片攝於旭富一號被俘虜一年後，一名索馬利亞海盜持槍守衛擱淺的旭富一號。

　　換言之，許多海盜攻擊事件可能都是「恐怖主義」的傑作，海盜為了政治和宗教目的而攻擊船隻，並非單純為了錢財。炸彈事件發生後，西方世界才驚覺劫持和炸彈攻擊等海盜活動已經成為恐怖分子的手段。

　　2001年911事件和2003年英美出兵伊拉克後，政治情勢改變，有時候很難界定海盜活動究竟何時停止、恐怖主義又是何時開始。不論海盜們是否有政治和宗教動機，西方新聞媒體越來越常為海盜戴上「恐怖份子」的帽子。國際海事局會介入調查的一些受到高度關注的攻擊事件，多半是因為已經知道海盜單純只是為了贖金，而非有其他政治目的。不過這當中有一個大問題，那就是「海盜行為」的正式定義是「發生在公海的攻擊活動」，然而很多攻擊事件都發生在港口內，或是在某個國家的12英里（19公里）領海範圍內，結果這些事件都只能被視為當地的犯罪行為，而非海盜活動，或者不得不定調為恐怖攻擊以激起全球社會輿論。另外許多船隻是在主權有爭議的水域受到攻擊，因此常常不清楚哪一國才有管轄權。有時候這會導致一種情況，就是那些理應是「好人」的一方，也會跟當地海盜一樣為了政治目的或賺錢而攻擊行經船隻。舉例來說，由於索馬利亞沒有實際運作的政府，於是原本應該是各地海巡隊之類的半合法組織，也會參與海盜攻擊。諸如國家海岸志願護衛者、索馬利亞海軍和索馬利亞岸防部隊等組織，都是以合法組織為煙霧彈的海盜。

　　以2000年的案例為例，當時26名海盜搭乘兩艘快艇，在索馬利亞海岸攻擊商船「波內拉號」（MV Bonella）。[115]波內拉號的船長事後表示：「我告訴他們船上沒有錢，索馬利亞岸防部隊的上將卻扣著板機，用手槍指著我的頭說：『船長，沒有一艘船會不帶錢出航。我都要放你們走了，你還想賠上性命嗎？』」海盜囚禁船長和船員五天，同時嘗試用這艘船攔截其他行經船隻。但他們後來發現波內拉號的速度實在太慢，搜刮一番後就揚長而去。

　　這種用貌似無害的船隻當誘餌的「特洛伊木馬」戰術，顯然是海盜常用的伎倆。2006年1月，驅逐艦「邱吉爾號」（USS Winston S. Churchill）攔截一艘幾天前在索馬利亞外海遭到攻擊的印度貨輪，[116]根據海軍回報，海盜利用這艘船當作攻擊基地。類似的案例層出不窮，索馬利亞和印尼海域都時有所聞。海盜通常會利用漁船作為基地船，以便駕駛充氣小艇到遠離岸邊的海域發動攻擊。

　　接下來幾年，中國海警局也涉入幾起海盜攻擊案件，起因若不是中國官方訂定的政策（這個原因的可能性極低），就是中國當局太過輕忽，但也有可能是真正的海盜利用中國政府組織為掩護來為非作歹。

115,116 引用自參考文獻，詳細請查照 325 頁〈內文引用〉章節

美國特種部隊巡邏亞丁灣時逮捕索馬利亞海盜。國際反海盜巡邏艦隊自2009年起加強巡防索馬利亞海域，大幅減少該地區的海盜威脅，效果顯著。

以1995年6月發生的事件為例，一艘中國公安船在公海攔下於巴拿馬註冊的貨輪「湄公河號」（MV Hye Mieko）。這艘貨輪兩天前從新加坡出發，船上載著香菸和攝影器材，準備送到柬埔寨。

十幾名身穿中國海軍制服的男子登上湄公河號，駕船航行超過900英里（1448公里）越過公海，抵達廣東汕尾，以「懷疑走私香菸」為由扣押湄公河號。中國政府隨後否認那艘公安船的存在，並指控湄公河號船主試圖走私香菸進入中國。中國政府顯然沒有參與海盜行為，但應該有官員在背後指使、幫忙掩蓋消息。不過，從2010年開始，中國當局和中國海軍就在周邊海域大範圍打擊海盜，因此2014年後再也沒有回報海盜攻擊事件。

另一個同樣令人擔憂的趨勢，是現代海盜的性質改變。過去大部分的海盜攻擊模式都是暫時扣留虜掠的船隻，但最近的趨勢是長期綁架船員或將他們當作人質，這個轉變讓海盜和恐怖主義之間的界線更加模糊。2006年，有188起海盜事件涉及挾持船員或乘客當作人質，其中的77起則是徹頭徹尾的綁架事件。這些案件當中，有將近一半發生在索馬利亞海域，印尼海域的案件數則位居第二。近10年來，大部分的海盜攻擊都涉及綁架船員、勒索贖金，保險公司與海上強權及其他國際組織密切合作，希望改善這個問題，但是在海盜有安全基地可以撤退、可以挾持人質直到贖金到手的那幾片海域，如出一轍的攻擊趨勢仍沒有緩減的跡象。

就這個趨勢來看，現代海盜的做法類似在古地中海猖獗一時的西里西亞海盜，他們曾經綁架凱撒大帝勒索贖金，挾持人質通常被視作犯罪行為，而非恐怖攻擊。

但綁架另當別論，2017年全球通報的199起事件中，有10起海上綁架事件發生在菲律賓海域，另外有65個人在奈及利亞海岸被綁架，這65人大多為鑽油工人，同一年發生的91起挾持人質事件，大多數發生在馬來西亞或索馬利亞。挾持人質和綁架的最大差別是，犯人拿到贖金之後通常就會釋放人質，但綁架通常伴隨著政治或金錢目的。

斯里蘭卡註冊的油輪「阿里斯13號」（Aris 13）就是其中一個例子，他們2017年3月14日傍晚在亞丁灣遭到索馬利亞海盜劫持。船上八名船員全部被挾持為人質，兩天後船主支付贖金，他們才獲釋。兩週後，在相距3,000英里（約4,828公里）的地方，馬爾他註冊的散裝貨船「艾蘭尼M號」（Eleni M）也被海盜挾持。四名海盜搭乘快艇，在奈及利亞海

岸邦尼港外32英里（51公里）處登上貨船。這次海盜沒有脅持船隻，而是綁走七名船員，一年後仍被比亞夫拉（Biafra）分離主義組織囚禁著。

　　相較於世界各地，奈及利亞的情況比較不同。當地有幾個組織利用海盜行為和綁架來籌措資金，表達政治訴求。尼日河三角洲解放運動、比亞夫拉原住民和武裝精良的尼日三角洲人民志願軍都曾涉及海盜攻擊、綁架外國鑽油工人事件。由於當地政局通常是一片混亂，攻擊者也不會出面聲明自己效忠的對象，因此常常不清楚罪魁禍首究竟是誰。

　　有時候連負責保護外國鑽油工人的奈及利亞軍隊，也不免淪為海盜的受害者，由此可見海盜攻擊和綁架背後的主要動機是破壞石油產業，這些海盜要不是有政治意圖，就是單純想大搞破壞，就像黃金時代的海盜，他們破壞船上的貨物只是為了找樂子，沒什麼特別意義，即便如此海盜們還是常常認為自己的行為是在報復剝削該地人民的石油公司。

　　最危險的一點是恐怖主義集團、在地游擊隊員，甚至是抱著極端宗教信仰或政治理念的群體，會越來越頻繁地把海盜攻擊當作政治武器。在國際法中，「海上恐怖主義」的定義是試圖影響政府或特定群體的海盜行為，這表示不論是否摻雜了更複雜的經濟或外交問題，尼日河三角洲的反政府分子既是恐怖分子，也是海盜。船員和鑽油工人面臨相同的危機，一般的海盜攻擊就已經夠危險，這種新型態的海盜活動讓他們的處境更岌岌可危。

尼日河三角洲的海盜自詡自由鬥士，特別針對奈及利亞軍隊，還有石油公司的設施和船隻，因為他們認為石油公司掠奪當地的自然資源。在這些人眼中，海盜行為就是政治工具。

第十一章
虛構作品中的海盜

　　約翰‧西渥弗（Long John Silver）可說是海盜形象的濫觴。1883年出版的《金銀島》一書中，作者羅伯特‧路易斯‧史蒂文森（Robert Louis Stevenson，1850-94年）創造出最經典的海盜角色，只要提到海盜，每個人腦海中都會浮現他所創造的形象。當然，早在《金銀島》之前就已經有海盜作品存在。強森船長撰寫的海盜生平故事，在18世紀初的倫敦造成轟動，同一時間，一齣以「紅海航線海盜」亨利‧埃弗里的奇遇為靈感，名為《成功海盜傳奇》（The Successful Pirate）的戲劇，吸引大批群眾前往珠利藍劇院（Drury Lane Theatre）觀賞。這代表著既便最後幾名「黃金時代」的海盜仍逍遙法外，世人卻已經開始為他們的故事渲染浪漫奇異的色彩。19世紀初，浪漫小說家和詩人重新挖掘海盜的故事，撰寫充滿戲劇張力的情節，或作為異國故事舞台的發想來源。[117]拜倫勳爵（Lord Byron）1814年的詩作《海盜》（The Corsair）、史考特爵士（Sir Walter Scott）1821年的小說《海盜》（The Pirate）和威爾第（Giuseppe Verdi）1848年的歌劇《海俠》（Il Corsaro），都呈現了相同的情況——情節經過美化、戴上玫瑰色眼鏡觀看的海盜世界，海盜各個都成為滿腹浪漫情懷的反政權英雄，而不是一群心狠手辣的無知之輩。

117 引用自參考文獻，詳細請查照 325 頁〈內文引用〉章節

迪士尼公司於1950年出品的《金銀島》電影，由知名影星勞勃紐頓（Robert Newton）飾演約翰‧西渥弗一角（圖中者）。紐頓飾演的西渥弗操著一口濃重的多塞特（Dorset）口音，因此大部分人腦海中的海盜都是這樣說話。（圖片來源：Walt Disney/Getty Images）

左上圖

現代人對海盜模樣的想像，大多來自美國藝術家霍華德‧派爾（1853-1911年）的作品，還有一部分來自法蘭克‧勳諾福（1877-1972年）的畫作。為了讓海盜看起來更氣派，派爾借用了當代西班牙盜匪的形象。

右上圖

19世紀另一個影響海盜形象的主要因素，就是戲劇。吉伯特與蘇利文（Gilbert & Sullivan）的喜劇歌劇《龐森斯的海盜》（Pirates of Penzance），首次在海盜帽上採用頭骨和交叉骨頭的設計，從此成為海盜的招牌標誌。據稱這個造型的靈感源自美國私掠者約翰‧保羅‧瓊斯（John Paul Jones），當然，瓊斯本人從沒穿過如此稀奇古怪的裝束。

《金銀島》應該是史上影響力最深遠的童書，最初是以〈船上廚師〉（The Sea Cook）和〈金銀島〉的名稱，於1881年至1882年在《年輕人》（Young Folks）雜誌上連載。從原本的書名可以看出，至少在作者史蒂文森心中，比起主角吉姆‧霍金斯（Jim Hawkins），西渥弗更像是全書的靈魂人物。對史蒂文森而言，他筆下的主角不是浪漫英雄，而是真實海盜的恐怖象徵——海盜可是會逼你走跳板的狠角色，不會詩情畫意地歌頌海上自由自在的生活。在《金銀島》一書中，史蒂文森描寫的其他海盜元素，都成為世人對海盜根深蒂固的迷思。拜他所賜，大家心目中的海盜肩膀上都站著一隻鸚鵡、裝上一條木腿、戴黑色眼罩，他還創造了令海盜聞風喪膽的「黑券」，以及海盜歌謠「15個人在棺木島上」（fifteen men on a dead man's chest）。最重要的是，史蒂文森想到了埋藏寶藏，以及在地圖上畫X標示藏寶地點的情節。

　　不過真正發明藏寶圖的人可能是史蒂文森的繼子勞伊‧奧斯朋（Lloyd Osbourne）。當時史蒂文森和家人在蘇格蘭高地（Scottish Highlands）的布雷麥（Braemar）共度8月銀行假，而蘇格蘭的天氣一如往常地變幻莫測。某一天，史蒂文森發現13歲的勞伊正在幫自己畫的地圖上色，那是一座島的地圖。奧斯朋後來回憶：

　　我差不多畫完的時候，史蒂文森走了進來，對我正在做的事情非常感興趣。他站在我的背後傾身看著地圖，不久之後讓這幅地圖變得

更詳細完整,還取了地名。我永遠忘不了他寫下「骷髏島」、「望遠鏡丘」時那種興奮的感覺,以及畫下三個紅色叉叉時,我們難掩的激動之情!不過最令人難以忘懷的一刻,莫過於他在畫紙右上角寫下「金銀島」幾個字的瞬間!而且他似乎對一切瞭若指掌,不管是海盜、埋藏的寶藏,或者是那個困在島上的人。我沉浸在海盜的迷人世界裡,興奮地喊著:「應該來想個故事!」我也察覺到他對這個點子燃起的熱情和火花。

史蒂文森不到三天就寫完前三章,其他家人則幫忙他想出故事最高潮的情節。不到幾週的時間,他就將前幾章故事寄給《年輕人》的編輯,不到兩年時間,《金銀島》就印刷成書。

《金銀島》從來沒有絕版過,而且一直是許多人心中的最愛。從1920年代的默片《金銀島》,到2007年的法國版電影,《金銀島》被翻拍成電影和電視劇已經超過50次,義大利則在2015年發行了動畫電視影集。最著名的翻拍版本非迪士尼1950年拍攝的電影莫屬,這是迪士尼動畫工作室第一部完全由真人主演的電影。童星鮑比・德里斯科爾(Bobby Driscoll)擔綱主角吉姆・霍金斯,英國影星勞勃紐頓以濃厚的西部口音詮釋約翰・西渥弗,他用粗啞嗓音叫著「吉姆小子」的模樣,成為影迷心目中最經典的西渥弗。

紐頓的詮釋無疑讓史蒂文森創造的海盜形象更深植人心,這60年來所有模仿海盜的人,都要模仿紐頓的口音。紐頓以飾演粗魯的老海盜而走紅,六年後,他在《七海魔王》(Blackbeard the

對許多人而言,羅伯特・路易斯・史蒂文森的《金銀島》是最經典的海盜冒險故事。這本書描寫的海盜形象至今仍然根深蒂固,例如海盜會埋藏寶藏和畫藏寶圖,這兩者都是作者發明的。

偉大的蘇格蘭冒險小說家史蒂文森(1850-1894年)撰寫的《金銀島》,深深形塑了後世對海盜的想像。《金銀島》最早是以連載的形式,於1881年至1882年刊登在兒童雜誌《年輕人》,並且在1883年出版成書,之後一直再版,沒有間斷過。

迪士尼於1950年出品的《金銀島》電影，由勞勃紐頓飾演約翰‧西渥弗一角。他來自多塞特的多徹斯特（Dorchester），因此他選擇用自己的多塞特口音詮釋西渥弗，從此以後，他成了模仿海盜說話時的範本。

Pirate）一片飾演黑鬍子時，又以相同的表演方式和口音詮釋。順帶一提，演員奧利弗瑞德（Oliver Reed）和以自毀行徑聞名的The Who樂團鼓手基思‧穆恩（Keith Moon），都將酗酒成癮的紐頓奉為偶像。

下一部大獲成功的海盜作品是《彼得潘》，由另一位蘇格蘭作家巴利（J. M. Bar-rie，1860-1937年）撰寫，1904年在倫敦登台首演。巴利最初是寫了一本名為《小白鳥》（The Little White Bird）的小說，之後將此部作品改編為舞台劇。故事以拒絕長大的男孩為主角，發表後大受歡迎，虎克船長立刻成為家喻戶曉的反派海盜，雖然他和手下被描寫成詼諧逗趣的丑角，不僅不像真正的海盜，更與《金銀島》中危險至極的反派人物有著天壤之別。除了讓海盜的手裝上鉤子，《彼得潘》舞台劇還設計了印有骷髏頭與交叉骨頭圖樣的帽子，以及逼俘虜走跳板的情節。儘管沒有一位「黃金時代」的海盜真的做過這些荒唐古怪的事，但《彼得潘》所呈現的海盜形象，還是和史蒂文森筆下的海盜一樣，都深深影響我們對海盜的印象。

不到10年時間，大眾對海盜的印象再次轉變。不同於以往邪惡殘暴或詼諧滑稽的海盜形象，新的小說類型將海盜塑造成真正的英雄，年輕、機智、有榮譽感又整潔體面的英格蘭人，為更崇高的理想奮鬥，立志匡正世道，拯救身陷險境的貴族千金。

創造新海盜形象的人是義大利裔英國作家拉斐爾‧薩巴提尼（1875-

另一個深深影響後世對海盜想像的蘇格蘭人，是《彼得潘》的作者巴利（1860-1937年），這部戲劇於1904年登台首演，海盜逼俘虜「走跳板」的情節正是巴利創造的。

1950年），他發明出全新的寫作體裁「海俠小説」。雖然他的小説曾被譏笑是「小男孩才看的幼稚冒險故事」，薩巴提尼還是以艾斯克梅林和強森船長的作品為參考，開展了自己的海盜世界，不過他筆下的主角全是自己創造的，鮮少取材自真實的海盜。他第一部大獲成功的小説是1921年出版的《膽小鬼》（Scaramouche），故事以法國大革命為背景，而他隔年出版的《喋血船長》則為日後的海俠小説奠定標竿。他的其它海盜小説包括《海鷹》（The Sea Hawk）、《黑天鵝》和兩本喋血船長的續集故事。

　　他的成功來得正是時候。第一部《金銀島》電影問世後兩年，《喋血船長》小説出版了，好萊塢立刻意識到將薩巴提尼小説電影化的潛力。喋血船長於1924年初登大銀幕，由華倫克利根（Warren Kerrigan）領銜主演。雖然1924年的喋血船長電影獲得的迴響不大，好萊塢之後仍然推出兩部由薩巴提尼小説

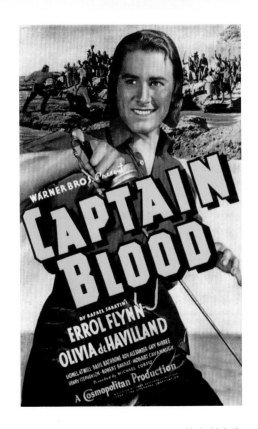

改編的電影，分別是1924年的《海鷹》，還有道格拉斯范朋克（Douglas Fairbanks）於1926年主演，比較令人印象深刻的《黑海盜》（The Black Pirate）。范朋克飾演的主角黑海盜，是大銀幕上第一位把刀插在船帆上，一路滑下來跳到甲板上的海盜，他還走了跳板、在對決中殺死海盜船長，成功拯救公主。[118]這部電影彷彿打開新世界的大門，接下來的數十年時間，海盜將繼續維持在好萊塢的主流地位。

　　1930年代和1940年代，有聲「海俠」電影遍地開花，許多部作品都是改編自薩巴提尼的小説。其中最經典的莫過於1935年重新翻拍的《鐵血船長》有聲電影，當時默默無聞的艾洛弗林（Errol Flynn）因為飾演海俠男主角而一舉成名。他接下來又主演1940年的電影《海鷹》，但這部在戰爭期間拍攝的愛國電影，其實與薩巴提尼的原著小説相差甚遠。當時另一部經典海盜電影是1942年的《黑天鵝》，泰隆鮑華（Tyrone Power）飾演一名虛構的海盜角色，為戲中喜好誇大言辭的亨利‧摩根爵士工作。該片其他演員梅琳奧哈拉（Maureen O'Hara）和安東尼昆（Anthony Quinn），都是第一次演出海俠電影。

1922年，義大利出生的小説家拉斐爾‧薩巴提尼出版《喋血船長》小説，主角從體面的醫生轉而成為海盜，展開熱血激昂的冒險故事。薩巴提尼率先在故事中採用「海俠爭鬥」一詞，好萊塢之後也沿用這一詞，將薩巴提尼小説翻拍的電影稱為「海俠電影」。喋血船長的故事在1935年重新翻拍成電影《鐵血船長》。

118引用自參考文獻，詳細請查照 325 頁〈內文引用〉章節

　　雖然海盜電影的風潮一直延續到1950年代初期，觀眾的口味卻一直在變，之後的海盜電影以模仿經典海俠片為主。舉例來說，1952年的《紅海盜》（Crimson Pirate）中，畢蘭卡斯特（Burt Lancaster）的角色十分類似范朋克飾演的黑海盜，但馬戲團雜技演員出身的蘭卡斯特，在片中展現更多抓著繩子擺盪、沿著船帆滑下的絕活。

　　海俠片最後的輝煌時光，是勞勃紐頓在1952年主演的《七海魔王》和1954年主演的《金銀島奇俠傳》（Long John Silver），還有艾洛弗林和梅琳奧哈拉時隔多年之後，於1952年最後一次攜手主演的海俠片《海宮艷盜》（Against All Flags）。這幾部是末代海俠電影，曾經有長達20年的時間，每年至少會發行一到兩部海俠片，但到了1950年代晚期，海俠片便逐漸式微。

　　雖然大部分的海俠都是虛構的角色，但有時還是會讓他們在故事中與真實的海盜相遇，例如黑鬍子、摩根和基德等人。真實存在的海盜出現在故事中的作用，絕大部分是為了襯托主角的聰明才智，或是變成形象扁平、不折不扣的反派人物，要不是比虎克船長還要笨手笨腳，就是比約翰·西渥弗還要奸險狡詐。最經典的例子就是1945年的電影《基德船長》（Captain Kidd），查爾斯勞頓（Charles Laughton）飾演基德船長，將這位倒霉的私掠者演繹成邪惡的陰謀家。也有少數電影以真實

海盜為藍本設計主角形象，其中一部就是《大海賊》（The Buccaneer）
，1938年的版本由佛德烈馬區（Fredric March）飾演尚・拉菲特，1958年
重拍的版本則由尤伯連納（Yul Brynner）飾演。不過，即便到了1950年代
晚期，大銀幕上的海盜都還是彬彬有禮、風度翩翩的紳士，這兩個形容
詞和真正的海盜可說是八竿子打不著。

　　事實上有將近50年的時間，海盜題材都不是公認的票房保
證。當然，好萊塢還是持續拍了不少海盜片，例如羅勃蕭（Robert
Shaw）1976年演出的《霸海群英會》（Swashbuckler）、彼得庫克（Pe-
ter Cooke）1983年演出的《黃鬍子》（Yellowbeard）、華特馬殊（Wal-
ter Matthau）1986年演出的《海盜奪金冠》（Pirates）、達斯汀霍夫曼
（Dustin Hoffman）1991年演出的《虎克船長》（Hook），以及吉娜戴維
斯（Geena Davis）1995年演出的《割喉島》（Cutthroat Island），都是比
較出名的海盜電影。除此之外，還有至少三個版本的《金銀島》電影，
其中一部是1996年的《布偶金銀島尋寶記》（Muppet Treasure Island），
就算請來資深演員提姆柯瑞（Tim Curry）為約翰・西渥弗一角配音，仍
無法完全擺脫勞勃紐頓的版本。雖然有幾部電影本身表現不俗，但還是
無法成為席捲全球的票房大片。

　　接下來，輪到強尼戴普（Johnny Depp）登場。用古老的迪士尼樂園
設施發想電影，這個點子已經夠奇怪了，而強尼戴普詮
釋的海盜船長衣著花俏、走路搖搖擺擺，不僅說起話來
含糊不清，行為舉止更是誇張滑稽，這讓迪士尼公司更
加擔心，不過事實證明他們多慮了。《神鬼奇航：鬼盜
船魔咒》（Pirates of the Caribbean: The Curse of the Black
Pearl）2003年一上映，旋即引發全球熱潮，讓迪士尼賺
了不少錢。2006年的續集《神鬼奇航2：加勒比海盜》
（Dead Man's Chest）和2007年的《神鬼奇航3：世界的盡
頭》（At World's End）依然魅力不減，受歡迎的程度不亞
於第一集。相較於前三集，2011年的《神鬼奇航4：幽靈
海》（On Stranger Tides）和2017年的《神鬼奇航5：死無
對證》（Dead Men Tell No Tales），口碑和迴響都不盡理
想，可能是因為劇情聚焦在神話生物、變大變小的海盜船
和奇幻傳說，偏離樂園設施本來的海俠爭鬥主題，少了海

雖然海盜逼俘虜走跳板
的情節，最早是出現在
巴利1904年上演的戲
劇《彼得潘》，但這個
概念其實也在霍華德・
派爾等畫家筆下反覆出
現，融合之後就成了我
們現在對海盜的印象。

霍華德・派爾的圖畫〈寶物分贓完畢〉（So the Treasure was Divided），是為了一篇名為〈寶物鎮的命運〉（The Fate of a Treasure Town）的故事所繪，內容描寫加勒比海盜的劫掠故事。這是派爾其中一幅最經典的海盜插圖，1905年刊登於《哈波月刊》（Harpers Monthly）雜誌。

盜故事原本的味道。

　　不過，2014年至2017年播出的冒險影集《黑帆》（Black Sails）廣受好評，可見海盜題材仍然很吸引人，而且不需要殭屍或魔法元素畫蛇添足。事實上，以海盜「黃金年代」為背景的歷史劇《黑帆》，將焦點拉回真正的海盜身上。這部影集可說是史蒂文森《金銀島》的前傳，並且巧妙地將約翰・西渥弗和比利・朋斯（Billy Bones）等小說人物，融入真實的新普洛維登斯島海盜。伍茲・羅傑斯、愛德華・蒂奇、查爾斯・范恩、「棉布傑克」瑞克姆、安妮・邦尼、瑪麗・里德和班傑明・霍寧戈都出現在影集中，更棒的是，這些角色不僅僅只是借用傳奇海盜的名字而已。雖然劇情還是不可避免地偏離史實，卻依舊是影視作品中最貼近歷史原貌的「黃金時代」海盜。

　　強尼戴普扮演的海盜角色大受好評，可說是創造了全新的大銀幕海盜形象，集艾洛弗林、勞勃紐頓和其他人扮演的海盜於一身。記者問他詮釋海盜的靈感來源時，強尼戴普說他以滾石樂團成員基思・理查茲（Keith Richards）為範本，再融合一點伊吉・帕普（Iggy Pop）和艾洛弗林的形象。他說海盜就像「那個時代的搖滾巨星」，這就能解釋他為何以搖滾樂手為範本。事實上，他只差一個人沒提到，那就是查爾斯・強森船長。不論是勞勃紐頓扮演的約翰・西渥弗，或強尼戴普扮演的傑克・史派羅，都借鑑和致敬強森筆下描寫的黑鬍子和巴索羅謬・羅伯茲等海盜。相較於滿臉鬍鬚、目光犀利、船長帽上插著好幾根燃燒炸彈引信的黑鬍子，傑克・史派羅的裝束顯得平凡許多。這就是海盜迷人之處，不論是史實上或故事中的海盜，同樣精彩繽紛、引人入勝。

結論

真正的加勒比海盜

　　身為海盜歷史學家，人們最常問我會不會對「黃金時代」的海盜，例如黑鬍子、「棉布傑克」瑞克姆或「黑色準男爵」羅伯茲等人，有所共鳴或同情？仔細想想，會發現這個問題很奇怪。這好像是說，只要你盡全力鑽研一個人，就代表你一定完全認可他的所作所為。撰寫舊金山「黃道十二宮殺手」（Zodiac Killers）系列書籍的羅伯特·格雷史密斯（Robert Graysmith），常常要回答這個問題。甚至連楚門·卡波提（Truman Capote）在1966年出版《冷血》（Cold Blood）時，大家也問他這個問題。不過，不同於其他罪犯，這些海盜犯下的罪行已經是很久以前的事了，因此這個問題對我而言比較沒那麼尖銳，也少了一點指責我和海盜沆瀣一氣的味道。最簡單的答案就是，不，我對他們沒有共鳴，如果有機會，我也不想遇見他們本人，而且最好別在海上遇見。不過我得承認，他們本人、他們的罪行和生活還是讓我很著迷。我想知道他們為何選擇過這種生活，以及他們對自己的海盜人生有什麼想像。

　　想想也很有意思，亞歷山大·艾斯克梅林於1678年出版《美洲的加勒比海盜》，查爾斯·強森船長於1724年出版《搶劫與謀殺——聲名狼藉的海盜通史》時，兩位作者想必也被問過相同的問題。因為兩本書完成的時間都在大海盜時代的末期，分別是加勒比海盜時代和「海盜的黃金時代」的尾聲。海盜攻擊的倖存者當時都還在世，他們可能會是第一批跳出來指責強森美化海上罪犯的人。事實上，當時的海盜攻擊事件依然層出不窮，主題與生活息息相關，可能也是這兩本書一出版就造成轟動的原因之一。不過，這還是無法解釋跟海盜有關的書為何如此受歡迎，而且可以一直再版，從未間斷過。

　　很有可能是因為17世紀晚期的阿姆斯特丹人，或18世紀初期的倫敦人，跟現代的我們一樣著迷於海盜的生活。前面已經提過許多海盜吸引人的原因，例如他們拒絕受到法治社會規範、人生過得精彩充實、可

以航向遙遠的異國、到哪裡都能予取予求⋯⋯這是幾乎所有讀者都幻想過，但從來不會去做的事。讀者一邊閱讀海盜的故事，彷彿就能過著與他們一樣的生活，內心逃離現實，神遊充滿精彩冒險的新世界。現代人也大同小異。兒童為何總是滿心嚮往海盜生活，或者海盜為何一直是青少年讀物的主要題材，原因顯而易見。海盜是反抗專制的象徵，他們可以賴床到很晚，還不會被逼著去洗澡。海盜吸引大人的原因也類似，海盜擁有強大的自主性、不受社會規範約束，還可以逃離枯燥乏味的現實生活，這些都是非常重要的原因。不論是大人或小孩，都認為海盜是充滿異國風情、富有傳奇色彩、自由自在的象徵。

　可惜，大部分的美好想像都是小說的杜撰，而非史實。絕大多數人都不願把海盜視為單純想反抗殘酷勞工體制的水手，美化的海盜故事忽略了現實環境的嚴苛——各地疾病肆虐，他們的生命大多以月計數而不是以年數來計量。包括大衛・客丁里、彼得・厄爾（Peter Earle）、班奈森・利托（Benerson Little）、羅伯特・瑞奇（Robert Ritchie）、詹・羅格辛斯基（Jan Rogozinski）、理查・札克斯（Richard Zacks）和我在內的海盜歷史學家，都已經盡己所能地將史實從虛構故事中抽離出來，事實上真實的海盜與一般人想像的是背道而馳。儘管我們一直告訴大眾海盜不會逼俘虜走跳板、不會埋寶藏、不會畫地圖記錄贓物埋在哪裡，或時不時打劫到滿載八里爾銀幣的寶船，但大部分的人就是不肯聽進去。大家習以為常的海盜迷思已經根深蒂固、難以動搖，我們只希望能讓一些人知道，海盜其實有比較不浪漫的另一面。

　一說起歷史上真實存在的海盜，多數人會先想到強森船長提到的人物。那些海盜都來自1690年到1730年左右的「海盜的黃金時代」，這個時期大約持續了40年。事實上，黃金時代的時間可能更短，海盜的全盛時期也只持續了短短10年，大約是1714年至1724年之間。這是黑鬍子、「黑色準男爵」羅伯茲、查爾斯・范恩、「棉布傑克」瑞克姆、安妮・邦尼、瑪麗・里德、「紳士海盜」施蒂德・邦尼特、霍維爾・戴維斯和另外幾名海盜活躍的時代。打從人類第一次乘著獨木舟下水開始，海盜就存在了，但我們為何會特別著迷於這幾名18世紀初期的海盜？

　我想真正的原因在於宣傳。強森船長寫下這些人的故事，他們的事蹟成為大部分海盜作品的靈感，例如《黑帆》影集，甚至連《神鬼奇航》系列電影也以18世紀為背景。

　　本書雖然聚焦於重要的黃金時代，但是也提到了其他重要的海盜時代，例如伊莉莎白一世時代的「老水手」、加勒比海盜和19世紀的南海海盜的時代。以本書來說，這幾個算是比較好講述的時代，因為讀者的既定印象比較少，所以受到的干擾也比較小。本書雖然不會嚴重破壞一般人對「黃金時代」海盜的印象，但還是能讓讀者對這些迷思產生一絲懷疑，也讓讀者得以一窺真實加勒比海盜的面貌。讀完這本書後，如果您對這些人多了一點瞭解，瞭解他們的生活方式，甚至瞭解他們當海盜的動機，我撰寫本書的目的就算達成了。

內文引用

完整出版資訊會於作品首次於該章節出現時以章節附註標記，此後除非章節中引用同一作者的多部作品，否則僅會提供作者名稱。

第一章：上古海盜
1.　George Bass,《A History of Seafaring》(London, 1972), p.20.
2.　同上pp.20–21.
3.　H.A. Ormerod,《Piracy in the Ancient World: An Essay on Mediterranean History》(Chicago, 1967), pp.22–25, 90–98.
4.　同上pp.190–204.

第二章：中世紀海盜
5.　Angus Konstam,《The Historical Atlas of the Viking World》(New York, 2002), pp.60–63.
6.　同上p.64.
7.　同上p.65.
8.　施多特貝克甚至在Walter Göttke的詩作《Die Hölle von Helgoland》（1924年）中獲得了永生。Göttke也將這首詩改寫成歌曲。
9.　此處對尤斯塔斯活動的描述取自於Matthew Paris的紀錄，可於線上查閱（www./standish.stanford.edu/）。亦可參考Glyn Burgess《Medieval Outlaws: Eustace the Monk and Fouke Fitz Waryn》(London, 1997), pp.32–78.
10.　欲完整瞭解格蘭雅·尼瓦萊的生平，可參考Anne Chambers撰寫之《Granuaile: Ireland's Pirate Queen c.1530–1603》(Dublin, 2003).

第三章：文藝復興時期的老水手
11.　J.H. Parry,《The Spanish Seaborne Empire》(London, 1966), pp.137–51; Timothy R. Walton,《The Spanish Treasure Fleets》(Sarasota, FL, 1994), pp.30–35.
12.　同上Walton, pp.44–64; Angus Konstam,《Spanish Galleon, 1530–1690》(Oxford, 2004), pp.17–19.
13.　David Cordingly (ed.),《Pirates: Terror on the High Seas》(Atlanta, GA, 1996), p.18; Hugh Thomas,《The Conquest of Mexico》(London, 1993), pp.568–69.
14.　Juliet Barclay,《Havana, Portrait of a City》(London, 1993), pp.33–52.
15.　R. Unwin,《The Defeat of Sir John Hawkins》(London, 1960) 對霍金斯的第三次航行有很精采的描寫。
16.　同上pp.152–60.
17.　Lloyd Hanes Williams,《Pirates of Colonial Virginia》(Richmond, VA, 1937), pp.80–117; Angus Konstam,《Elizabethan Sea Dogs, 1560–1605》(Oxford, 2000), pp.29–30.
18.　同上Williams, p.141; David Cordingly,《Under the Black Flag: The Romance and the Reality of Life Among the Pirates》(London, 1995), pp.31–32; Konstam,《Elizabethan Sea Dogs》, pp.43–44.
19.　同上Konstam,《Elizabethan Sea Dogs》, pp.44, 62–63.
20.　Angus Konstam,《The Armada Campaign, 1588》(Oxford, 2001), pp.37, 41.
21.　同上p.41.
22.　Kenneth R. Andrews,《Elizabethan Privateering during the Spanish War, 1585–1603》(Cambridge, 1964), pp.134–36, 199–204.
23.　欲詳細瞭解卡迪斯遠征，請參考17. Williams, pp.158–60; Arthur Nelson,《The Tudor Navy: The

Ships, Men and Organisation, 1485–1603》 (London, 2001), pp.124–30.

24. 同上Nelson, pp.193–202.

25. 同上pp.202–03.

第四章：地中海海盜

26. John F. Guilmartin, 《Gunpowder and Galleys》 (London, 1974), pp.61–41; John F. Guilmartin, 《Galleons and Galleys》 (London, 2002), pp.126–36.

27. Jan Rogozinski, 《Pirates! An A–Z Encyclopedia》 (New York, 1995), pp.16, 178–79; David Cordingly (ed.), 《Pirates:Terror on the High Seas》 (Atlanta, GA, 1996); Angus Konstam, 《The History of Shipwrecks……》 (New York, 1999), pp.46–47.

28. 同上Rogozinski, p.179; Konstam, p.47.

29. 同上Rogozinski, pp.349–50.

30. 同26. Guilmartin, 《Galleons and Galleys》, pp.137–51. 如需此戰役的完整描述，請參考Angus Konstam, 《Lepanto 1571: The greatest naval battle of the Renaissance》 (Oxford, 2003).

31. Christopher Lloyd, 《English Corsairs of the Barbary Coast》 (London, 1981), pp.72–82.

32. 同上Lloyd, p.97; J. R. Powell, 《Robert Blake, General-at-Sea》 (London, 1972), pp.252–72.

33. 欲瞭解美國隊巴巴里諸國發動的攻擊，請參考Joshua London, 《Victory in Tripoli》 (Hoboken, NJ, 2005).

第五章：燻肉人：加勒比海盜

34. David Cordingly, 《Under the Black Flag: The Romance and the Reality of Life Among the Pirates》 (London, 1995), pp.12–13. 欲瞭解後人對敦克爾克私掠者的評語，請參考C. R. Boxer, 《Dutch Seaborne Empire, 1600–1800》 (London, 1965).

35. Pablo E. Pérez-Mallaína, 《Spain's Men of the Sea: Daily Life on the Indies Fleet in the Sixteenth Century》 (Baltimore, MD, 1998), pp.50–52, 95–98; J. H. Parry, 《The Spanish Seaborne Empire》 (London, 1966), pp.262–64. 欲探討西班牙的政策，請參考Timothy R. Walton, 《The Spanish Treasure Fleets》 (Sarasota, FL, 1994).

36. Alexandre O. Exquemelin, 《Buccaneers of America》 (Amsterdam, 1678, reprinted New York, 1969), pp.67–69.

37. 欲詳細瞭解這段時期的軍事行動，請參考John A. Lynn, 《The Wars of Louis XIV, 1667–1714》 (London, 1999).

38. Cruz Apestegui, 《Pirates of the Caribbean: Buccaneers, Privateers, Freelooters and Filibusters, 1493–1720》 (Barcelona, 2002), pp.151–56. 此外亦可參考Paul Sutton, 《Cromwell's Jamaica Campaign》 (Leigh-on-Sea, 1990).

39. 如欲瞭解對強森船長身分的探討，請參考Angus Konstam, 《Blackbeard: America's Most Notorious Pirate》 (Hoboken, NJ, 2006), pp.1–4.

40. Dudley Pope, 《Harry Morgan's Way》 (London, 1977), pp.96–98.

41. David Cordingly and John Falconer, 《Pirates: Fact & Fiction》 (London, 1992), pp.38–39; Cordingly, pp.49–50.

42. 同40. Pope, pp.349–56; 同38. Apestegui, pp.174–80.

43. 同41. Cordingly, pp.50–51.巴西里亞諾的放蕩生活亦記載於36. Exquemelin, pp.81–82.亦可參考Angus Konstam, 《The History of Shipwrecks》 (New York, 1999), pp.86–87.

44. 同36. Exquemelin, pp.79–80.亦可參考Konstam, 《The History of Shipwrecks》, pp.86–87.

45. 同36.Exquemelin, pp.106–07, p.193; Konstam, 《The History of Shipwrecks》, pp. 82–83; 同38. Apestegui, pp.160–61.

46. 同40. Pope, pp.149–50.亦可參考David F. Marley, 《Pirates: Adventurers on the High Seas》 (London, 1995), pp.48–50.

47. 同上Marley, p.50.亦可參考36. Exquemelin, pp.138–39; 同40. Pope, pp.168–69.

48. 同36. Exquemelin, p.154.

49. 同46. Marley, p.54.

50. 當時政治局勢的完整敘述請參考40. Pope, pp.217–19.

51. 同36. Exquemelin, p.193.

52. 丹皮爾航海的詳細紀錄請參考Diana and Michael Preston,《A Pirate of Exquisite Mind: The Life of William Dampier》(London, 2004).

53. 同上pp.329–30.

54. 艾斯克梅林刻意避談太多法國加勒比海盜在加勒比海域的活動,但是後人可以在Louis le Golip,《The Memoirs of a Buccaneer》(London, 1954)找到值得參考的的描述,或是閱讀Marley and Apestegui針對該主題的深入探討。

55. 同36. Exquemelin, p.223.

第六章:海盜的黃金時代

56. 有關這些西班牙的戰役,請參考John A. Lynn,《The Wars of Louis XIV, 1667–1714》(London, 1999).

57. Angus Konstam,《Blackbeard: America's Most Notorious Pirate》(Hoboken, NJ, 2006), pp.41–43.

58. 同上pp.36–40.

59. Captain Charles Johnson,《A General History of the Robberies & Murders of the Most Notorious Pyrates》(London, 1724, reprinted by Lyons Press, New York, 1998), pp.13–14. 同57. Konstam, p.107.

60. 同上Johnson, pp.103–10. 同57. Konstam, pp.158–59.

61. 同59. Johnson, p.107.

62. 引用自57. Konstam, p.117.

63. 同57. Konstam, p.120.

64. 同59. Johnson, p.121.

65. 同上p.131.

66. 同上p.131.

67. 同上p.131.

68. 引用自David Cordingly,《Under the Black Flag: The Romance and the Reality of Life Among the Pirates》(London, 1995), p.64. 這段以及其他審判的相關內容皆來自1721年公開的訴訟紀錄。

69. 同59. Johnson, p.60.

70. 同上p.46.

71. 引用自57. Konstam, p.64.

72. 同59. Johnson, p.46.

73. 引用自57. Konstam, pp.69–70.

74. 同59. Johnson, p.49.

75. 同上p.49.

76. 北卡羅來納、數支學術考古團隊以及當初發現殘骸的人們通力合作,打撈與修護安妮女王號的殘骸文物,物件現由北卡羅來納公營的博物館展出。

77. 引用自57. Konstam, p.251.

78. 同59. Johnson, pp.56–57.

79. 同上pp.63, 77.

80. 引用自57. Konstam, p.70.亦可參考59. Johnson, p.64.

81. 同59. Johnson, p.65.

82. 同上p.79.

83. 貝勒米的這番言論收錄在強森船長著作1724年版本的第28章。本篇引用自David Cordingly (ed.),《Pirates: Terror on the High Seas》(Atlanta, GA, 1996), p.111.

84. 同59. Johnson, p.273.

85. 同上pp.286.

86. 同上pp.180–81.

87. 同上p.268.

第七章:海盜航線

88. 他決定轉而當海盜的説法詳細記載於1724年出版的 Captain Charles Johnson,《A General History of the Robberies & Murders of the Most Notorious Pyrates》(London, 1724, reprinted by Lyons Press, New York, 1998) (Chapter 22).此説法亦可參考 David Cordingly (ed.),《Pirates: Terror on the High Seas》(Atlanta, GA, 1996), p. 122; Jan Rogozinski,《Pirates! An A–Z Encyclopedia》(New York, 1995), pp.337–38.

89. 同88. Johnson, p.34.
90. 同上p.35.若想更深入了解杜威和埃弗里的關係，請參考 88. Cordingly, pp.147–51.
91. 引用自Richard Zacks,《The Pirate Hunter: The True Story of Captain Kidd》（New York, 2002), p.20.
92. 同88. Johnson, p.352.
93. 同上p.358.
94. 同上pp.35–40.將馬達加斯加島描繪成海盜烏托邦的記載，請參考 88. Cordingly, pp.124–39; Jan Rogozinski,《Honour Among Thieves》(London, 2000), pp.165–84.
95. 同88. Johnson, pp.85–87.
96. 同上p. 89.

第八章：最後的海盜

97. 關於這幾場戰爭中私掠者的記載，請參考 David Cordingly (ed.),《Pirates: Terror on the High Seas》(Atlanta, GA, 1996), pp.164–87; David J. Starkey, E. S. van Eyck and J. A. de Moor (eds),《Pirates and Privateers》(Exeter, 1997), pp.10–28.
98. 引用自 《Boston Daily Advertiser》,，1819年2月出版。亦可參考Colin Jameson,〈波特與海盜〉（Porter and the Pirates），刊登於《Florida Keys Sea Heritage Journal, 4:4》(1994), pp.4–11.
99. 同98. Jameson, p.14. 以及98. Cordingly, pp.82–84.
100. Angus Konstam,《The History of Shipwrecks》(New York, 1999), pp.160–61.
101. Alfred Russell Wallace,《The Malay Archipelago》(London, 1869), Vol. I, pp.264–65.
102. 同上pp.264–65.
103. 同98. Cordingly, pp.189–92.
104. 同上p.147.

第九章：中國海盜

105. Tonio Andrade,〈公司的中國海盜〉（The Company's Chinese Pirates），刊登於《Journal of World History》(December 2004), Vol. 15, No. 4, pp.415–44.
106. 同上p.421. 以及Jonathan Clements,《Pirate King: Coxinga and the fall of the Ming Dynasty》(Stroud, 2004), pp.126–127.
107. David Cordingly (ed.),《Pirates: Terror on the High Seas》(Atlanta, GA, 1996), pp.220–25.
108. 同上pp.229–31.
109. 同上pp.233–35.

第十章：現代海盜

110. 關於現代海盜的有趣論述取自 John S. Burnett in 《Dangerous Waters》(New York, 2002).亦可參考 Jay Bahadur,《The Pirates of Somalia》(New York, NY, 2011),以及國際商會之部門國際海事局出版的報告，資料皆於www.iccwbo.org和 www.icc-ccs.org/imb/overview.php.取得。
111. IMB Annual Piracy Reports, 2004–17.
112. IMB Piracy Report, 2017.
113. IMB Piracy Report, 2006.
114. 同110. Burnett, p.284.
115. IMB Piracy Report, 2001.
116. US Navy Report,資料公布於官網 (www.navy.mil), Story Number NNS060121-01.

第十一章：虛構作品中的海盜

117. 如欲深入了解文學作品如何影響我們對海盜的看法，請參考 David Cordingly and John Falconer,《Pirates: Fact & Fiction》(London, 1992), pp.10–12, 37, 49, 54.
118. 「大銀幕海盜形象」的簡單介紹取自 Cordingly and Falconer, pp.68–69,及David Cordingly,《Under the Black Flag: The Romance and the Reality of Life Among the Pirates》(London, 1995), pp.174–76. Jan Rogozinski,《Pirates! An A–Z Encyclopedia》(New York, 1995) 提供了海盜電影目錄。

參考文獻

Albury, Paul, A History of the Bahamas (London, 1975)

Andrews, Kenneth R., Elizabethan Privateering during the Spanish War, 1585–1603 (Cambridge, 1964)

Apestegui, Cruz, Pirates of the Caribbean: Buccaneers, Privateers, Freebooters and Filibusters, 1493–1720 (Barcelona, 2002)

Baer, Joel, Pirates of the British Isles (Stroud, 2005)

Bass, George, A History of Seafaring (London, 1972)

Boxer, C. R., Dutch Seaborne Empire, 1600–1800 (London, 1965)

Bradford, Ernle, The Great Siege, Malta, 1565 (London, 1961)

Burg, B. R., Sodomy and the Pirate Tradition (New York, 1983)

Burgess, Glyn, Medieval Outlaws: Eustace the Monk and Fouke Fitz Waryn (London, 1997)

Burgess, Robert F. & Clausen, Carl J., Florida's Golden Galleons: The Search for the 1715 Spanish Treasure Fleet (Port Salerno, FL, 1982)

Burnett, John S., Dangerous Waters (New York, 2002)

Chambers, Anne, Granuaile: Ireland's Pirate Queen c.1530–1603 (Dublin, 2003)

Clements, Jonathan, Pirate King: Coxinga and the Fall of the Ming Dynasty (Stroud, 2004)

Clifford, Barry, The Pirate Prince: Discovering the Priceless Treasures of the Sunken Ship Whydah (New York, 1993)

Clifford, Barry, The Black Ship: The Quest to Recover an English Pirate Ship and its Lost Treasure (London, 1999)

Cordingly, David, Under the Black Flag: The Romance and the Reality of Life Among the Pirates (London, 1995)

Cordingly, David (ed.), Pirates: Terror on the High Seas (Atlanta, GA, 1996)

Cordingly, David & Falconer, John, Pirates: Fact & Fiction (London, 1992)

Dodson, Leonidas, Alexander Spotswood: Governor of Colonial Virginia (Philadelphia, PA, 1932)

Earle, Peter, The Sack of Panama (London, 1981)

Earle, Peter, Sailors: English Merchant Seamen 1650–1775 (London, 1988)

Earle, Peter, The Pirate Wars (London, 2003)

Exquemelin, Alexandre O., Buccaneers of America (Amsterdam, 1678, reprinted New York, 1969)

Forbes, Rosita, Sir Henry Morgan: Pirate and Pioneer (Norwich, 1948)

Gerhard, Peter, Pirates of New Spain, 1575–1742 (New York, 2003)

le Golip, Louis, The Memoirs of a Buccaneer (London, 1954)

Gosse, Philip (ed.), The History of Piracy (New York, 1925, reprinted by Rio Grande Press, Glorieta, NM, 1988)

Gosse, Philip, The Pirate's Who's Who: Giving Particulars of the Lives & Deaths of the Pirates & Buccaneers (New York, 1925, reprinted by Rio Grande Press, Glorieta, NM, 1988)

Guilmartin, John F., Gunpowder and Galleys (London, 1974)

Guilmartin, John F., Galleons and Galleys (London, 2002)

Hayward, Arthur L. (ed.), Lives of the Most Remarkable Criminals (London, 1735, reprinted by Dodd, Mead & Co., New York, 1927)

Hympendahl, Klaus, Pirates Aboard! (New York, 2003)

Johnson, Captain Charles, A General History of the Robberies & Murders of the Most Notorious Pyrates (London, 1724, reprinted by Lyons Press, New York, 1998)

Konstam, Angus, The History of Pirates (New York, 1999)

Konstam, Angus, The History of Shipwrecks (New York, 1999)

Konstam, Angus, Elizabethan Sea Dogs, 1560–1605 (Oxford, 2000)

Konstam, Angus, The Armada Campaign, 1588 (Oxford, 2001)

Konstam, Angus, The Historical Atlas of the Viking World (New York, 2002)

Konstam, Angus, Lepanto 1571: The greatest naval battle of the Renaissance (Oxford, 2003)

Konstam, Angus, The Pirate Ship, 1660–1730 (Oxford, 2003)

Konstam, Angus, Spanish Galleon, 1530–1690 (Oxford, 2004)

Konstam, Angus, Blackbeard: America's Most Notorious Pirate (Hoboken, NJ, 2006)

Lee, Robert E., Blackbeard the Pirate: A Re-appraisal of his Life and Times (Winston-Salem, NC, 1974, reprinted John F. Blair, Winston-Salem, NC, 2002)

Little, Benerson, The Sea Rover's Practice: Pirate Tactics and Techniques, 1630–1730 (Dulles, VA, 2005)

Little, Benerson, Pirate Hunting (Dulles, VA, 2010)

Lloyd, Christopher, English Corsairs of the Barbary Coast (London, 1981)

London, Joshua, Victory in Tripoli (Hoboken, NJ, 2005)

Lynn, John A., The Wars of Louis XIV, 1667–1714 (London, 1999)

Marley, David F., Pirates: Adventurers on the High Seas (London, 1995)

Mather, Cotton, The Tryals of Sixteen Persons for Piracy (Boston, MA, 1726)

Mather, Cotton, The Vial Poured upon the Sea: A Remarkable Relation of Certain Pirates (Boston, MA, 1726)

May, W. E., A History of Marine Navigation (Henley-on-Thames, 1973)

Moore, John R., Daniel Defoe, Citizen of the Modern World (Chicago, 1958)

Nelson, Arthur, The Tudor Navy: The Ships, Men and Organisation, 1485–1603 (London, 2001)

Ormerod, H. A., Piracy in the Ancient World: An Essay on Mediterranean History (Chicago, 1967)

Parry, J. H., The Spanish Seaborne Empire (London, 1966)

Pawson, Michael & Buisseret, David, Port Royal, Jamaica (Oxford, 1975)

Plutarch, Lives of Alexander the Great and Julius Caesar (reprinted London, 1886)

Pope, Dudley, Harry Morgan's Way (London, 1977)

Powell, J. R., Robert Blake, General-at-Sea (London, 1972)

Preston, Diana & Michael, A Pirate of Exquisite Mind: The Life of William Dampier (London, 2004)

Rediker, Marcus, Between the Devil and the Deep Blue Sea: Merchant Seamen, Pirates and the Anglo-American Maritime World, 1700–1750 (Cambridge, 1987)

Rediker, Marcus, Villains of all Nations: Atlantic Pirates in the Golden Age (Boston, MA, 2004)

Reinhardt, David, Pirates and Piracy (New York, 1997)

Ritchie, Robert C., Captain Kidd and the War against the Pirates (Cambridge, MA, 1986)

Rogozinski, Jan, Pirates! An A–Z Encyclopedia (New York, 1995)

Rogozinski, Jan, Honour Among Thieves (London, 2000)

Sanders, Richard, If a Pirate I Must Be (London, 2007)

Stanley, Jo, Bold in her Breeches: Woman Pirates across the Ages (London, 1995)

Starkey, David J., van Eyck, E. S. & de Moor, J.A. (eds), Pirates and Privateers (Exeter, 1997)

Stevenson, Robert Louis, Treasure Island (London, 1883)

Sutton, Paul, Cromwell's Jamaica Campaign (Leigh-on-Sea, 1990)

Talty, Stephan, Empire of Blue Water (New York, 2007)

Unwin, R., The Defeat of Sir John Hawkins (London, 1960)

Wallace, Alfred Russell, The Malay Archipelago (London, 1869)

Walton, Timothy R., The Spanish Treasure Fleets (Sarasota, FL, 1994)

Woodbury, George, The Great Days of Piracy in the West Indies (New York, 1951)

Zacks, Richard, The Pirate Hunter: The True Story of Captain Kidd (New York, 2002)

黃金海盜時代
得海洋者得天下！

解構世人對海上游牧人生的幻想與迷思
揭開真實世界的海盜犯罪與各國角力戰

作者安格斯・康斯丹 Angus Konstam
譯者黃妤萱・王婉茜・鄭依如
主編黃雨柔
封面設計羅婕云
內頁美術設計李英娟

發行人何飛鵬
PCH集團生活旅遊事業總經理暨社長李淑霞
總編輯汪雨菁
主編丁奕岑
行銷企畫經理呂妙君
行銷企劃專員許立心

出版公司
墨刻出版股份有限公司
地址：台北市104民生東路二段141號9樓
電話：886-2-2500-7008／傳真：886-2-2500-7796
E-mail：mook_service@hmg.com.tw
發行公司
英屬蓋曼群島商家庭傳媒股份有限公司城邦分公司
城邦讀書花園：www.cite.com.tw
劃撥：19863813／戶名：書虫股份有限公司
香港發行城邦（香港）出版集團有限公司
地址：香港灣仔駱克道193號東超商業中心1樓
電話：852-2508-6231／傳真：852-2578-9337
製版・印刷藝樺彩色印刷製版股份有限公司・漾格科技股份有限公司
ISBN978-986-289-580-1・978-986-289-594-8（EPUB）
城邦書號KJ2014 **初版**2021年07月
定價680元
MOOK官網www.mook.com.tw
Facebook粉絲團
MOOK墨刻出版 www.facebook.com/travelmook
版權所有・翻印必究

The Pirate World: A History of the Most Notorious Sea Robbers
by Angus Konstam
© Osprey Publishing Ltd., 2019

國家圖書館出版品預行編目資料

黃金海盜時代：得海洋者得天下！解構世人對海上游牧人生的幻想與迷思,揭開
真實世界的海盜犯罪與各國角力戰/安格斯.康斯丹作；黃妤萱,王婉茜,鄭依如
譯. -- 初版. -- 臺北市：墨刻出版股份有限公司出版：英屬蓋曼群島商家庭傳媒
股份有限公司城邦分公司發行, 2021.07
328面；19×26公分. -- (SASUGAS；14)
譯自：The pirate world : a history of the most notorious sea robbers
ISBN 978-986-289-580-1(平裝)
1.海盜 2.歷史
557.49209   110009015